Alfred Carl

JESUS für Anfänger

Erfahrungen und Bedeutungen –
von damals für heute

Zu den Jesus-Bildern der Evangelien

Deutscher Katecheten-Verein e.V., München

HINWEISE ZU DEN ABKÜRZUNGEN:

Die im Text angegebenen Abkürzungen der biblischen Bücher
sind in den meisten Bibelausgaben (im Anhang) entschlüsselt.

Darüber hinaus haben wir verwendet:

f/ff = folgender Vers/folgende Verse

par = parallele Stelle bei den Synoptikern (Matthäus, Markus oder Lukas)

vgl. = vergleiche hierzu die angegebene Bibelstelle

Zur Gestaltung des Titels wurden verwendet: das Bild einer Herz-Jesu-Skulptur aus der Herz-Jesu-Kirche in Krefeld-Bockum (Toni Zenz, 1980, siehe Seite 150) und Darstellungen der Evangelisten-Symbole aus der Pala d'Oro des Aachener Domes (um 1000).

Die auf Seite 101 f erwähnte Sicht wird vertreten von Chaim Cohn, Der Prozeß und Tod Jesu aus jüdischer Sicht, Jüdischer Verlag 1997.

ISBN 3-88207-352-7

Titelgestaltung: Margret Russer, München

Satz: Druckservice Josef Neumeier, Obertaufkirchen

Druck: Ludwig Auer GmbH, Donauwörth

Auslieferung: Deutscher Katecheten-Verein e.V.
– Buchdienst –
Preysingstraße 97, 81667 München
E-Mail: katecheten-verein@t-online.de

INHALT

DIESER JESUS ... 5

1. DIE QUELLEN 7
   - Die Bibel 7
   - Das ›Alte‹/›Erste‹ und das ›Neue‹ Testament 8
   - Die Evangelien 8
     - Die Entstehungsgeschichte 8
     - Zum Verständnis der Evangelien 13
     - Eine Geschichte – aufgeschlossen. 18

2. DER EINSTIEG IN DIE EVANGELIEN 22
   - Eine Überschrift 22
   - Markus 23
   - Matthäus 24
   - Lukas 24
   - Johannes 24
   - Zusammenfassung 26

3. DER ANFANG JESU – BEI JOHANNES, DEM TÄUFER 29
   - Der Täufer und seine Zeit 29
   - Das Auftreten des Täufers 30
   - Jesus beim Täufer 33
   - Jesus – anders als der Täufer 36

4. DAS ANLIEGEN JESU 38
   - Der Anstieg 38
   - Die Botschaft von der ›Königsherrschaft Gottes‹ 41

5. DAS WIRKEN JESU 48
   - Jesus – wie er gezeigt wird 48
   - Die Menschen – wie sie Jesus begegnen 49
   - Die Menschen – wie sie von Jesus erzählen 51
   - Das Erzählte 54
   - So erzählen sie von Worten Jesu 55
   - So erzählen sie von den Taten Jesu – ›Wundergeschichten‹ 57
   - Unterschiedliche Geschichten – Zustandekommen und Aussagen 59
   - Was hinter dem Erzählten steht 65
   - Randvoll gefülltes Menschsein 70
   - ›Herrschaft Gottes‹ 70
   - Ihr Glauben 71

6. DIE HERAUSFORDERUNGEN JESU 73
Gerechtigkeit und ›Größere Gerechtigkeit‹ 73
›Personalisierung‹ und ›Dynamisierung‹ 74
Wachsen auf Gott hin und Armut 75
›Seid total!‹ und Herausforderung 76

7. DIE ENTSCHEIDUNG JESU 78
Die ›Leidensgeschichte‹ 78
Die Wirkung der Tätigkeit Jesu 79
Jesu Gang nach Jerusalem 83
Die letzten Tage 84
Der ›Einzug‹ in Jerusalem 84
Die ›Tempelreinigung‹ 86
Das Sprechen vom Ende des Tempels 87
Die Salbung 87

8. JESU GANG IN DEN TOD 89
Das Abschiedsessen – Jesus erklärt sein Sterben 89
Die Synoptiker erzählen 90
Der Abschied nach Johannes 94
Verhaftung 96
Untersuchung – Verhör – Prozess 99
Verhandlungen – nach den Synoptikern 103
Verhör und Urteil nach dem Johannes-Evangelium 107

9. DER TOD JESU 111
Nach Markus und Matthäus 111
Nach Lukas 113
Nach Johannes 115
Vier Bilder 117

10. ›AUFERSTANDEN‹ – ›AUFERWECKT‹ 119
Neu und neuartig lebendig 119
Der Glaubenshintergrund 120
Vorstellungen – Bilder 122
Erfahrungen und das Sprechen davon 125
Ostergeschichten 126
Zusammenfassung 136

11. DIE ›KINDHEITSGESCHICHTEN‹ 138
›Schön‹ – aber auch ›wahr‹? 138
Bei Matthäus – Kapitel 1 und 2 139
Bei Lukas – Kapitel 1 und 2 143

12. JESUS – FÜR ANFÄNGER 147

DIESER JESUS ...

Jesus – aus dem hebräischen Jeschua, ›Jahwe ist Hilfe‹ – ist ein uralter Name. Von ihm muss erst einmal der Staub weggeblasen werden. Dann kommt – vage umrissen – eine Gestalt zum Vorschein. Mit dem Namen verknüpft sich die Erinnerung an eine Person, an einen ganz Bestimmten. An Dinge, die wir von ihm gehört haben, an Vorstellungen, die wir uns von ihm gemacht haben. Gefühle werden wach, ganz unterschiedlicher Art. Bei den einen Zorn, bei anderen Verehrung. Bei manchen Unsicherheit oder so etwas wie angespannte Gleichgültigkeit. Einige sind positiv berührt, andere negativ, wieder andere empfinden überhaupt nichts. Es kommen Zweifel auf, Ungläubigkeit oder eine Art Schuldgefühl, aber auch Achtung, Erwartung, Aufbruch, Freude.

Was ist dran an diesem Jesus? Immerhin benennt sich heute nach ihm eine ganze Menge von christlichen Kirchen, insgesamt die größte Religionsgemeinschaft auf unserer Erde. Diese große Gemeinschaft ist allerdings gespalten in hunderte unterschiedliche Richtungen, von denen wohl nur ein paar zahlenmäßig bedeutend sind. Die gesamte Christenheit und die einzelnen Gruppen in ihr haben ihre Geschichte, und das ist immer eine sehr menschliche Geschichte. Immer gab es in diesen Gemeinschaften das Bemühen um das Anliegen dieses Jesus und um die Ausrichtung an ihm. Aber immer gab es auch Streit, Rechthaberei und elenden Machtkampf. Im Namen Jesu hat es unmenschliche Grausamkeiten gegeben und mörderische Kriege. Große Teile des Christentums konnten – und können – also durchaus in die Irre gehen. Und irgendwie hat man dann dabei den Eindruck: Obwohl es im Namen Jesu geschieht, hat es mit diesem Jesus eigentlich nichts zu tun. Da hat nicht Jesus den Ton angegeben, sondern Menschlich-Allzumenschliches: Borniertheit, Fanatismus, kleinkarierte Angst, Selbstbehauptung, Festhaltenwollen an Macht. Heute – so scheint es – sind die christlichen Gemeinschaften hellhöriger geworden, aufmerksamer für das, was Jesus entspricht, in vielem wahrhaftiger – und deswegen auch bereit, mit menschlicher Schuld in den eignen Reihen zu rechnen und solche Schuld auch einzugestehen. Das Auseinanderbrechen der Christenheit zum Beispiel – in viele unterschiedliche christliche Bekenntnisse, die sich zum Teil wütend bekämpft haben – wird heute als traurige, skandalöse Tatsache gesehen, die es in mühevoller Arbeit anzugehen gilt. Machtanspruch ist als falsch erkannt, weil das Wesen des Auftrags Jesu im Dienen entdeckt wird. Es gibt das angestrengte Bemühen um eine Geisteshaltung, die diesem Jesus entspricht. Es hat sich wohl die Erkenntnis durchgesetzt, dass es immer Schuld geben wird in den christlichen Gemeinschaften; jede Kirche ist auch ›Kirche der Sünder‹, sonst wäre sie nicht Kirche aus Menschen. Und ich habe den Eindruck: Weltweit gibt es heute ein neues ernsthaftes, fragend-horchendes Bemühen um das, was Jesus für die heutige Zeit bedeutet.

Es gibt also Menschen, die Jesus für wichtig halten. Und weswegen sie ihn für wichtig halten können, das soll hier besprochen werden. Es geht dabei darum, möglichst nah an diesen Jesus von damals heran zu kommen. Wir möchten ihn gerne in seiner ursprünglichen Umgebung sehen, so wie seine Jüngerinnen und Jünger ihn erfahren konnten. Wir möchten ihn also von Grund auf kennen lernen, um uns danach selbst ein Urteil bilden zu können. Uns interessieren weniger die vielen Akzente, die von diesem Jesus im Lauf der Jahrhunderte von jeder Generation neu und anders in den Blick genommen worden sind. Uns interessiert auch nicht so sehr der ›dogmatisierte‹, der durch haargenaue Aussagen über sein Wesen fest umschriebene Jesus. Wir möchten ihm eher von Mensch zu Mensch begegnen.

Wir befassen uns deswegen mit dem Jesus der Evangelien; das sind die ältesten zuverlässigen Quellen, die wir haben. Außerbiblische alte Nachrichten sagen über Jesus fast nichts, außer dass er gelebt hat, was heute kein vernünftiger Historiker mehr bestreitet. Wir erreichen Jesus nur über die Schriften des ›Neuen Testaments‹. Die aber sind keine Geschichtsbücher in unserem heutigen Sinn, sondern sie sind ›Bekenntnisschriften‹. Wir werden schnell erkennen, dass die hier überlieferten Szenen nicht einfach ›nur‹ Geschichte erzählen wollen, Geschehenes, wie es damals abgelaufen ist. Die Erzähler wollen vielmehr Glaubensüberzeugungen weitergeben, die sich anhand von Geschehenem bei ihnen gebildet haben und durch deren Mitteilung sie uns aufhorchen lassen und bewegen möchten. Aber wir begegnen doch wenigstens sehr frühen Glaubensüberzeugungen und können vielleicht noch nachvollziehen, auf welchen Wegen diese Überzeugungen entstanden sind – und damit würden die dann auch für uns vielleicht plausibel.

In einem ersten Schritt werden wir uns zunächst etwas mit den ›Quellen‹ beschäftigen, also mit den Schriften des ›Neuen Testamentes‹, vor allem mit den ›Evangelien‹. Wir werden einen Blick auf ihre Entstehungsgeschichte werfen, und von daher wird es klar werden, was sie uns mitteilen können und was nicht. Wir werden ihre Grenzen, aber auch ein wenig von ihrem Reichtum entdecken.

1. DIE ›QUELLEN‹

Um Jesus kennen zu lernen, sind wir angewiesen auf die ›Quellen‹, vor allem auf die vier großen ›Evangelien‹: des Matthäus, des Markus, des Lukas und des Johannes. Diese Evangelien sind Teil der ›Bibel‹.

DIE BIBEL

Die Bibel, das Buch der Bücher, ist eine Bibliothek.

Das Wort ›Bibel‹ leitet sich ab vom griechischen ›biblos‹ oder ›biblion‹ mit der Bedeutung ›Buch‹. Ursprünglich hat das Wort ›biblos‹ etwas zu tun mit der kleinasiatischen Stadt Byblos, die im Altertum bekannt war wegen ihres Reichtums an Papyrusstauden, deren Mark das Grundmaterial bot für die Schriftrollen, die ›Bücher‹ dieser Zeit. ›Biblion‹ meint also dem Ursprung nach dieses Produkt, das aus Byblos kam.

Das, was wir ›Bibel‹ nennen, ist nicht nur ein Buch: Es ist eine Sammlung von Büchern. In zwei ›Bänden‹ sind hier zusammengefasst zunächst 46 (nach christlicher Zählung; die jüdische Zählung nennt weniger) Bücher des ›Alten Testamentes‹ und 27 Bücher des ›Neuen Testamentes‹; wobei ›Testament‹ hier die Bedeutung von ›Bund‹ (Gottes mit den Menschen) oder ›Urkunde‹ über diesen Bund hat. Das ›Alte Testament‹ haben Christen mit den Juden gemeinsam als Heilige Schrift. Es ist für Christen der Wurzelboden, aus dem das ›Neue Testament‹ erst möglich wurde. Für Juden und Christen enthalten die Bücher dieses ›Alten‹ oder auch ›Ersten Testamentes‹ den aufgeschriebenen Niederschlag der Geschichte Gottes mit den Menschen, vor allem mit dem Volk Israel. Das ›Neue Testament‹ ist für Christen der Niederschlag des Handelns Gottes in Jesus. Damit erzählt die ›Bibel‹ – nach jüdisch-christlicher Auffassung – das, was für den Menschen das Wichtigste ist – und deswegen heißt sie eben einfach ›Bibel‹: das Buch schlechthin.

Die vielen Bücher der Bibel sind über einen langen Zeitraum hin entstanden; das geht von etwa 900 vor Christus bis etwa 100 nach Christus, umfasst also tausend Jahre. Schon diese Tatsache lässt eine große Vielfalt in den Schriften vermuten. Und tatsächlich enthalten diese Bücher nicht nur die unterschiedlichsten Arten von Literatur, sondern ihnen liegen zum Teil auch sehr unterschiedliche Denkvorstellungen zugrunde. Hinzu kommt dann für uns noch einmal der zeitliche Abstand von fast zweitausend Jahren vom jüngsten Buch der Bibel. Man wird also schon zu fragen haben, wie die einzelnen Bücher der Bibel – aus der jeweiligen Art und aus der jeweiligen Zeit heraus – zu verstehen sind.

DAS ›ALTE‹/›ERSTE‹ UND DAS ›NEUE‹ TESTAMENT

Zwei Teile: Das ›Neue‹ Testament wurzelt im ›Ersten‹/›Alten‹ Testament.

Wenn wir die Entstehungszeiten der vielen Bücher der Bibel in eine Zeitleiste eintragen, fällt auf, dass die Buchsammlung des ›Alten Testamentes‹ etwa 800 Jahre Geschichte abdeckt (etwa von 900–100 v. Chr.), die des ›Neuen Testamentes‹ nur einen Zeitraum von etwa 50 Jahren (von 50–100 n. Chr.). Zudem ist die Sammlung des ›Alten Testamentes‹ weitaus umfangreicher als die des ›Neuen Testamentes‹. Das weist schon darauf hin, dass das ›Alte Testament‹ auch für Christen eine erhebliche Bedeutung hat. Das ›Neue Testament‹ alleine wäre ein Torso, ein weithin unverständliches Bruchstück. Die Geschichte Jesu, die im ›Neuen Testament‹ betrachtet wird, fängt also nicht ›bei Null‹ an. Jesus war Jude, das heißt: Er lebte in der langen Tradition seines Volkes; diese Tradition gehört zu Jesus hinzu. Vieles, was im ›Alten Testament‹ enthalten ist, wird im ›Neuen Testament‹ selbstverständlich vorausgesetzt und nicht noch einmal ausdrücklich erwähnt. Zum Beispiel das Rechnen mit der Tatsache, dass es Gott gibt, dass Gott guter Schöpfer einer guten Welt ist, dass Gott liebender Hirt des Menschen, besonders seines Volkes ist, dass Gott in die Geschichte des Menschen und seines Volkes hineinwirkt und dass diese Geschichte einen bestimmten Fortgang hat: Es gibt Vergangenheit, Gegenwart und Zukunft, und jeder dieser Geschichtsabschnitte hat seine eigne Bedeutung. Und vieles mehr noch wird vorausgesetzt: Hintergrundwahrheiten, die für Jesus und seine ›Jünger‹ und seine jüdischen Zeitgenossen selbstverständlich gegenwärtig waren. Das alles muss also aus dem ›Alten Testament‹ berücksichtigt werden, wenn man Jesus – dann auch das Eigene dieses Jesus – kennen lernen und einordnen will.

DIE EVANGELIEN

Was die Evangelien sind und sein wollen, erkennt man, wenn man sich vergegenwärtigt, wie sie entstanden sind. Wir begegnen einem Prozess, der in mehreren Schritten verläuft. Es gibt eine Ausgangserfahrung, eine Stufe, auf der sich die Sicht klärt, dann eine Zeit, in der das Erkannte verkündet wird, und schließlich wird vom Verkündeten dann aufgeschrieben.

Entstehungsgeschichte

Ausgangserfahrung

Am Beginn steht die Erfahrung mit Jesus von Nazaret.

Der Ausgangspunkt der vier Evangelien – wie aller neutestamentlichen Verkündigung – ist die Geschichte Jesu, und zwar zunächst einmal die Zeit seines öffentlichen Wirkens. Wie lange Jesus in der Öffentlichkeit gewirkt hat, wissen wir nicht genau. Die Schätzungen der Fachleute liegen zwischen einem und drei Jahren – die größere Wahrscheinlichkeit liegt bei anderthalb Jahren. Das wäre also ein verhältnismäßig kurzer

Zeitraum, in dem Jesus zunächst bei Johannes dem Täufer auftaucht, um dann als eine Art Wanderprediger durch das Land zu ziehen. Bei diesem Zug durch die Orte hat er eine Reihe von Leuten bei sich gehabt, ›Jünger‹ und ›Jüngerinnen‹, wie sie heute genannt werden, Männer und Frauen, die er angesprochen hat und die dann – offenbar beeindruckt – mit ihm gegangen sind. Er hat sie an sich herangerufen. Sie haben ihn hautnah erlebt, und er hat sie an sich gebunden. Sie müssen schon fasziniert gewesen sein von ihm. Sie haben von ihm lernen wollen, haben sich von ihm wohl Bereicherung, Halt, Formung erhofft. Es berührte sie wohl auch die ›Sache‹, die Jesus vertrat, die er mit ›Herrschaft Gottes‹ bezeichnete. Es ist selbstverständlich, dass sie ihn alle erst nach und nach kennen gelernt haben. Ebenso sicher ist, dass sie ihn – bis zum Schluss ihres Mitgehens mit ihm – nicht bis ins Letzte hinein verstanden haben. Es formte sich in ihnen aber doch aus den vielen Erlebnissen und den wahrscheinlich auch tiefen Begegnungen allmählich ein Bild von Jesus, wie aus Mosaiksteinchen zusammengesetzt, wenn das sicher auch bis zuletzt Lücken aufwies. Es war wohl das Bild von einem sehr einfachen, sehr reichen, sehr geheimnisvoll tiefen, überzeugenden Großen, der für sie alle ungeheuer wichtig war.

Der Tod Jesu am Kreuz zerbricht das Jesusbild der JüngerInnen.

Und dann bricht dieses ihr Jesusbild, ihre Vorstellung von Jesus, restlos zusammen. Jesus wird bei einer Pilgerfahrt nach Jerusalem in einer Nacht-und-Nebel-Aktion von jüdischer Polizei verhaftet und einen halben Tag später von der römischen Besatzungsmacht hingerichtet. Das muss für sie wie ein Abgrund gewesen sein, der aufbricht und in den sie hineinzustürzen drohen. Und alles, was sich in ihnen aufgebaut hat an Verstehen, an Freude, an Erwartung, an Hoffnung, wird hinabgerissen in die Tiefe. Und da gibt es für sie nur noch Panik, Entsetzen, Flucht.

Klärung, Zusammenschau

Aber kurz darauf – so wird erzählt – erfahren sie Jesus als neu und neuartig Lebendigen; das ist jedenfalls ihre Überzeugung. Nachdem er am Kreuz gestorben ist und begraben wurde, ›zeigt‹ er sich ihnen, wie sie sagen, – und sie werden darin sicher, dass er lebt. Was da konkret geschehen sein kann, darüber werden wir noch sprechen müssen. Hier soll zunächst nur die Tatsache festgehalten werden, dass sie von seiner neuen Lebendigkeit überzeugt gewesen sind. In dem Augenblick aber, als sie ihn als neu Lebendigen, als ›Auferweckten‹ zu erfahren glauben – und als einen, der ihnen diese Erfahrung ermöglicht –, ist ihnen auch klar, dass an diesem Jesus etwas Außerordentliches geschehen sein muss. Wenn Jesus nach seinem Sterben in eine neue Lebendigkeit hinein ›aufgeweckt‹ worden ist, dann kann das nur eine außergewöhnliche Tat Gottes an ihm gewesen sein. Dass Gott so aus dem Tod retten könne, wurde damals in Israel von nicht wenigen geglaubt. Und dass es hier und jetzt bei Jesus eingetreten ist, davon sind die Jüngerinnen und Jünger überzeugt. Wenn aber Gott, Jahwe, mit dem Israel rechnet, Jesus rettet, dann steht er hinter ihm, dann fängt er ihn auf, dann erhebt er ihn. Und wenn sie dann diesen neu und neuartig lebendigen Jesus erfahren können, muss das doch heißen: Gott will diesen Jesus vor ihnen bestätigen; er will zeigen, dass ihm dieser Jesus ungemein wichtig ist. Und sie schließen: Gott will uns deutlich machen, dass Jesu Tod am Kreuz keine Katastrophe ist. Es ist vielmehr die Fortschreibung von Gottes Heilsgeschichte mit seinem Volk, mit dem Menschen überhaupt. Das ist zugleich Tiefpunkt und Höhepunkt dieser Geschichte. – Das alles beginnen sie jetzt zu verstehen.

Ostern wirft ein neues Licht auf Jesus und seine Verkündigung.

In diesem Augenblick muss es den Jüngern wie Schuppen von den Augen gefallen sein. Jetzt erahnen sie, wer Jesus eigentlich sein muss. Sie haben die Erinnerung an das, was sie miterlebt haben in der Gemeinschaft um ihn. Das alles lebt jetzt neu auf. Und das alles empfängt jetzt von ihren (Oster-)Erfahrungen her – den Erfahrungen, die sie als Begegnung mit dem ›auferweckten‹ Jesus interpretieren – seine Logik, seine Erklärung – und seine Verklärung. Sie haben nach diesen umstürzenden Erlebnissen wahrscheinlich unendlich viel gesprochen miteinander. Sie haben sich daran erinnert, was er zu ihnen gesagt und unter ihnen getan hatte. Sie haben sich gegenseitig aufmerksam gemacht und hingewiesen. Sie haben sich gefragt: Wie verstehst du dieses oder jenes? Sie haben überlegt und nach Lösungen, Erklärungen gesucht. Und im Gespräch miteinander, im ›kirchlichen‹ Gespräch könnte man sagen, klärt sich vieles, und was sie erlebt haben, wird für sie zum großen Zusammenklang. Es wächst die Einsicht, es wächst das Verständnis. Bis sie es mit einer vollkommen überzeugten Sicherheit sagen können: Jesus ist wahrhaftig der Große: »Gott hat ihn zum Kyrios und Christos gemacht!«, zum königlichen Herrn und geistgesalbten Gesandten (Apg 2,36). Da wird die Einsicht zur Begeisterung.

Die Verkündigung

Ostern ist der Anstoß zur Verkündigung der Jünger.

Und jetzt glauben sie auch zu erkennen, was ihnen da in Jesus nicht nur geschenkt, sondern auch anvertraut worden ist. Es wird ihnen bewusst, dass sie das Geschenkte weiterzutragen haben. Was sie mit Jesus erlebt hatten, das musste einfach hinaus – so glaubten sie –, hinein in ihr Volk, das ja doch auf eine Tat Gottes wartete; an den tollkühnen Schritt hinein in die Welt haben sie hier allerdings wohl kaum schon gedacht. Und so sind sie gegangen und haben verkündigt, und sie haben *Jesus* verkündigt.

Jesus wird zum Inhalt der Verkündigung.

Sie haben Jesus so verkündet, wie sie ihn jetzt ›kannten‹. Sie haben also nicht nur von dem erzählt, den sie während seines öffentlichen Wirkens erlebt hatten. Sondern sie haben von dem gesprochen, den sie jetzt glaubten, mit dem sie jetzt rechneten: vom neu Lebendigen und von Gott Erhöhten. Sie haben gleichsam zwei unterschiedliche Erfahrungswelten miteinander verknüpft: Das, was sie selbst mit Jesus vor Ostern erlebt hatten, und das, was ihnen in Bezug auf Jesus erst durch Ostern unumstößlich aufgegangen war: Dass der, der da gesprochen und gehandelt hatte, der Große Gottes war. Deswegen erzählten sie von den Worten und

Taten Jesu aus der Zeit seines öffentlichen Wirkens so, dass in diese Erzählung von der Vergangenheit ihr jetziges – nach-österliches – ›Wissen‹ hineinfloss; sie konnten gar nicht anders erzählen; sie wollten ja auch den ganzen, den jetzt erst ganz verstandenen Jesus verkündigen. Vielfach haben sie wohl auch erkannt: Das alles hätten wir ja doch auch damals schon ahnen können! Und so ›übermalen‹ sie in ihrer Verkündigung das, was der ›vor-österliche‹ Jesus gesagt und getan hat, so, dass darin deutlich wird, was sie über den ›nachösterlichen‹ Jesus zu wissen glauben.

Ihre ›Erfahrungen mit dem Auferweckten‹ sind der entscheidende Anstoß für die beginnende Verkündigung – das ist festzuhalten. Sie waren davon überzeugt, einem von Gott her neu und neuartig Lebendigen begegnet und jetzt von ihm gesandt zu sein. Erst diese Glaubensüberzeugung hat aus ihnen ›Apostel‹, ›Gesandte‹ gemacht. Die Verkündigung der frühen Gemeinde war die Verkündigung des Auferweckten. Bei der Wahl eines Nachfolgers für Judas heißt es in der Apostelgeschichte: »Es muss einer ... mit uns zusammen Zeuge seiner Auferweckung sein« (Apg 1,22). Die Jüngerinnen und Jünger wollen ja nicht nur von der Vergangenheit dieses Jesus erzählen, sondern sie wollen deutlich machen, wer Jesus für die Gegenwart ist: der Bestätigte, der Erhöhte, der ›Kyrios‹ und ›Christos‹. Und so sprechen sie nicht einfach von Jesus, sondern vom ›geglaubten‹, wir können auch sagen: von dem von Ostern her ›interpretierten‹ Jesus, von »Jesus, dem Christus, dem Sohn Gottes« (Mk 1,1). Wie sich das auf ihr Erzählen von dem, was Jesus gesagt und getan hat, auswirkte, darüber werden wir noch zu sprechen haben.

Ostern verändert die Perspektiven auf Jesus.

Vorweg kann schon einmal gesagt werden, dass jeder der Verkünder von Jesus wohl in seiner eignen Weise spricht, jeder so, wie er selbst betroffen ist. So werden dann auch die ›Bilder‹ von Jesus, die Farben und Formen, mit denen sie seine Person und seine Anliegen in die einzelnen Gemeinden hinein verkünden, nicht alle gleich gewesen sein. Es wird in den Akzentsetzungen der Verkündiger – und deswegen auch bei den Hörern – in den verschiedenen Gemeinden Unterschiede gegeben haben. Das ist nicht mehr als selbstverständlich – und zudem heute noch an den neutestamentlichen Schriften abzulesen, die ja der Niederschlag aus dieser Verkündigung sind. Aber die Mitte bleibt überall erhalten und gleich. Diese Mitte ist Jesus: als Gottgesandter, als Gekreuzigter – und als Erhöhter.

Entstehung der Evangelien

Dic Osterbotschaft zieht Kreise.

Langsam entstehen um die Boten herum – aufgrund der Botschaft – Gcmeinden, so etwas wie Interessengemeinschaften. Menschen horchen vor der Botschaft auf, lassen sich anrühren, möchten mehr und Näheres wissen, kommen zusammen, wachsen zusammen, leben ein Stück miteinander, geben sich eine Ordnung – wie das so geht. Auch hier ist die Mitte immer Jesus. Sie sprechen über ihn, denken über ihn nach, versuchen, ihm zu entsprechen, versuchen schließlich mit ihm, dem als lebendig Geglaubten, zu leben.

Und irgendwann und irgendwo setzen sich irgendwelche Betroffene, ›gläubig‹ Gewordene, hin und schreiben aus der Verkündigung und aus dem Gespräch und aus dem Nachdenken, wie das alles in ihrer Gemeinde lebendig ist, etwas auf. Der eine sammelt Worte Jesu und hält sie fest, wie sie überliefert werden. Ein anderer legt eine Sammlung davon an, was über Jesu besonders auffällige Taten erzählt wird. Wieder ein anderer hält schriftlich fest, was von Leiden und Sterben Jesu an Einzelheiten in Erinnerung ist. Und so entsteht im Lauf der Jahre eine ganze Reihe von Aufzeichnungen der mündlich überlieferten Worte und Taten Jesu.

Aus mündlichen Erzählungen wird schriftliche Überlieferung.

Und schließlich geht einer als Erster daran, aus solchen Überlieferungen unterschiedlicher Art ein Buch zu formen, und er nennt es ›eu-angélion‹, ›Evangelium‹, ›Frohe Botschaft‹, ›Botschaft, die Glück ansagt‹, könnte man übersetzen. Dieser Erste, den man später den ersten ›Evangelisten‹ nennt, ist Markus, ein Christ gewordener Jude aus dem heutigen syrischen Raum. Und Markus ›erfindet‹ nicht nur eine neue Art von Literatur, ihm gelingt damit sogar sofort ein erster großer Wurf. Er schreibt ein ›einfaches‹ Evangelium, knapp, holzschnitt-artig, ›naiv‹ und nüchtern zugleich, manchmal fast ungelenk und dann wieder mit genialer Treffsicherheit, schnörkellos wahrhaftig, berührt und berührend. Das war um das Jahr 70 nach Beginn unserer Zeitrechnung, vierzig Jahre also nach Jesu Tod. Etwa zehn Jahre später schreibt der zweite Evangelist ein ebensolches Buch: Matthäus. Er geht dabei vom Evangelium des Markus aus, nimmt aber eine Aufzeichnung von Worten Jesu hinzu, die Markus nicht gekannt hatte, und wohl auch noch andere schriftlich vorliegende Aufzeichnungen. Matthäus erzählt also vieles, was auch Markus aufgeschrieben hat; aber er erzählt es ganz anders: hervorragend geordnet und aus einer ganz streng im Jüdischen verwurzelten Sicht. Etwas später schreibt Lukas sein Buch. Auch er greift zurück auf das Markus-Evangelium und ebenso auf die Sammlung von Worten Jesu (die man in der Fachwelt ›Logien-Quelle‹ nennt: Quelle von (Jesus-)Worten) – und auf wieder anderes Schriftgut, das weder von Markus noch von Matthäus benutzt worden war. Und auch hier liegen die Akzente wieder anders: Lukas schreibt für ›Heiden-Christen‹, die nicht mehr aus dem Judentum zur Botschaft Jesu gefunden hatten, sondern schon aus dem umliegenden griechischen Kulturkreis stammten. Im letzten Jahrzehnt des 1. Jahrhunderts – genauere Zeitangaben über die Entstehung der Evangelien sind nicht zu machen – entsteht das letzte, das Johannes-Evangelium, das sich an keines der schon vorhandenen Evangelien anlehnt, sondern ganz eigenständig spricht. Johannes, der Evangelist, der am spätesten schreibt, hat schon langes Nachdenken über Jesus mitbekommen und kann deswegen das tiefst gehende Jesusbild zeichnen: Jesus als den ›gott-herrlich‹ gemachten ›Sohn‹ Gottes.

Weil die drei ersten Evangelien untereinander abhängig sind und deswegen auf weite Strecken auch Ähnlichkeiten und Gleichheiten haben, nennt man sie die drei ›syn-optischen‹ Evangelien, das heißt: die Evangelien, die man ›zusammen-sehen‹, nebeneinander lesen kann. Wer geübt ist, merkt, dass synoptisches Lesen eine geradezu spannende Sache ist, weil man dabei die je eigene Akzentsetzung der Evangelisten aufspüren und auch die sich innerhalb der drei Evangelien vollziehende Entwicklung verfolgen kann. Dieser gerade dargestellte Verlauf der Evangelien-Entstehung folgt der sogenannten ›Zwei-Quellen-Theorie‹ (mit den beiden Quellen sind das Markusevangelium gemeint und die ›Logien-Quelle‹), die heute durchgängig vertreten wird. Letzte Sicherheit ist hier allerdings nicht erreicht.

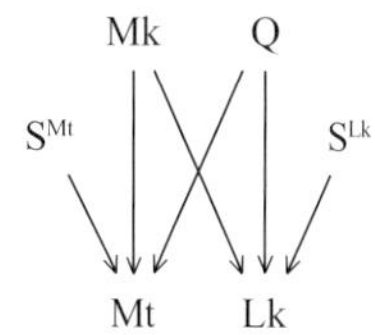

Wir haben ein wenig über die Entwicklung der Evangelien nachgedacht. Was dabei sicher zunächst – vielleicht sogar erschreckend – in den Blick fällt, ist der große zeitliche Abstand zwischen den Ereignissen um Jesus (um das Jahr 30) und der Abfassung des ersten Evangeliums (um das Jahr 70). Das sind zwischen den Erfahrungen mit Jesus und den schriftlichen Fixierungen zur Verkündigung über Jesus vierzig Jahre! Und was kann in vierzig Jahren nicht alles passieren! Was *ist* in bezug auf die Evangelien passiert? Man kann sich schon ausmalen, dass der lange zeitliche Abstand zwischen Ereignis und Aufschreiben für das Verhältnis vom Bericht zum Ereignis Konsequenzen hatte. Was für Konsequenzen sind das gewesen? Worauf müssen wir also achten, wenn wir die Evangelien heute richtig verstehen wollen?

Zum Verständnis der Evangelien

Sie haben nicht ans Aufschreiben gedacht.

Sie erwarten die Vollendung der Welt.

Sicher haben die Jüngerinnen und Jünger Jesu nach Ostern nicht daran gedacht, Botschaften von Jesus oder Erinnerungen an ihn aufzuschreiben. Die ersten christlichen Schriften stammen erst von Paulus. Es handelt sich dabei um Briefe, die Paulus an seine Gemeinden geschrieben hat. Der älteste dieser Briefe ist im Jahr 50 geschrieben. Da hatte es also schon zwanzig Jahre lang Entwicklung gegeben. Die ersten Christen dachten deswegen nicht ans Aufschreiben dessen, was sie bewegte, weil sie gar nicht mit einer sehr viel weiter laufenden Geschichte rechneten. Sie waren sicher geworden in der Überzeugung von der Lebendigkeit und Erhöhung ihres Jesus, und jetzt erwarteten sie von ihm und von Gott her etwas Besonderes: das neue, von Gott her bewirkte Wiederkommen dieses lebendigen Jesus ›mit den Wolken des Himmels‹, in aller Öffentlichkeit und in jetzt nicht mehr zu übersehender Macht. Sie erwarteten, dass Gott damit die Welt und die Menschheit zur Vollendung führe. Erst nach und nach wird diesen Christen deutlich, dass nicht die Weltzeit zu Ende ist, sondern dass eine neue Epoche begonnen hat, die eine neue Zeit für die Erde bedeutet. Die Erdenzeit bleibt zu bestehen. Das Neue: Sie ist jetzt in der Gemeinschaft mit Jesus und um Jesus, den Christus, zu bestehen. Die Menschheit entwickelt sich erst auf die Vollendung hin. Jesus ist der neu in die Menschheit hineingegebene Keim, der aufgehen, das ›Feuer‹, das alle ergreifen soll (vgl. Lk 12,49).

Sie interpretieren die Jesus-Geschichte.

Dann schreiben sie Erzähltes auf ...

Es wird also in dieser ersten Zeit der frühen Kirche nicht aufgeschrieben, sondern erzählt: begeistert und mit Überzeugungswillen weitergesagt, verkündet. Es werden die Ereignisse um Jesus erzählt – und dabei auch erklärt, interpretiert. Das, was sich in der Zeit des öffentlichen Wirkens Jesu ereignet hat – aber betrachtet durch die ›österliche Brille‹. Inzwischen so ›verarbeitet‹ und verstanden, dass daraus eine zusammenhängende und schlüssige Botschaft erwachsen war. Und entscheidender Inhalt ihrer Verkündigung ist die Botschaft davon, dass Jesus wichtig und mächtig ist. Die Ereignisse selbst treten in den Hintergrund, sind nur noch ›benutzt‹, weil und insofern sie auf Jesus, den Christus, verweisen. Sie sind nicht mehr Ziel des Erzählens, sondern Mittel zur Verkündigung: Die Geschichte wird erzählt, damit eine Glaubenssicht weitergegeben werden kann. Wir begegnen in ihren Geschichten also nicht der (geschehenen) Geschichte, dem, was ›passiert‹ ist, sondern Geschichten über diese Geschichte, erzählter und dabei interpretierter Geschichte. Wir begegnen also nicht einfach Geschehenem, sondern Geglaubtem. Wenn wir ihre Geschichten also verstehen wollen, dürfen wir sie nicht danach befragen, was denn geschehen sei. Die Geschichten wollen Glauben an Jesus wecken; sie wollen sagen, wer Jesus ihrer Überzeugung nach für uns ist.

Sie formen die Jesus-Geschichten ...

... das längst zu einer festen Form gefunden hatte ...

Dann aber beginnen sie aufzuschreiben. Und sie schreiben natürlich das auf, was sie hier und jetzt an Überliefertem haben, was nach mindestens vierzig Jahren Erzählen vorhanden ist. Und da ist ein eher formaler Gesichtspunkt zu beachten, wenn wir heute diese Texte verstehen wollen. Es ist zu bedenken, dass Dinge, die lange durch Erzählen weitergegeben werden von Mund zu Mund und von Gemeinde zu Gemeinde, im Lauf der Zeit eine bestimmte feste Form erhalten: Die Erzählungen ›runden‹ sich, es werden aus ihnen griffige Geschichten, vergleichbar Kieselsteinen, denen die Ecken und Kanten im Lauf einer langen Zeit vom Wasserstrom abgeschliffen wurden und die jetzt zu einer ganz glatten Sache geworden sind. Die einzelnen verkündigten, erzählten Geschichten werden im Lauf der Zeit zu festgeformten Einheiten, so knapp erzählt, wie es eben noch geht, und meist mit klar erkennbarer Botschaft. Manche Geschichten, zum Beispiel viele ›Wunderberichte‹, werden dann sogar nach einem ganz bestimmten Schema erzählt; die genauen Abläufe haben nicht mehr interessiert – und sind heute gar nicht mehr erkennbar. Durch all das sind die Geschichten ›handhabbar‹ geworden, herausgehoben aus den ursprünglichen konkreten Zusammenhängen und – wie Bausteine – auch in neue, erst zur Abfassungszeit der Evangelien wichtige Zusammenhänge einsetzbar. Bei diesem Prozess wird natürlich am ursprünglich Erzählten ›gearbeitet‹: Es wird verkürzt, abgerundet, weggelassen, angeglichen. Aber es wird auch zugefügt: verdeutlicht, ausgeschmückt, akzentuiert. So sind manche neutestamentlichen Erzählungen zu regelrechten literarischen Kunstwerken geworden. Und ein ›Kunstwerk‹ ist etwas anderes als ein Foto-Bericht. Es will anders angegangen und verstanden werden. – Man dürfte die vielen Evangeliengeschichten eigentlich gar nicht hintereinander herunterlesen. Man müsste jede Geschichte als Kleinod in sich betrachten. Die Arbeit der Evangelisten hat weitgehend darin bestanden, die schon vorhandenen Geschichten zu sammeln, nach eigener Vorstellung zu ordnen – dabei eventuell auch neu zu akzentuieren – und durch Zwischentexte miteinander zu verbinden; ihre Arbeit war also Redaktionsarbeit – weder die Arbeit von bloßen Berichterstattern, noch die von Dichtern oder Geschichten-Erfindern. Die Geschichten lagen ja längst vor, sie brauchten sie nur zusammenzustellen. Allerdings haben sie diese Arbeit als engagierte Verkündiger getan. Sie haben immer wieder ihre eignen Akzente gesetzt, die besonders beim synoptischen Lesen erkennbar werden. Daher rühren die Unterschiede zwischen den einzelnen Evangelien.

... und geben ihnen einen Rahmen.

Man müsste also – das ist eine Folgerung – jede einzelne Geschichte regelrecht ›aufbrechen‹, ihre geschlossene Form, die sie gefunden hat, sprengen, den Kern gleichsam entfalten: Und das nicht, um genauer zu erfahren, ›was denn damals wirklich geschehen ist‹, sondern um das, was die einzelnen Geschichten über Jesus aussagen wollen, deutlicher zu vernehmen. Man kann sich dabei durchaus einzelne Szenen mit eigener Fantasie ausmalen, muss sich allerdings dessen bewusst sein, dass man so nicht näher an den ursprünglichen geschichtlichen Verlauf des geschilderten Ereignisses herankommt, wohl aber die Leuchtkraft der ›gemalten Bilder‹ berührender erfährt.

Zwei Gesichtspunkte müssen noch besprochen werden, die unbedingt zu beachten sind, wenn wir die Evangelien-Geschichten verstehen wollen. Das wäre einmal die Bildhaftigkeit ihrer Sprache – und dann die ›Überschwänglichkeit‹ ihres Erzählens.

... in Bildern sprach ...

Sie verwenden Bilder statt Analysen.

Die Menschen damals sprachen nicht nur eine andere Sprache, sie lebten wohl auch in einer anderen Gedankenwelt, sie dachten anders als wir heute. Wir sind heute verzweifelt bemüht, folgerichtig zu denken, die Wirkung aus der Ursache zu erklären, die Dinge also bis zu den Wurzeln hin zu verfolgen. Wir versuchen, Sachverhalte zu analysieren, auf den Punkt, auf den Begriff zu bringen. Unsere Unterscheidungen sind scharf, und unser Reden ist zugespitzt. Auf diese Weise bringen wir Einzelheiten sehr klar heraus. Wir wissen die Dinge sehr genau und unterscheiden haarscharf zwischen richtig und falsch. Wir erreichen durch diese unsere Denkart Sicherheit im Einzelnen – soweit sie denn zu erreichen ist. Es geht uns allerdings dabei leicht – das wird heute zunehmend erkannt – die Sicht auf das lebendige Ganze verloren. – Damals haben sie offenbar oft nicht so ›spitz‹ gedacht, sondern ›runder‹, ›ganzheitlicher‹. Sie haben die Wirklichkeit als ein Ganzes wahrzunehmen versucht, nicht so sehr sezierend, sondern empfindend, erfühlend, unter Aktivierung dieser wunderbaren geistigen Fähigkeit des Menschen, Wirklichkeit gleichsam mit allen Fasern der Existenz zu ›vernehmen‹, sich von der Wirklichkeit als Ganzer berühren zu lassen. Und – um das Vernommene ›vernünftig‹ weitersagen zu können – haben sie oft Bilder zu Hilfe genommen, sogar ganze nur dazu erdichtete (Bild-)Geschichten: ›Mythen‹, also Erzählungen, mit denen – aus der Erfahrung herausgewachsene – Deutungen von Wirklichkeit(sbereichen) weitergegeben wurden, die also Wirklichkeit erklären wollten.

Diese Bilder sind konzentrierte Erfahrungen.

Und so ist auch das Erzählen in der Bibel – eben auch in den Evangelien – erkenntnismäßig oft vom ganzheitlichen Wahrnehmen, vom Erfühlen bestimmt – und erzählerisch ›bildhaft‹, ›mythisch‹: Ein Sachverhalt, eine Aussage, die wir nüchtern in Begriffe packen würden, wird in ein Bild oder in eine Geschichte hinein ›ver-dichtet‹.

> So wird zum Beispiel von ›Besessenheit‹ gesprochen, wo wir von ›Krankheit‹ sprechen würden: Die eigentlich ungreifbare Krankheit ist gesehen als eine von außen kommende übermenschliche und menschenfeindliche personale Kraft, die sich des Menschen bemächtigt und den Menschen in ihrer Gewalt hält. Sie muss ›vertrieben‹ werden. – Oder es ist von ›Engeln‹ die Rede wie von ganz konkret auftretenden und handelnden überirdischen Wesen, die man sich auch noch in einer bestimmten Gestalt vorstellen kann, – und in Wirklichkeit ist damit ›nur‹ versucht, einen bestimmten, eigentlich wieder ungreifbaren, geheimnisvollen Sachverhalt zu verdeutlichen, der auf Gott zurückgeführt werden soll, zum Beispiel die geglaubte Wirklichkeit, dass Gott nah ist: Gott, der etwas ›sagt‹, der ›führt‹, der ›rettet‹. – Oder es wird eine ganze Menge von konkreten Einzelerfahrungen in ein großes ›Bild‹, eine Geschichte hinein ›gemalt‹, sodass die Erkenntnis aus diesen Einzelerfahrungen hier jetzt ›abzulesen‹ ist – und dabei ist dann nicht das Bild, das erzählte Geschehen das Entscheidende, sondern das, was mit Bild und Geschichte ausgesagt ist. So ist zum Beispiel die Geschichte von der Verwandlung Jesu ein großes Bild (vgl. Lk 9,28–36; wir werden das gleich ein wenig betrachten) oder auch die Erzählung von der Stillung eines Sturmes durch Jesus (Mk 4,35–41 par), die mehr ist als eine Vorgangsschilderung.

Hinter solch bildhaftem Denken steht natürlich auch die Anstrengung der menschlichen Geisteskraft; das ist also nicht ein unser ›unwürdiger‹, kindhafter Denk-Ersatz. Aber unserem anders ›gepolten‹ Erkennenwollen bereitet es manchmal Schwierigkeiten: Wir hängen am Bild und sehen nicht – gleichsam durch das Bild hindurch – das Gemeinte. Und das im Bild Gezeigte ›können wir dann nicht glauben‹. Die Gefahr besteht darin, dass dann das Bild verworfen wird – und damit die Botschaft verloren geht.

Bilder laden zur Betrachtung ein.

Es müssen im Grunde viele biblische Verkündigungstexte daraufhin befragt werden, ob sie in unserer Art nüchtern-sachlich von greifbaren Tatsachen sprechen wollen oder ob sie geglaubte Wirklichkeiten in Bilder einkleiden. Und Bilder müssen dann betrachtet werden. Es gilt, beim Lesenwollen ein feines Gespür dafür zu entwickeln, das herausfindet,

welche Wirklichkeit mit dem Bild erfasst und verkündet werden soll. Auf diese Wirklichkeit hinter dem Bild kommt es der Verkündigung an. Und auch das sollte man erkennen: Die Bilder sind nicht ›brisanter‹, ›unglaubwürdiger‹ als die Wirklichkeit; Wirklichkeit ist nicht ›harmloser‹ als die Bilder; das, was gemeint ist, ist nicht ›leichter zu glauben‹ als das, was in den Bildern gemalt ist, sondern umgekehrt: Das Bild ist immer nur helfender Zugang zur Wirklichkeit; die Wirklichkeit selbst ist viel größer als das Bild. Wenn die Geschichte von der Stillung des Seesturmes zum Beispiel ›nur‹ sagen wollte, Jesus habe Wind und Wellen zur Ruhe gebracht, dann würde sie von einem ›Wünderchen‹ erzählen. In Wirklichkeit ist eine solche Geschichte eine sehr grundsätzliche Aussage über das Verhältnis des lebendig geglaubten Jesus zu seiner immer in Stürmen lebenden Jüngerinnen- und Jüngerschar, und diese Aussage ist eine viel weitreichendere Botschaft als etwa die von der Macht Jesu über Naturgewalten.
Diese gemeinte Wirklichkeit also – hinter dem Bild, hinter der Geschichte – will die LeserInnen angehen. Und oft stellen wir fest, dass diese Wirklichkeit durch ein Bild, eine Erzählung viel umfassender, viel ganzheitlicher, viel ansprechender getroffen und wiedergegeben wird als durch einen zugespitzten, aber ›nackten‹ Begriff.

und ›über-schwänglich‹.

Die Bilder werben um uns.

Was damit gemeint ist, hängt mit dem ›erfühlenden Vernehmen‹ zusammen. Der Inhalt mancher Geschichten aus den Evangelien kommt uns unglaubwürdig vor, vor allem bei den ›Wundergeschichten‹. Dass Jesus Blinde sehend, Lahme gehend und Tote wieder lebendig gemacht habe, können wir kaum glauben. Wir sollten uns das eingestehen – und eingestehen dürfen. Es scheint eine gute Verstehenshilfe darin zu liegen, dass wir berücksichtigen dürfen: Sie haben ›über-schwänglich‹ erzählt.

Das Wort ›überschwänglich‹ hat mit ›schwingen‹ zu tun. Menschen geraten – durch Ereignisse, durch Gedanken – innerlich ›in Schwingung‹: In ihnen werden Gefühle wach, der Mensch wird bewegt. ›Emotion‹, der aus dem Lateinischen stammende Begriff für ›Gefühl‹, meint starkes Bewegtsein. Nicht der analysierende Verstand erkennt etwas, sondern der ganze Mensch, der ›Personkern‹ gleichsam, wird berührt, ›vernimmt‹ und gerät dadurch in Schwingung. Dieses Berührtsein, dieses Schwingen kann das verstandesmäßige Erkennen ›ausschalten‹ oder es kann weiter tragen als dieses Erkennen. Es kann die gegebene Wirklichkeit ein Stück weit vergessen oder übersteigen lassen: Im Hass wird man ›blind‹, Verliebte sehen die Welt ›in rosarot‹.

Menschen, die so ›schwingen‹, sprechen anders als solche, die analysieren. Sie sprechen eher in Bildern als in Begriffen; das ist schon gesagt. Aber sie scheuen sich auch nicht, im Schwingen zu Übertreibungen zu greifen: ›Der kann alles!‹, ›Die ist die Schönste!‹ – und jeder weiß, dass das so nicht stimmt, so auch nicht gemeint ist – und dass doch etwas

Wahres daran ist: Es ist eine Richtung angegeben, in die hinein das eigene Berührtsein gedrängt hat, eine Aussicht, die durch den oder das, was in Schwingung versetzte, eröffnet wurde. Solches Reden spricht also eher von etwas Erhofftem als von gegebener Wirklichkeit; aber von Erhofftem, zu dem es durchaus Ansatzpunkte in der gegebenen Wirklichkeit gibt.

Auch die Evangelien sprechen manchmal in solcher ›Überschwänglichkeit‹. Wir werden später noch sehen, dass sie damit einerseits in einer sehr alten israelitisch-orientalischen Tradition stehen und sich anderseits zu einem solchen Sprechen durch die Ereignisse um Jesus berechtigt sehen. Für sie waren diese (Bild-)Geschichten letztlich keine ›Übertreibungen‹ mehr: Das, was in diesen Geschichten erzählt wurde, entsprach durchaus ihrem Hoffen, ja, dass diese Geschichten Wahrheit beziehungsweise Wirklichkeit ansagten, war ihre feste (Glaubens-)Überzeugung.

Die Bilder entstammen einer anderen Zeit.

Wir begegnen in den Evangelien einer anderen Zeit und einem anderen Denken. Das Lesen der Evangelien ist also nicht unbedingt eine einfache Sache. Aber wenn wir uns eingelesen, wenn wir genügend hineingehorcht haben, dann werden wir die Aussageabsichten der Texte erkennen und ihre Botschaft verstehen. Und dann haben wir etwas Neues gelernt: Eine uralte Art von Literatur zu verstehen, aber – und das ist das Entscheidende, weswegen wir ja diese Arbeit auf uns nehmen – wir haben dann auch einen – auch für uns Kritische zumutbaren – Zugang zu dem gefunden, den wir ja zu erreichen suchen: zu Jesus, von dem sie sagen, er sei der »Christus«, der »Sohn Gottes« (Mk 1,1).

Eine Geschichte – aufgeschlossen. Ein Beispiel

Die versprochene Hilfe. Die Bildhaftigkeit ihres Erzählens soll an einem Beispiel verdeutlicht werden. Wir versuchen, einen bekannten Evangelien-Text ›aufzuschließen‹.

Es eignet sich dazu die Geschichte von der so genannten ›Verwandlung‹ Jesu (manchmal auch ›Verklärung‹ genannt), die in allen drei synoptischen Evangelien überliefert ist. Wir ersparen uns hier allerdings den synoptischen Vergleich, obwohl er reizvoll wäre, und berücksichtigen nur die Darstellung des Lukas-Evangeliums (Lk 9,28–36).

Zunächst der Text:

28 *Acht Tage nach diesen Reden*
nahm Jesus den Petrus, den Johannes und den Jakobus beiseite
und stieg mit ihnen auf einen Berg, um zu beten.
29 *Und während er betete,*
veränderte sich das Aussehen seines Gesichtes,
und sein Gewand wurde leuchtend weiß.

30 *Und plötzlich redeten zwei Männer mit ihm.*
Es waren Mose und Elija.
31 *Sie erschienen in strahlendem Licht*
und sprachen von seinem Ende, das sich in Jerusalem erfüllen sollte.
32 *Petrus und seine Begleiter waren eingeschlafen,*
sie wurden aber wach
und sahen Jesus in dem strahlendem Licht
und die zwei Männer, die bei ihm standen.
33 *Als die beiden sich von ihm trennen wollten,*
sagte Petrus zu Jesus:
»Meister, es ist gut, dass wir hier sind!
Wir wollen drei Hütten bauen, eine für dich,
eine für Mose, eine für Elija.«
Er wusste aber nicht, was er sagte.
34 *Während er noch redete, erschien eine Wolke und überschattete sie.*
Sie gerieten in die Wolke hinein und bekamen Angst.
35 *Da kam eine Stimme aus der Wolke:*
»Das ist mein auserwählter Sohn!
Auf ihn sollt ihr hören!«
36 *Als die Stimme aufhörte zu reden, war Jesus wieder allein.*
Die Jünger aber schwiegen über das, was sie gehört hatten,
und erzählten an diesem Tag niemand etwas davon.

Bildgeschichten sind keine Berichte.

Soweit der Text. Ein Kunstwerk – und als solches anzugehen. Wir allerdings vermuten in der Geschichte zunächst einen Bericht – und fragen uns sofort: Das soll sich wirklich alles so ereignet haben? Wenn dieser Anspruch denn erhoben würde, müssten wir passen. – Wenn wir uns an einen solchen Text heranwagen, sollten wir es sehr nüchtern tun und auf jeden Fall ohne Angst. Dazu gehört, dass wir die Unwahrscheinlichkeiten registrieren, von denen der Text erzählt. Da erscheinen zwei schon vor Jahrhunderten verstorbene Männer neben Jesus und sie führen ein Gespräch mit ihm. Es umhüllt sie alle eine Wolke, aus der dann auch noch eine Stimme, offenbar die Stimme Gottes, zu vernehmen ist. Diese Geschichte kann doch nicht einfach Bericht über ein so und nicht anders verlaufenes Ereignis sein. Das anzunehmen, würden wir als Zumutung empfinden.

Die heutige Bibelwissenschaft sagt uns, dass diese Geschichte kein solcher Bericht sein will. Wahrscheinlich beruht diese Geschichte gar nicht auf einem bestimmten, geschichtlich greifbaren Einzelereignis. Das ist vielmehr eine von den ›Bild-Geschichten‹, in die eine ganze Reihe von Erfahrungen hineingepackt worden ist, die die Jünger und Jüngerinnen mit Jesus gemacht haben, Erfahrungen aus der ganzen Zeit des Miteinanders, zu der – gleichsam als Schlüssel, der alles Vorherige erst ›aufschließt‹ – die Zeit nach Ostern hinzugehört. Diese Summe von Erfahrungen bildet das ›Baumaterial‹ zu dieser Erzählung, und diese Erfahrungen – und vor allem die Folgerungen aus ihnen – sind auch eigentlich das, was weitererzählt werden soll.

Diese ihre Erfahrungen ›ver-dichten‹ sie hinein in ein Bild. Sie malen mit Worten eine Szene, und sie erhoffen von den Menschen, die diese Szene betrachten, dass sie die Einzelelemente wahrnehmen und die Gesamtbotschaft verstehen, um sich dann an dem Bild als Ganzem erfreuen zu können. Wenn wir, die Kritischen, diese Voraussetzungen einmal akzeptiert haben, wird es auch uns leichter, ein solches Bild zu lesen. Dazu noch ein paar ›Lese-Hilfen‹.

Schon *die Geschichte als Ganze* hinterlässt einen Eindruck. Sie erzählt schlicht, selbstverständlich, und leuchtet doch und führt sehr klar zu einem Höhepunkt hin. Jesus ist der Mittelpunkt, und es wird auch deutlich gesagt, als wer Jesus hier gezeigt werden soll. Es ist also eine ›punktgenau‹ erzählte Geschichte.

Die Bildelemente entschlüsseln ...

Das lässt sich auch *von den einzelnen Bild-Elementen her* zeigen und beginnt mit den *›drei Jüngern‹*, die Jesus mit sich *›auf den Berg‹* nimmt. Hinter einer solchen Erzählung steht die Erinnerung der frühen Kirche daran, dass Jesus zu drei seiner Jünger eine besonders intensive Beziehung gehabt hat. Offenbar hat er gerade mit diesen dreien oft auch alleine gesprochen und sie auch in intime Situationen, zum Beispiel sein Beten, mit hineingenommen. Und offenbar sind das für diese Jünger oft sehr beeindruckende Erfahrungen gewesen, Erlebnisse und Gespräche, die sie tief trafen und lange bewegten. Das war nicht einfach das Gewohnte gewesen, sondern das waren ›hohe Stunden‹. Das war nicht einfach ›Unterhaltung‹ gewesen, sondern ›Offenbarung‹. Das berührte Ebenen, auf denen Menschen im allgemeinen nicht leicht miteinander verkehren. Und dabei war etwas zu spüren gewesen von geheimnisvoll aufleuchtender Tiefe, von Weite, die die alltägliche Enge sprengt, und von ›Höhen‹, die über den ›Niederungen‹ des Erdhaften liegen, die das Geheimnis Gottes berührten. Und dass sie dabei Jesus anders sahen, dass sich für sie gleichsam *›sein Gesicht veränderte‹*, dass sie es *›leuchtend‹* erfuhren: ruhig, erfüllt, zugewandt, nah – auch das können wir nachvollziehen. Wir können also verstehen, dass sie später von Jesus erzählen und schreiben: »Er nahm uns mit auf die Höhe – und da sahen wir ihn ›verwandelt‹!«

›Mose‹ und *›Elija‹*. Das sind zwei Spitzengestalten aus der Geschichte Gottes mit seinem Volk Israel. Mose, der dem geknechteten Volk einen neuen Namen Gottes – ›Jahwe‹ – und damit eine neue Vorstellung von Gott brachte – Gott als der »Ich bin der, der immer bei euch ist« –, der dann dieses Volk, zumindest eine Volksgruppe, in die Freiheit führte und ihm das ›Gesetz‹, die Wegweisung Gottes, und den ›Bund‹ mit Gott vermittelte (vgl. Ex 13ff). Und Elija, der vierhundert Jahre später im zugelobten Land, das sie in Besitz genommen hatten, fast als einziger einen großartigen Kampf gegen die Gottesvorstellungen der Ureinwohner kämpfte – und damit für Israel den Glauben an Jahwe, ihren nahen Gott, rettet (vgl. 2 Kön 18). Diese beiden Gestalten *›erscheinen‹*. Das heißt: Die junge Kirche bringt diese beiden Großen mit Jesus in Verbindung. Sie zitiert diese beiden her, damit sie mit Jesus *›reden‹* können. Und die

beiden sprechen dann mit Jesus *›von seinem Ende in Jerusalem‹*, so akzentuiert das der Evangelist Lukas. Sie sprechen also mit Jesus über das Kreuz, über sein Scheitern. Damit will die junge Kirche sagen: Mose und Elija – und sie gehören zu den entscheidenden Vertretern ihres Volkes – ›wissen‹ vom Ende Jesu in Jerusalem, und zwar von diesem Ende. Und sie sprechen nicht *gegen* dieses Ende, sondern sind offenbar gekommen, um zu zeigen, dass dieses Ende auf der Linie der Geschichte Gottes mit seinem Volk liegt. Mose und Elija *bestätigen* Jesus *und* sein ›Ende‹. Das Kreuz braucht kein ›Skandal‹ zu sein für das jüdische Volk, ebenso wenig wie es Zumutung sein muss für die ›Heiden‹ (vgl. 1 Kor 1,23).

Die *›Wolke‹* und die *›Stimme‹*. Wo im Alten Testament von ›Wolke‹ gesprochen wird, ist oft die geheimnisvolle Nähe Gottes gemeint, die man an bestimmten Umständen wahrzunehmen glaubt. Für die Jüngerinnen und Jünger Jesu ist es beim Zusammensein mit Jesus wahrscheinlich oft so ›dicht‹ zugegangen, so gut, so menschlich berührend und erfüllend, dass sie sich das nur durch die besondere Nähe Gottes zu Jesus – und in Gemeinschaft mit Jesus zu ihnen selbst – erklären konnten. Wo Jesus steht – das ist ihre Erfahrung –, wird es auf eine wunderbare Weise warm und lebendig und ›heil‹. Es ist, als bräche da Gottes Glanz durch, verhalten, nicht strahlend und überwältigend, eher verhüllt, aber doch so, dass jeder, der Augen hat zu sehen und Ohren zu hören, es wahrnehmen kann – und dann ›weiß‹: Dieser Jesus steht Gott wohl ganz nah; er ist so etwas wie *›auserwählter Sohn‹*. Und welche andere Konsequenz wäre daraus zu ziehen als die: *»Auf ihn sollt ihr hören!«*

... und die Botschaft erschließen.

Wir haben versucht, das ›Bild‹ zu lesen. Haben wir seine Aussage verstanden? Jesus – so sagt das ›Bild‹ – führt in die Höhe. Er steht mitten in der Geschichte des Handelns Gottes an seinem Volk, ja, ist die wichtige Spitze dieses Handelns. Und auch sein Kreuz reiht sich nahtlos in diese Geschichte ein. So ist er wirklich der, der die Nähe Gottes bringt, durch den Jahwe, der Nahe, den Menschen neu berührt. Er selbst ist der ›Sohn‹, auserwählt und gesandt, und deswegen der, auf den wir zu hören haben. Das ist die Aussage des Bildes; das ist die Botschaft. Ob wir sie annehmen, ist dann – natürlich – noch einmal Sache unserer Entscheidung.

2. DER EINSTIEG IN DIE EVANGELIEN

Jedes Evangelium malt ein besonderes »Jesusbild«.

Ehe wir jetzt über das erste geschichtlich greifbare Auftreten Jesu sprechen, müssen wir noch ein Hindernis überwinden. Wenn wir nämlich unsere ›Quellen‹ aufschlagen, von deren Entstehung wir gesprochen haben, und ihre ersten Zeilen und Kapitel nach dem frühesten geschichtlich Greifbaren aus dem Leben Jesu befragen, stellen wir fest, dass jedes Evangelium – eine andere Antwort gibt. Das regt zu Fragen an.
Wir hatten schon erwähnt, dass das Markus-Evangelium wohl das älteste Evangelium ist, obwohl es in den Ausgaben des Neuen Testamentes nicht an erster, sondern erst an zweiter Stelle steht; man hat die Evangelien früher einmal nicht nach ihrer Entstehungszeit, sondern nach ihrer Länge und ihrer Bedeutung in der Kirche angeordnet. – Das älteste, also das Markus-Evangelium, gibt für das Matthäus- und das Lukas-Evangelium den Aufbauplan vor: Es erzählt zunächst von einem Wirken Jesu in Galiläa, der Heimat Jesu, vom so genannten ›Galiläischen Frühling‹, bei dem Jesus offenbar ziemlich von sich reden machte; dann von einem Rückzug Jesu nach der Belehrung seiner Jüngerinnen und Jünger; und schließlich von den letzten Ereignissen um Jesus: von seinem Gang nach Jerusalem, von Prozess, Tod und Auferweckung. Matthäus und Lukas übernehmen in etwa diesen Plan, während das Johannes-Evangelium nicht so klar dieser Anordnung folgt.

EINE ÜBERSCHRIFT

Evangelium – der Name ist von Anfang an Programm.

Aber trotz eines ähnlichen Gesamtaufbaus beginnen auch die drei so genannten ›synoptischen‹ Evangelisten ihre Bücher jeweils gänzlich unterschiedlich. Bevor das näher aufgezeigt wird, blicken wir aber erst einmal kurz auf den Anfang des Markus-Evangeliums, gleichsam um Geschmack an Entdeckungen zu finden. Es beginnt mit einem ganz einfachen, wenn auch sehr wuchtigen Satz: *»Anfang des Evangeliums von Jesus, Christus, dem Sohn Gottes«*. Das liest sich so leicht – und ist in Wirklichkeit schon so etwas wie ein Paukenschlag. Das empfindet man besonders deutlich, wenn man einmal alle Überschriften weglässt, die in unseren Bibelausgaben noch vor diesem ersten Satz des Markus-Evangeliums stehen. Dann erkennt man, dass dieser Satz die eigentliche Überschrift des Evangeliums ist, so etwas wie ein Anruf, mit dem aber nicht nur um Aufmerksamkeit geworben wird, sondern in dem schon der gesamte Inhalt dessen, was kommen wird, mit ein paar scharf umrissenen Begriffen ungeheuer knapp und präzise vor Augen geführt wird. *»Anfang des eu-angelion«*: Wir übersetzen harmlos mit ›Frohe Botschaft‹ oder ›Gute Nachricht‹. In

Wirklichkeit ist eine umstürzende Meldung gemeint, eine Botschaft, die die Existenz der Hörer umzukrempeln imstande ist. Es ist ja eine Botschaft, die eine neu aufgebrochene Wirklichkeit ansagen und damit für die Hörer auch herbeiführen will. Es ist eine Botschaft, die alles verheißt, was für den Israeliten ›Heil‹ bedeutet: Rettung, Befreiung, Gesundwerden, Wohlergehen, Frieden, und das alles nicht als Ergebnis brüchiger Menschheitsbemühung, sondern von Gott her, der sich hier wieder als Gott seines Volkes erweisen wird. ›Evangelium‹, das ist also von Gott her einbrechende Heilsbotschaft.

Schon der erste Satz ist ein Bekenntnis.

Und Markus sagt, dass das die Botschaft von Jesus ist. Die Botschaft also, die von diesem Bauhandwerker aus Nazaret erzählt, der zu der Zeit, als Markus schreibt, schon vierzig Jahre tot ist, der aber in Erinnerung geblieben ist, ja, der für eine bestimmte Menschengruppe eine immer größere Bedeutung gewonnen hat. Diese Menschen haben ihn als ›Christus‹ erkannt, und das griechische Wort ›Christos‹ ist Übersetzung des hebräischen ›Messias‹ und meint einen ›Gesalbten‹, einen mit besonderer Gotteskraft Beschenkten. Bei diesem Wort kommen einem Israeliten die gesalbten und von daher mit Gottes Geistkraft ausgerüstet geglaubten Könige in den Sinn, und dann schließlich *der* Gesalbte, der – wie viele erwarteten – nach allen, letztlich versagenden Königen und nach einer langen königslosen Zeit von Gott her kommen sollte, um das zerbrochene Volk noch einmal und jetzt endgültig zu sammeln und es als heiliges Volk Gott entgegenzuführen. – Die Botschaft des Markus: Jesus, der Handwerker aus Galiläa, der von Gott und zu Gottes Auftrag Gesalbte. In vielen alten Handschriften steht dazu noch als Ergänzung: ›Sohn Gottes‹. Vielleicht hat Markus das ursprünglich nicht in seine Überschrift hineingeschrieben – und damit Jesus ›nur‹ als ›Messias‹ angesagt. Aber am Ende seines Evangeliums, als er den Tod Jesu am Kreuz geschildert hat, da bekennt nach seinem Evangelium der römische Hauptmann: *»Der da, der war Gottes Sohn!«* Da fällt also dieser Begriff, und das ist der Höhepunkt des Markus-Evangeliums. Und so ist es sicher nicht falsch, wenn das, was auf dem Höhepunkt als Schlussfolgerung gleichsam festgestellt wird, auch schon einfließt in die Überschrift, die Themenangabe: *»Anfang der Heilsbotschaft von Jesus, dem Ausgerüsteten, dem Sohn Gottes«.*

Nun aber zu den eigentlichen Anfängen der Evangelien. Wir haben schon bemerkt: Sie sind sehr unterschiedlich. Wir erkennen zudem, dass sie – je jünger die Evangelien sind – umso mehr in die Weite und in die Tiefe hineinwachsen. Es gibt also eine Entwicklung.

MARKUS

Markus beginnt mit der Taufe Jesu.

Das Markus-Evangelium beginnt nach der ›Überschrift‹ mit der Erzählung vom Auftreten des Täufers Johannes. Das Wirken des Täufers wird zunächst in Zusammenhang gesehen mit dem Prophetenwirken des Alten Testamentes: *»So, wie es beim Propheten Jesaja geschrieben steht ...*

genau so trat Johannes der Täufer auf.« Dann heißt es über die Predigt des Täufers: *»Lasst euch taufen! Ändert euer Leben!«* Und die Menschen ziehen zu ihm hin. Es wird geschildert, in welcher Weise Johannes auftritt. Und dann das für Markus Entscheidende an der Botschaft des Täufers: *»Nach mir kommt einer, der stärker ist als ich. Ich habe mit Wasser getauft; er wird mit Heiligem Geist taufen!«* Vom Täufer her wird also eine Brücke geschlagen hin zum ›Stärkeren‹ – und nach Markus ist das Jesus. Es spannt sich also ein weiter Bogen vom Propheten des Alten Testamentes hin zu Jesus, wobei der Täufer in der Mitte so etwas wie ein Stützpfeiler, ein Übergang ist. Und noch etwas ist wichtig: Markus setzt mit seinem Evangelium da an, wo Jesus als Erwachsener seinen Weg beginnt.

MATTHÄUS

Matthäus betont die jüdischen Wurzeln Jesu.

Ganz anders das Matthäus-Evangelium. Es beginnt mit einem langen Stammbaum Jesu, der nach unserem Empfinden so abschreckend ist, dass manche Menschen gar nicht weiter lesen. Auch dieses Textstück hat eine Überschrift, und an ihr ist auch wieder der Akzent ablesbar, den der Schriftsteller setzt: *»Stammbaum von Jesus*, (wieder: dem) *Christus, dem Sohn Davids, dem Sohn Abrahams.«* Und dann werden dreimal je vierzehn Generationen aufgezählt – bis zu *»Josef, dem Mann der Maria, von der Jesus geboren wurde, den man den Messias nennt«*. Auch hier spannt sich also ein Bogen hin zu Jesus: von Abraham, dem Stammvater Israels, über David, den fast legendären König aus der Frühzeit Israels, bis hin zu Josef – das ist ein einziger großer Abstammungszusammenhang. Josef nimmt Maria zur Frau, und damit wird Maria in diesen Zusammenhang hineingeholt – und damit auch ihr Kind, Jesus, der schon allein deswegen Messias/Gesalbter sein kann, weil er der Abstammung nach zur Familie des David, des gesalbten Königs, gehört. Jesus wird hier ganz tief hineingebunden in die Geschichte des israelitischen Volkes und seines Königshauses, dem nach Auffassung Israels ewige Herrschaft verheißen war. – Der Akzent gegenüber Markus: Hier schreibt ein an der Tradition seines Volkes hoch interessierter und in sie hinein tief verankerter Jude, der sein Volk offenbar über alles liebt – und der Jesus festmacht in der Mitte seines Volkes und an Gottes Tat in das Volk hinein.

LUKAS

Lukas malt fünf Bilder für ›Heidenchristen‹.

Der Evangelist Lukas stellt an den Anfang seines Evangeliums – nach einer Rechtfertigung seiner Evangelisten-Arbeit – ein großes Bild, das gleichsam aus fünf Bildtafeln besteht; später werden wir über diese Bilder noch nachzudenken haben. Auf der ersten Tafel ist erzählt von der Ankündigung der Geburt des Täufers; auf der zweiten von der Ankündigung der Geburt Jesu. Die vierte Tafel ›malt‹ die Geburt des Täufers, die fünfte die Geburt Jesu. Man erkennt also die Parallelität. Der Täufer und

Jesus sind in eine ganz enge Beziehung zueinander gebracht, wobei das, was über Jesus gesagt wird, die Aussagen über den Täufer gewaltig übersteigt. Das ›Mittelbild‹ erzählt dann von der Begegnung der beiden Mütter – und der beiden Kinder, die sie tragen – und auch hier sind Über- und Unterordnung eindeutig. – Die eindrücklichsten Aussagen über Jesus stehen in der zweiten und in der fünften Bildtafel. Hier wird Jesus nicht nur als ›Retter‹ und ›Kyrios‹, als ›königlicher Herr‹ bezeichnet, sondern hier wird auch gesagt, dass er aus der ›Überschattung‹ durch Gottes Geist, aus der Kraft des Allerhöchsten gezeugt ist. Matthäus hatte das auch schon angedeutet, aber fast wie in einem Nebensatz. Hier wird es in einer wunderbar ausgemalten Szene erzählt. Es geht dabei also nicht mehr um die Verankerung Jesu in seinem Volk – das ist für den aus dem griechisch geprägten ›Heidentum‹ stammenden (und deswegen ›Heidenchrist‹ genannten) Lukas nicht mehr so interessant. Hier wird vielmehr die Existenz Jesu auf die machtvolle Tat Gottes zurückgeführt; hier steht unverkennbar Gott allein am Anfang Jesu, und zwar nicht nur so, dass er einem Menschenpaar die wunderbare Geburt eines Kindes verheißt und schenkt – wie beim Täufer –, sondern so, dass Gott selbst den Beginn dieses neuen Lebens im Schoß der Mutter bewirkt. Jesus kann deswegen ›heilig‹ genannt werden, das heißt: von Gott geprägt, und ›Sohn des Allerhöchsten‹. – Und auch darauf wäre noch aufmerksam zu machen: Wie schon Matthäus, so fragt auch Lukas schon nicht mehr nur danach, wie Jesus zu wirken begonnen hat, sondern es wird hier die viel tiefer dringende Frage gestellt und beantwortet, woher denn dieser Jesus sei. Hier wird also nicht einfach nach Funktionen, nach Geschehenem gefragt, sondern nach dem hinter dem Geschehen liegenden Wesen.

JOHANNES

Johannes sieht Jesu Anfang vor aller Zeit in Gott.

Noch weiter zurück – oder sagen wir besser: noch tiefer – führt uns der Anfang des Johannes-Evangeliums mit seinem großartigen ›Prolog‹. Hier heißt Jesus ›Wort‹, und von ihm wird gesagt: *»Am Anfang war das Wort. Und das Wort war bei Gott. Und das Wort war Gott. Und schon am Anfang war es bei Gott.«* Hier wird also nicht mehr von irdisch-menschlich-geschichtlicher Zeit gesprochen, sondern hier steigt der Evangelist gleichsam aus der Zeit hinaus und blickt hinein in die Situation *vor* der Zeit, vor dem Beginn irdisch-menschlicher Geschichte. Und in diesem alles in sich tragenden Anfang sieht er das ›Wort‹: Er sieht es ›bei Gott‹, und er sieht es als Gott. Mit diesem ›Wort‹, von dem später gesagt wird, dass es ›Fleisch geworden‹ sei, ist also Jesus gemeint. Hier wird Jesus festgemacht in der Tiefe des Geheimnisses Gottes selbst – und zwar eben als Gottes ›Wort‹, das also offenbar vor aller Zeit und seit Ewigkeit von Gott ›gesprochen‹ ist. Der Begriff ›Wort‹ ist zunächst einmal aus der irdisch-menschlichen Wirklichkeit genommen: vom Menschen her, dem Wesen, das sprechen kann. Vom ›Sprechen Gottes‹, von einem ›Wort Gottes‹ kann man sicher nur zurückhaltend und vergleichend reden. Trotzdem sagt solche Bildrede etwas aus. Sie sagt etwas aus über Gott. Stellen wir uns einen Gott vor, der stumm ist, der nicht sprechen, der sich nicht äußern, der sich nicht aus-sagen kann. Er erschiene uns als verschlossenes, verkapseltes, abweisendes und kaltes Wesen. Als ein Wesen ohne Beziehung, unfähig, unwillig, Beziehungen einzugehen. Hier aber wird gesagt, dass Gott ein ›Wort‹ bei sich hat. Er *hat* sich ausgesprochen, so ausgesprochen, dass dieses ›Wort‹ nicht nur ›bei‹ Gott ist, sondern selbst Gott. Gott hat *sich* gesprochen. Gott ist also gleichsam ein Überbrandender, einer, der nur in Beziehung existiert, der nur *mit-sein* kann. – Und diese Bildrede sagt etwas aus über das ›Wort‹: *»Durch das Wort ist alles geworden, und nichts, was geworden ist, wurde ohne das Wort.«* Das ›Wort‹, in dem der Sprechende sich selbst ›gegenübersteht‹, sich selbst ›sieht‹, sich selbst ›hört‹, wird zum Urbild, zum Urton für alles, was gedacht und gemacht werden kann, auch für das Leben. Und so kann es im Jubel über die Freude am Leben heißen: *»In ihm,* dem Wort, *war das Leben, und das Leben war das Licht für die Menschen, und das Licht leuchtet in der Finsternis, und die Finsternis konnte es nicht verschlingen!«* Und dann der Höhepunkt des Überbrandens Gottes: *»Das Wort ist Fleisch geworden! Es hat unter uns sein Zelt aufgeschlagen!«* Und obwohl er Fleisch war: *»Wir haben seine Gottesherrlichkeit gesehen – eine Herrlichkeit, wie sie nur der Eine haben kann: der Einziggeborene vom Vater!«* (vgl. Joh 1,1–18).

Hier spürt man: So kann nur ein Mensch schreiben, der lange über Jesus nachgedacht hat und dem das Geheimnis Jesu als Geheimnis Gottes aufgegangen ist. Hier ist das Tiefste gesagt, das man über Jesus sagen kann. Das ganze Johannes-Evangelium ist die Botschaft von der hervorleuchtenden Gottesherrlichkeit aus diesem Jesus.

ZUSAMMENFASSUNG

Jedes Evangelium setzt einen eigenen Akzent.

Wir können also sagen: Die Evangelien beginnen ihr Sprechen von Jesus auf sehr unterschiedliche Weisen, vom eher geschichtlichen Ansatz bis tief ins Theologische hinein. Jeder Evangelist hält sein ›Jesusbild‹ für wahr und für wichtig. Jedes macht seine eigene Aussage. Die unterschiedlichen Aussagen aber widersprechen sich nicht, sie ergänzen sich: Alle zusammen machen die Botschaft aus, die Verkündigung von Jesus, den sie als Großen glauben. Über den eigentlichen ›historischen‹, geschichtlichen Anfang des Wirkens Jesu werden wir jetzt erst zu sprechen haben. Vorher ist aber wohl noch ein Wort zur Klärung nötig.

Es geht bei unserem Versuch hier um Jesus ›für Anfänger‹, und das heißt eben nicht: ›für Theologen‹. Wir wollten uns bemühen, an diesen Jesus heranzukommen, vielleicht so, wie seine ersten Jünger an ihn herangekommen sind. Und jetzt sind wir – in den Evangelien-Anfängen – schon einer ganz späten, ausgereiften und komplizierten Theologie begegnet, richtiger: Dem Teil der Theologie (Gottes-Lehre), die sich mit Jesus, dem ›Christus‹, befasst und deswegen ›Christologie‹ heißt: Lehre von (Jesus, dem) Christus. Wir sind vollständig ausgemalten Jesusbildern begegnet. Das ist ja gar nicht Jesus so ›einfach‹, wie sie ihn damals in den ersten Tagen und Wochen und Monaten kennen gelernt hatten. Das ist *verarbeitete* und *interpretierte* Jesuserfahrung. Und die fällt auf uns wie eine erdrückende Last. Das macht uns den Zugang zu Jesus nicht einfacher, sondern erschwert ihn. Wir finden ihn ja gar nicht so, wie er ›war‹. Wir finden ihn gleichsam in gleißendem Licht, und das erschreckt nicht nur, sondern das lässt auch die Konturen verschwimmen, die wir so gerne sehen würden, die menschlichen Züge, die ja allein nah bringen und sympathisch machen können. Was also tun?

Als AnfängerInnen nähern wir uns Jesus mit offenen Augen ...

Vor solchen Fragen müssen wir uns ein ganz nüchternes Eingeständnis machen: Wir erreichen eben in den Evangelien nicht Geschichte Jesu pur. Wir haben das schon bedacht. Jetzt stoßen wir auf die Konsequenzen dieser Tatsache. In den Evangelien treffen wir überall auf diese Bilder – und das ist der Grund, weswegen sie hier auch angesprochen sind. Hier sollte allerdings zunächst nur ein mehr formaler Gesichtspunkt herausgestellt werden, nicht so sehr ein inhaltlicher. Es sollte aufgezeigt werden, wie sich die Verkündigung vom Anfang Jesu gleichsam verschiebt, erweitert, vertieft, wie sie wächst, wie immer mehr in den Blick genommen wird. Die ›Jesusbilder‹, die wir jetzt kennen gelernt haben, sind Ergebnisse von Prozessen, von Glaubensprozessen, die sich über mehrere Generationen hin vollzogen haben. Jede Annäherung an Jesus ist ein Prozess, heute genau so wie damals. Viele Verkündigungsinhalte der Evangelien sind sehr späte Ergebnisse solcher Prozesse.

... und mit wachem Herzen.

Und das sollte uns von vorne herein bewusst sein: Wir sollten unser Anfangenwollen (*wenn* wir denn anfangen wollen) nicht an solchen ›Endergebnissen‹ messen müssen. Von uns ist gar nicht verlangt, dass wir das alles von vorne herein annehmen und verstehen. Das ist damals von den Jüngerinnen und Jüngern auch nicht verlangt gewesen. Eine Betroffenheit war bei ihnen damals wohl vorhanden, ein fragendes Staunen, vielleicht sogar Faszination, und das könnte ja auch bei uns schon gegeben sein. Aber dann hatten sie Zeit und Gelegenheit, in ganz kleinen Schritten in eine Annäherung an Jesus hineinzuwachsen. Solche Geduld ist zum Gelingen jeder menschlichen Begegnung nötig. Nur eins sollten wir mitzubringen versuchen: eine gewisse Offenheit, ein Horchenwollen, ein genaues Zusehenwollen, kritisch, also bereit zur Unterscheidung, aber weder voreingenommen zur einen noch zur anderen Seite hin. Und wir sollten unseren Maßstab schärfen, die Wahrnehmungs- und Unterscheidungsfähigkeit unserer Personmitte, das Empfinden und Sprechen, die Reaktion unseres Herzens. Wir sollten aufmerksam bleiben auf das, was uns hier – aus uns selbst heraus gleichsam – ›gesagt‹ wird. Ob Ablehnung aufsteigt oder so etwas wie eine leise Hoffnung: Es wäre doch schön, wenn das alles wahr wäre!

Uns ist mit Jesus eine Botschaft gegeben, das Angebot einer neuen und sicher auch großen Wirklichkeitssicht, einer Lebensmöglichkeit, und letztlich haben wir zur Beurteilung dieser Botschaft keinen anderen Maßstab als – uns selbst. Dass viele Generationen vor uns diese Botschaft angenommen haben und dass bis heute viele mit ihr gut haben leben können und leben, dass es also ›Kirche‹ um diese Botschaft gab und gibt, das kann ein unterstützendes Motiv sein: Die Glaubens*entscheidung* aber haben wir selbst zu treffen. – Zunächst aber wollen wir uns als ›Anfänger‹ an das Fragen, Suchen und Horchen heranbegeben.

3. DER ANFANG JESU – BEI JOHANNES DEM TÄUFER

Zum ersten Mal sprechen alle vier Evangelien von Jesus als Erwachsenem im Zusammenhang mit dem Auftreten des Täufers Johannes. Dass Jesus sich aus seiner Heimat Galiläa im Norden von Palästina an die Taufstelle des Johannes am Jordan begeben hat, ist wohl die erste sichere Tatsache aus der Anfangszeit des öffentlichen Auftretens Jesu. Es hat im Judäa des späteren dritten Jahrzehntes unserer Zeitrechnung im Volk eine offenbar sehr starke Bewegung gegeben, die durch einen einzelnen Mann ausgelöst wurde, durch Johannes. Der Täufer tauchte irgendwo am Rand der Wüste auf, predigte aufrüttelnd, erschien den Menschen wie ein ernster Gottesmann und forderte dann zur Teilnahme an einer ›Taufe‹ auf. Viele Menschen zogen zur Taufstelle hin, die wohl am Jordan lag, aber heute nicht mehr sicher bekannt ist. Jesus ließ sich von dieser Bewegung ergreifen. Auch er ging nach Judäa zum Jordan und unterzog sich der Taufe des Johannes. – Wie sich das Auftreten des Täufers in der damaligen Zeit und die Begegnung mit Jesus abgespielt haben – und wie sie dann in den Evangelien gedeutet werden –, das betrachten wir etwas näher.

DER TÄUFER UND SEINE ZEIT

Die realen Verhältnisse diktierten eine Politik der Anpassung.

Die Situation des Volkes und des ›Staates‹ Israel zur Zeit des Täufers Johannes – und damit zur Zeit Jesu – war alles andere als rosig. Sie war voller Armut, Angst und Spannung, so etwas wie ein Leben auf des Messers Schneide. Das Volk Israel ist immer klein gewesen und hatte in der großen Politik zwischen dem vorderasiatischen Lebensraum im Nordosten und dem ägyptischen im Südwesten nie sonderliche Bedeutung gehabt. Seine Geschichte ist sorgenvoll und sogar eine Katastrophen-Geschichte gewesen, in der es oft genug wirklich ums nackte Überleben ging. Jetzt war Israel von römischen Besatzungstruppen besetzt. Im Norden, in Galiläa, regierte ein kleiner Fürst von Roms Gnaden. Der südlichere Teil (Samarien, Judäa und Idumäa) war zu einer römischen Provinz gemacht worden und unterstand einem Statthalter des römischen Kaisers. Die Staatsgeschäfte in Jerusalem erledigte der jüdische ›Hohe Rat‹, ein Gremium von siebzig Männern unter Vorsitz des Hohen Priesters. Dieses ›Synhedrion‹, wie es griechisch genannt wurde, war zuständig für Rechts- und Religionsfragen. Aber letztlich hatte Rom das Sagen. Das Volk lebte wahrscheinlich ein ziemlich bedrücktes Alltagsleben. Man musste sich den Verhältnissen anpassen, und das war sicher nicht immer leicht. Es gab hohe Abgaben und immer wieder die Erfahrung von Unfreiheit, das Bewusstsein, sich nicht wehren und wohl auch auf Dauer nichts ändern zu können. Das drückte nieder, und viele Menschen dürften mit einem innerlichen Groll gelebt haben. Andere allerdings werden auch versucht haben, aus der Lage das Beste zu machen. Wieder andere haben – um möglichst viel Haut zu retten – kollaboriert, mit der Besatzungsmacht zusammengearbeitet. Wahrscheinlich sah es im Norden, in Galiläa, der Heimat Jesu, noch etwas besser aus, weil hier ja zwar kein einheimischer, aber immerhin kein römisch-heidnischer Herrscher regierte.

Der religiöse Hunger blieb oft ungestillt.

Die Religiosität in Jerusalem wurde offiziell vom Tempel her bestimmt, von seiner Liturgie und seinem Anspruch unter dem Hohen Priester und einer Art Priesteradel. Das war eine konservative, aber auch aufs Überleben bedachte und einigermaßen clevere Honoratioren-Gruppe. Bei ihrem ›Regieren‹ allerdings wird den entscheidenden Ton eher das Formale angegeben haben; die eigentliche Religiosität brannte auf Sparflamme. Von daher hatten die religiös ›Hungrigen‹ im Volk nicht viel zu erwarten. Dabei gab es in Israel durch Jahrhunderte zwei Grunderfahrungen: die der Not und die der Hoffnung. Die Not hatte immer mit dem Existenzkampf zusammengehangen, und die Hoffnung war immer eine religiöse gewesen: die Hoffnung auf Gott, den sie »Jahwe« nannten, was heißt: »Ich bin der, der da ist« und meint: ›Ihr werdet im Lauf eurer Geschichte immer wieder erfahren können, dass – und wie – ich bei euch bin‹. In diese Erfahrung von Not und Hoffnung hinein fällt das Auftreten des Täufers Johannes und das (spätere) Auftreten Jesu.

DAS AUFTRETEN DES TÄUFERS

Johannes der Täufer – ein Prophet.

Ende der 20er Jahre des ersten Jahrhunderts gibt es in Israel diese Unruhe, diese Störung. Irgendwo am Jordan, vielleicht östlich von Jericho – Genaueres wissen wir nicht – stellt sich den Leuten ein Mann in den Weg und redet auf sie ein. Er heißt Johannes und erhält schnell den Beinamen ›der Täufer‹, weil er die Menschen, die zu ihm kommen und ihm zuhören, zu einer Taufe im Jordan auffordert. Manche Menschen halten diesen Mann für einen Propheten. Propheten kannte Israel aus seiner Geschichte; immer wieder waren solche Leute aus dem Volk herausgewachsen; noch heute erzählen hoch geachtete Bücher von ihnen. Das waren Männer und auch Frauen, die man als ›gottgesandt‹ ansehen konnte. Sie waren von Gott irgendwie erfüllt, von Gedanken an ihn, aber auch von einem diskreten Umgang mit ihm, so erfüllt, dass sie von Gott reden konnten und reden mussten. Das waren Menschen, die oft ein Stück außerhalb des Alltags standen, die vielfach zunächst in Stille gelebt hatten, um dann eines Tages, wie von innen her getrieben, an die Öffentlichkeit zu treten. Sie mahnen und warnen, sie trösten und verheißen, sie öffnen die Augen, vermitteln Weitsicht über den Augenblick hinaus und lassen so die Zukunft in den Blick kommen und die Gegenwart neu und anders angehen. Solche Propheten hatte es in Israel immer wieder gegeben, vor allem in Situationen besonderer Bedrängnis. Jetzt war allerdings schon lange kein Mensch mehr als solch ein Gottesmensch aufgetreten. Umso mehr werden die Menschen aufgehorcht haben, als Johannes am Jordan mit seinem Appell begann.

Der Täufer distanziert sich vom Tempel in Jerusalem.

Johannes trat ausgesprochen asketisch auf, wie einer, der auf Irdisches keinen großen Wert legt. Er *»trug Kleidung aus Kamelhaaren und um seine Hüften einen Ledergürtel. Seine Nahrung waren Heuschrecken und wilder Honig«* (Mk 1,6). Man hat schon einmal angenommen, dass er in einem Wüstenkloster erzogen worden sei, wie es sie in Israel gab. Das Lukas-Evangelium nennt den Priester Zacharias als seinen Vater (Lk 1,5). Damals gab es in Israel etwa siebentausend Priester, also eine Riesenmenge mit sicher viel ›Fußvolk‹. Unter ihnen war der Tempeldienst aufgeteilt, und jede einzelne ›Priesterklasse‹ kam nicht sehr oft an die Reihe. Man darf davon ausgehen, dass es innerhalb der Priesterschaft nicht unerhebliche Spannungen gab, die von der religiösen und auch der politischen Situation herrührten, wahrscheinlich aber auch vom sozialen Gefälle. An der Spitze stand eine Art ›Priesteradel‹, und ein Teil dieser Gruppe gehörte dem Hohen Rat an, den siebzig Männern unter dem ›Hohen Priester‹, die in Israel die Staatsgeschäfte zu führen hatten. Der Hohe Rat war damit auch das Gremium, das mit der Besatzungsmacht in enge Berührung kam. Sie mussten kooperieren. Das nötigte sie zu Anpassung und zu Kompromissen. Ihre Hauptsorge wurde der Erhalt von Ruhe und Ordnung – vor allem am Tempel –, die ja die Voraussetzung für die weitere Existenz ihres reststaatlichen Gebildes waren. Für die Priester im Hohen Rat galt sicher auch eine konservative Theologie, eine Theologie ›ohne Experimente‹, die sich zurückzog auf das, was nicht zu bestreiten und was sehr handfest zu fassen war: auf das Gesetz und dessen zeitgemäße Auslegung sowie auf den Dienst am Tempel. Eine solche Einstellung aber führt eher zu einem routinierten, als zu einem religiös berührten lebendigen Verhalten. Jahwe, Gott, der eigentlich ›dabei sein‹ wollte, konnte dabei schon aus dem Blick geraten, und dann wurde Religion nur noch als Sachleistung und nicht mehr als Beziehung gelebt.

Es gab dann aber in der Priesterschaft sicher auch solche, die das Eigentliche retten und hochhalten wollten. Und so kann man es nachvollziehen, was Bibelforscher vermutet haben: Dass einer von ihnen, Zacharias, seinen Sohn Johannes, der ihm als spätes Gottesgeschenk geboren worden war, zu einer lebendigeren Offenheit vor Gott führen wollte und ihn deswegen – vielleicht schon als Kind, wie das damals nicht unüblich war, – in einem der strengen Wüstenklöster aufwachsen und erziehen ließ. Allerdings sind das wirklich nur Vermutungen; sichere Nachrichten darüber gibt es nicht.

Der Täufer kündigt das nahe Gericht Gottes an.

Die Zielrichtung und das ›Ergebnis‹ einer solchen Erziehung könnten wir dann ablesen an dem, was über die Predigt des Johannes in den Evangelien überliefert ist. Johannes predigte *»in der Wüste«* (Mk 1,4). Und kündigte ein unmittelbar bevorstehendes Gottesgericht an. Dahinter steht eine so genannte ›apokalyptische‹ Sicht der Welt und ihrer Geschichte. Welt und Geschichte des Menschen sind nach dieser Sicht verdorben und Gott entfremdet. Welt und Geschichte sind nicht mehr zu retten. Gott, von dem man befürchten könnte, er habe sich zornig zurückgezogen, werde kommen und dann seine ganze Macht unübersehbar offenbaren (das griechische ›apokalyptein‹ / ›apokalypsis‹ meint ›offenbaren‹ / ›Offenbarung‹). Diese Offenbarung Gottes stellte man sich sehr drastisch vor: als Erscheinen Gottes zum Gericht. Die Welt werde dann vernichtet und die Menschengeschichte einem radikalen Ende zugeführt, damit danach etwas vollkommen Neues beginnen könne. Offenbar genau in dieser Überzeugung hat der Täufer gepredigt: *»Die Axt ist schon an die Wurzel der Bäume gelegt!«* Und: Wer keine Frucht bringt, *»wird umgehauen und ins Feuer geworfen«* (Mt 3,10). Der so kommen wird, *»hält die Schaufel schon in der Hand«*, mit der das gedroschene Getreide in die Luft geworfen wird, damit der Wind Spreu und Korn trennt und der Weizen eingefahren und die Spreu verbrannt werden kann (vgl. Mt 3,12). Deswegen ruft Johannes zur ›Umkehr‹ auf, zu einem ›Umdenken‹ (griechisch: ›metánoia‹), das – ausgehend von der Einsicht des Menschen – den ganzen Menschen ergreifen und in eine neue Lebensrichtung hinein bewegen soll.

Die Taufe des Johannes: Sichtbares Zeichen der Umkehr.

Als äußeres und für ihn charakteristisches Zeichen, dem sich seine Zuhörer unterziehen sollen, bietet Johannes eine ›Taufe‹ an: Er lässt die Menschen zu sich hinab in den Jordan steigen und drückt ihnen Kopf und Oberkörper unter Wasser (das deutsche Wort ›taufen‹ leitet sich ab von ›tauchen‹). Das war für den Orient ein nicht unbekanntes Ritual. Es hatte vor allem zeichenhaft-soziale Bedeutung. Es geschah dabei etwas: äußerlich sichtbar und vollzogen in einer Gemeinschaft. Es wurden zum Beispiel Sklaven getauft, wenn sie freigelassen werden sollten. Die ganze Hausfamilie stand dann am Ufer eines Flusses, und der Sklave wurde ins Wasser geführt und untergetaucht. Das Sklave-Sein wurde so ›begraben‹, ›abgewaschen‹, und aus dem Wasser heraus kam ein ›reiner‹, ›neu gewordener‹ Mensch, der jetzt als neues Glied einer anderen Menschengruppe zugehörte, der Gruppe der ›Freien‹. Johannes spendete die Taufe im Zusammenhang mit seiner Umkehrpredigt. Er bot damit den Menschen ein Zeichen an, durch das sie ihre Umkehrbereitschaft zum Ausdruck bringen konnten und sich sichtbar eingliedern ließen in die Gemeinschaft derer, die in einer neuen Weise auf Gott hin leben wollten. Das ist eine Gemeinschaft von Menschen, die der Überzeugung sind, dass sie vor Gott schuldig geworden sind und jetzt auf Rettung von Gott her angewiesen. Sie äußern durch ihr Tun gleichsam ganzheitlich die Bitte, dass Gott sie doch retten möge. Diese Taufe ist also Zeichen für Offenheit, Erwartung, Bitte. Johannes – so erzählen es die Evangelien – ist dabei selbst davon überzeugt, dass er mit seiner Taufe die Rettung nicht bringen kann; dazu müsste vielmehr von Gott her etwas geschehen. Johannes betont: *»Ich taufe nur mit Wasser!«* (Mt 1,8). Er weist dann aber auf einen *»Stärkeren«* hin, der *»nach ihm«* kommt – und der dann *»mit Heiligem Geist«* taufen, das heißt wohl: in Gottes eigene innere

›Glut‹ hineintauchen werde (Mk 1,7f); und das wäre dann die Taufe, die am Menschen etwas bewirkt, die ihn von Gott her innerlich neu werden lässt. – Ob Johannes selbst wirklich schon von diesen beiden so unterschiedenen Taufen gesprochen hat, wissen wir nicht. Es kann sein, dass hier – spätere – christliche Interpreten am Werk sind, die den »Stärkeren«, eben Jesus, vom Täufer abgrenzen wollen.

JESUS BEIM TÄUFER

Die Predigt des Täufers erreicht und bewegt viele.

Die Predigt des Täufers bewegt offenbar. Die Menschen horchen auf und lassen sich treffen. Sie machen sich auf den Weg und ziehen zum Täufer hinaus, als Einzelne, aber wohl häufiger in ganzen Gruppen. Sie wollen den Täufer erleben. Sie wollen hören, was er sagt, und sehen, wie er auftritt. Viele werden dabei nachdenklich und lassen sich anrühren. Sie bedenken ihr eignes Leben vor einem Gott, der ihnen hier als Andrängender und als unnachgiebiger Richter gezeigt wird. Viele von ihnen lassen sich taufen – und bekennen dadurch in aller Öffentlichkeit, dass sie sich bewusst sind, bisher ein Stück weit falsch gelebt zu haben. Und für die meisten wird das ein ergreifendes Erlebnis gewesen sein, das noch lange in ihnen nachgeklungen hat. Eine Reihe von diesen Menschen wird sich nicht sofort wieder auf den Heimweg begeben haben, der ja oft in Tagereisen bestand. Sie werden in der Nähe des Täufers geblieben sein, einen Tag, eine Woche, vielleicht länger. Um Johannes bildet sich so etwas wie eine ›Jüngerschaft‹, eine Schülergemeinschaft, die in ihm den Meister sucht, der sie das Leben lehren könnte.

Auch Jesus kommt und lässt sich taufen.

Die Evangelien berichten, dass auch Jesus aus seinem Heimatort Nazaret im Norden, in Galiläa, an den Jordan gezogen ist, vielleicht auch er in einer Gruppe von Leuten, zu denen unter Umständen auch schon solche gehörten, die sich später ihm anschlossen. Jesus hat sich der Botschaft des Täufers gestellt und auch das Zeichen der Taufe mitvollzogen. Wahrscheinlich ist Jesus eine Zeit lang beim Täufer geblieben, auch als eine Art Schüler. Der Evangelist Markus schreibt, dass Jesus erst wieder nach Galiläa zurückkehrt, nachdem Johannes ins Gefängnis geworfen worden war (Mk 1,14).

In den Evangelien passiert nun mit der Überlieferung von der Taufe Jesu durch Johannes etwas Eigenartiges. Zunächst hat die junge Kirche – das heißt: die Gruppe von Jüngerinnen und Jüngern Jesu, die sich nach Ostern zur Gemeinschaft zusammengefunden hatte – wohl wie selbstverständlich davon erzählt, dass und wie Jesus beim Täufer gewesen war, offenbar, weil das auch sichere geschichtliche Erinnerung war. Für die nachwachsenden Christen aber wird die Tatsache, dass Jesus zum Täufer geht – und nicht umgekehrt –, ja, dass Jesus sich sogar von ihm taufen lässt, zum Problem: Wie kann das sein, dass der Höherstehende zum Geringeren geht, der ›Eigentliche‹ zum ›Vorläufer‹, der ›Wichtigere‹ zum ›Unwichtigeren‹? Hat sich Jesus nicht dadurch selbst dem Täufer untergeordnet? Auf diese Fragen gibt dann schon das Matthäus-Evangelium eine

Antwort, und hier sehen wir noch einmal ganz deutlich, wie die Evangelisten arbeiten. Hier ist wieder nicht Geschichte, sondern Interpretation aufgeschrieben, verdeutlicht an einer Erzählung.

Das Verhältnis ›Johannes – Jesus‹ wird gedeutet.

Matthäus kleidet die Frage seiner jungen Christen in eine kurze – und oft übersehene – Geschichte. Er erzählt (Mt 3,13ff), dass der Täufer sich zunächst geweigert habe, Jesus zu taufen: *»Ich müsste von dir getauft werden, und du kommst zu mir?«* Hier ist das Problem der Über- und Unterordnung formuliert. Und Jesus bringt mit seiner Antwort selbst die Lösung; sie wird Jesus in den Mund gelegt. Man kann das frei etwa so erzählen: Jesus antwortet dem Täufer: Ja, es ist richtig, was du da vorbringst. Eigentlich müsste ich dich taufen. Aber: *»Lass es nur geschehen«* (so, als wäre das von einer anderen Macht her bestimmt), *»denn«* – und jetzt kommt die Erklärung – *»nur so können wir die Gerechtigkeit Gottes erfüllen!«* Die junge Kirche verkündet also durch Matthäus, dass Jesus ›die Gerechtigkeit Gottes erfüllen‹ wollte – dadurch, dass er sich unterordnet, konkret: dass er sich taufen lässt. Was heißt das? Wenn Jesus im Matthäus-Evangelium von ›Gerechtigkeit‹ spricht, ist damit eine ›Gerechtigkeit‹ gemeint, die *»größer ist als die der Schriftgelehrten und Pharisäer«* (wie sie Matthäus Jesus in der berühmten Bergpredigt fordern lässt: Mt 5,20). Der Sache nach geht es dabei darum, nicht Gleiches mit Gleichem zu vergelten, sondern – wie Paulus das formuliert hat – darum, das Böse durch das Gute zu überwinden (vgl. Röm 12,21). Gott will ›Gerechtigkeit‹. Gott will, dass das, was falsch ist, *richtig* wird, dass die Hürden abgebaut und die Gräben zugeschüttet werden. Gott will, dass die Waage, die durch die Schuld des Menschen in eine Schieflage hineingeraten ist und sich jetzt zum Negativen hinneigt, zum Gleichgewicht zurückfindet. Und das wird nur geschehen können durch ›größere‹ Gerechtigkeit: die nicht einfach auf das angestrebte Gleichgewicht hin wirkt, sondern auf ein Übergewicht des Positiven, der Liebe hin. Und dazu – so Matthäus – kommt Jesus. Er gliedert sich – in seiner Bereitschaft zur Taufe – ein in die ›sündige‹, von Gott ›abgesonderte‹ Menschheit. Er solidarisiert sich mit ihr, wird Teil von ihr. Er steigt mit ihr hinab in die Tiefe der Schuld (»Gott hat Jesus, der die Sünde nicht kannte, für uns zur Sünde gemacht«, schreibt Paulus an die Christengemeinde in Korinth in 2 Kor 5,21). Der Schuldlose, das will offenbar auch Matthäus sagen, steigt gleichsam in die Schuld hinein, auf den Grund der Schuld, unter die Schuld hinab – weil er sie nur so auf seine Schultern nehmen und ›auf-heben‹ kann, um so in einer ›überfließenden‹ Tat die ›Gerechtigkeit‹, das Richtig-Sein, wie Gott es will, bewirken zu können. Jesus wird hier interpretiert als der Sündenlose, der die Sünde der Menschen auf sich nimmt und dadurch überwindet. – Ähnlich wird später einmal der Tod Jesu interpretiert: Hier – im Tod – ist einer ganz Mensch geworden (so, wie er in seiner Taufe ganz Sünder werden wollte). Hier hat er die äußerste Unmöglichkeit des Menschseins, das Sterben, angenommen, sogar noch in extremer Form. Er ist auch hierin Bruder unter Geschwistern geworden, Gleicher unter Gleichen. Und weil er dennoch als der

›Un-Gleiche‹ geglaubt wird, kann von ihm verkündet werden, dass er für die Ungleichen den Tod überwunden hat: *»Er ist der Erstgeborene von allen Toten«* (Kol 1,18).

Matthäus gibt also – durch seine interpretierende Weiterführung des Historischen – die Glaubensüberzeugung wieder, dass die Taufe durch Johannes für Jesus ein bewusster Dienst gewesen sei, eine ›Erniedrigung‹, Eintauchen eben in Menschenschuld. Der Bericht über diese Erniedrigung steht am Beginn der Erzählungen vom öffentlichen Wirken Jesu – wie eine Ouvertüre. Hier klingt ein Grundton an, der die ganze Geschichte Jesu bestimmt: Dienst bis zum Äußersten – um der Rettung der anderen willen. – Der Gestalt des Täufers wird dabei in den Evangelien ein ganz eindeutiger Platz zugewiesen: Er ist »Bote« (Mk 1,2) und »Stimme« (Mk 1,3), die zur Wegbereitung aufruft, aber eben nicht mehr.

Ein erstes ›Jesus-Bild‹ entsteht: Im Licht der Wirkkraft Gottes.

Nachdem die Evangelien von der Taufe Jesu durch Johannes erzählt haben und dabei zum Teil die Taufe als frei gewählte Erniedrigung interpretiert haben, malen sie hinter das Bild von der Demut Jesu ein Bild von seinem eigentlichen Wesen, ein Bild von dem, was sie von Jesus glauben (vgl. Mk 1,9–11 par). Als Jesus aus dem Wasser des Jordan steigt – so erzählen sie –, reißt über ihm der *Himmel* auf. Gottes *Geist*, Gottes Wirkkraft, die sonst Sturm und Feuer ist (vgl. Apg 2,2f), senkt sich sanft und fast unmerklich auf Jesus herab *»wie eine Taube«*. Und eine *Stimme* ruft aus dem Himmel: *»Du bist mein geliebter Sohn! An dir hab ich Gefallen gefunden.«* – Ein großartiges Jesusbild. Natürlich nicht ›nach der Natur gemalt‹, sondern angeregt durch lange und offenbar beglückende Erfahrungen, die sie mit diesem Jesus und im Anschluss an ihn gemacht haben. Da wird dieser Handwerker aus Nazaret gezeigt: als einer, der sich religiös ansprechen lässt; als einer, der in einer gewissen Weise radikal sein will und der sich in seinem radikalen Mit-sein-Wollen mit dem Zug der ›Sünder‹ zum Täufer hin verbindet. Und dann als einer, von dem sie am Ende sagen müssen: Über dem da steht der Himmel offen – das heißt: Um diesen Jesus gibt es keine Wolken mehr, keinen Nebel, keine Dunkelheit; da gibt es keine Gottesferne. Da gibt es vielmehr den Aufbruch, den freien Blick auf das offenbare Licht der Herrlichkeit Gottes. Dieses Licht bricht ein in die Armseligkeit der Menschenwelt. Es fällt auf den Einen, es umglänzt ihn, und es weist damit den aus, der jetzt für alle ›Licht der Welt‹ sein kann. – Und die Wirkkraft Gottes ist in ihm. Diese Kraft, die lebendig macht, die atmen lässt und lachen und lieben, die Kraft, die aber auch treibt und sendet. Sie ist ganz still in ihm lebendig, demütig, taubenhaft einfach, aber sie ist da, und sie drängt, und sie wirkt. Sie wirkt durch ihn, auf dem sie ruht, in der Sendung Gottes das Heil für alle. – Und das alles ist so – das sagt die junge Kirche mit diesem Bild –, weil dieser Jesus *›geliebter Sohn‹* ist, weil er – so verstanden es die Zeitgenossen – vom Allgewaltigen, Fernen, der dennoch Jahwe, der Nahe, sein will, wie ein Sohn angenommen ist, damit er im Namen und in der Kraft des allgewaltigen Jahwe dessen Nähe für alle ankündigen und herbeiführen kön-

ne. Jesus, der sich demütigt – und der dennoch der ausgezeichnete Gesandte ist.
Wieder begegnen wir hier einer ›theologischen‹ Aussage, einem Bekenntnis. Es wird abgelegt im Zusammenhang mit dem schlichten Bericht über Jesu Taufe, über ein geschichtliches Ereignis. Aber es lässt sich natürlich nicht ableiten aus dieser Begebenheit. Dieses eine Ereignis Taufe ist vielmehr der Ansatzpunkt, das erste ›Mosaiksteinchen‹, dem viele andere folgen und die sich langsam zusammensetzen zu einem Bild, das sich dann in jahrzehntelanger Verarbeitung vielfältigster Erfahrung vollendet.

JESUS – ANDERS ALS DER TÄUFER

Die Größe des Täufers und seine enge Sicht: Das Gericht Gottes.

In den Evangelien ist später noch mehrfach vom Täufer die Rede. Dabei wird betont, wie hoch Jesus den Täufer eingeschätzt hat. *»Es hat keinen größeren Menschen gegeben als Johannes den Täufer«,* sagt Jesus. Allerdings schränkt er sogleich auch ein: *»Selbst, wenn einer zunächst als kleiner erscheint: Wenn er unter der (hereinbrechenden) Herrschaft Gottes steht, ist er größer als er«* (Mt 11,11). Und Jesus grenzt sich selbst – nach den Evangelien – eindeutig vom Täufer ab; das finden wir in dem Textstück vor diesen Äußerungen Jesu (Mt 11,2–6). Da wird eine Szene geschildert, die ein erschütterndes Licht auf die Tragik des Täufers wirft, aber auch auf den Unterschied, den die junge Kirche zwischen dem Täufer und Jesus sieht. Da sitzt der Prophet im Kerker – wegen der kleinlichen Rache einer Frau – und wird später um dieser Frau willen, allerdings wohl auch mit politisch motiviertem Hintergrund, umgebracht. Das allein ist schon tragisch. Aber es kommt noch schlimmer: Der, der sich bisher als von Gott gebraucht und im Sinn Gottes handelnd weiß, wird gezeigt als einer, der an seiner Sendung zweifelt. Er hatte eine bestimmte Vorstellung vom bevorstehenden Kommen Gottes – und entsprechend fiel seine Botschaft aus. Jetzt sind ihm die Hände gebunden, und der Mund ist ihm verboten. Sein Auftrag ist nicht erfüllt, sondern abgebrochen, schneidend und zerstörend und ohne alle Rücksicht auf die religiöse Tiefe seiner Sendung, von der er überzeugt war. Und zu alledem muss er jetzt vom Wirken Jesu hören. Von seinem Schüler, dessen hohe Qualität er sicher erkannt hatte und von dem er sich vielleicht sogar einmal Unterstützung seiner eigenen Sendung erhofft hatte. Doch jetzt tritt dieser Jesus in einer Art und Weise auf und mit einer Botschaft, die der Art und Botschaft des Täufers geradezu widerspricht. Er, Johannes, hatte das nahe Gericht Gottes angesagt und gehofft, dass der Ernst seiner Botschaft die Menschen seines Volkes zu einer letzten Besinnung und Umkehr aufrütteln würde. Und dieser andere – obwohl er doch durch diese Botschaft erst angeregt worden war – geht zu den Menschen hin, lässt sich von allen möglichen und unmöglichen Leuten suchen und finden – und droht nicht, führt nicht den Ernst vor Augen, ruft nicht zur Ordnung, sondern *heilt*. Er hebt Gefallene auf, macht ihnen Mut, stellt sie wieder auf die Beine, ob das nun Kranke sind oder moralisch Abgesackte. Wird hier nicht Gottes Botschaft entschärft, Gottes Nähe verharmlost? Kann der da einer sein, der im Namen des Gottes Israels spricht? Hat er, Johannes, Gott so falsch verstanden? Oder ist dieser Jesus dann doch nicht der, der er am Anfang vielleicht zu sein schien?

In seiner Not – so berichtet Matthäus – schickt der Täufer Leute zu Jesus, die seine Fragen stellen sollen: ›Wer bist du? Bist du ein Scharlatan oder bist du ernst zu nehmen? Bist du einer, der den Menschen nach dem Mund redet oder sprichst du Gottes Wort? Bist du einer von den vielen, die man vergessen kann, oder bist du der, auf den wir alle warten?‹ Hinter diesen Fragen hören wir heutigen Bibelleser wieder nicht nur die Fragen des Täufers, sondern auch die der jungen Kirche. Auch damals, als Matthäus sein Evangelium schrieb, gab es offenbar noch Menschen, die – lange nach der Enthauptung des Täufers – nach der Botschaft des Täufers lebten und sich seine Jünger nannten. Und offenbar hat es zwischen diesen Täuferjüngern und den jungen Christen so etwas wie Konkurrenzdenken gegeben, wobei die eine Seite der anderen die Berechtigung absprach. Der entscheidende Maßstab zur Beurteilung dessen, was wohl die ›richtigere‹ Glaubensüberzeugung, die der Wirklichkeit näher kommende Gottesvorstellung war, konnte für Israeliten nur die bisherige Geschichte Gottes mit seinem Volk sein. Wie hatten sie sich denn bisher Gott vorstellen können? Sicher bleibt Gott immer ein Geheimnis. Sicher sind alle menschlichen Vorstellungen von Gott nur Versuche. Aber es gab eben doch Erfahrungen in Israel, die sie als Erfahrungen von Gott her interpretierten. Was sagten diese ihre alten Erfahrungen aus über Gott? – Und genau hier, bei der Tradition des Volkes, setzt die junge Kirche mit ihrer Antwort an, die im Matthäus-Evangelium ihren Niederschlag findet. Matthäus legt Jesus in der Antwort an den Täufer uralte Worte in den Mund, mit denen Israels Propheten vor langen Jahrhunderten schon die Zukunft Gottes mit seinem Volk beschrieben hatten. Es wird eine Zeit geben, heißt es da, da werden die Blinden wieder sehen, die Lahmen wieder gehen. Da werden die Aussätzigen rein, die Gehörlosen hören, und die Toten werden aufgeweckt; wir haben von diesen Sätzen schon einmal gehört. Und das vielleicht Entscheidende aus dieser Prophetenbotschaft: Besonders den *Armen* wird die Botschaft vom angebotenen Heil gebracht. So also will Gott kommen, verkündet diese Botschaft. Und genau so verkündet ihn Jesus. Sein Sprechen von Gott und sein Handeln in Gottes Kraft entspricht genau dem, was Israel seit jeher geglaubt und gehofft hat. Glücklich in Gott ist der, der diesen Jesus so annimmt, wie er kommt! – Wir spüren: Aus der Antwort Jesu an den Täufer ist ein Bekenntnis geworden, Ansage von Glaubensüberzeugung der jungen Kirche, dass Jesus Gott so zeigt und nahe bringt, wie Gott ist, und dass der, der sich auf Jesus einlässt, nicht nur zur neuen (und alten!) Sicht Gottes geführt wird, sondern auch zu neuem Staunen über Gott in diesem Jesus. – Die Geschichte von der Begegnung Jesu mit dem Täufer: Bericht von geschichtlichem Ereignis *und* Verkündigung!

Die Botschaft Jesu: Das angebrochene Heil Gottes.

4. DAS ANLIEGEN JESU – ›HERRSCHAFT GOTTES‹

DER ANSTIEG

Noch einmal: Jesus und der Täufer

Vom Täuferschüler zur eigenen Berufung.

Jesus wurde also zunächst so etwas wie ein Jünger des Täufers. Der – religiös sicher ansprechbare – Bauhandwerker aus Nazaret kommt an den Jordan und lässt sich von der Botschaft des Täufers treffen. Die Ankündigung einer neuen Nähe Gottes berührt ihn offenbar zutiefst. Sie erschüttert ihn sogar und krempelt sein Leben um. Er weiß jetzt, dass er vor diesem Gott und für diesen Gott da zu sein hat. Er empfängt also von der Begegnung mit dem Täufer her einen Anstoß, der ihn auf die eigentliche Schiene seines Lebens bringt. Ihm gehen die Augen auf. Das, was bisher in ihm offenbar nur geschlummert hat, wird wach und lebendig, es ergreift und bestimmt ihn von jetzt an. Auch das können wir aus der Geschichte herauslesen, die später über ihn erzählt wurde und die wir schon betrachtet haben; in der davon berichtet wird, dass der Geist Gottes Jesus ergriffen habe, und die das in Zusammenhang mit seiner Begegnung mit dem Täufer bringt. Hier beginnt es also mit Jesus. Hier liegt die Zäsur in seinem Leben und der neue Anfang. Hier findet er den Auftrag, der von jetzt an sein einziger Lebensinhalt sein wird.

In der Wüste

Jesus findet in der Wüste zu sich und seinem Auftrag.

Die Evangelien berichten davon, dass Jesus nach der Begegnung mit dem Täufer nicht einfach wieder nach Hause zieht, sondern dass er ›in die Wüste‹ geht, ja, dass er sogar von ›Gottes Geist‹ in die Wüste geführt wird (Mk 1,12). Offenbar erinnerten sich spätere Generationen an einen wirklichen Wüstenaufenthalt Jesu nach seiner Zeit beim Täufer. Ein solcher Wüstenaufenthalt ist erklärlich. Jesus erlebt ja einen vollständigen Bruch in seinem Leben. Er beginnt etwas vollkommen Neues, und das will erst innerlich angenommen und gleichsam in die eigene Existenz hineingearbeitet werden. So etwas gelingt am besten in der Abgeschiedenheit und in der Stille.

Es geht dabei wohl um Klärung und um Reifung. Es geht um die Frage: Was habe ich jetzt zu tun? Und um die andere Frage: Wie kann ich das Ziel überhaupt nur erreichen? Er findet zu sich selbst und weiß am Ende, was er soll. Vierzig Tage ist Jesus in der Wüste, so wird erzählt: Die Zahl

›vierzig‹ meint in der Bibel immer einen Zeitraum, in dem etwas zu einem guten Ende findet.

Die späteren Christen haben über den Wüstenaufenthalt Jesu offenbar viel nachgedacht. Sie haben sich vorstellen können, dass es sich bei dieser Zeit um eine Entscheidungssituation gehandelt hat und darum, dass Jesus in dieser Situation seine Entscheidung wirklich fällte – rückhaltlos, total. Und dass Jesus hier zu seiner – später immer wieder frappierenden – Entschlossenheit findet, erzählt die junge Kirche wieder in Geschichten. Sie spricht davon, dass Jesus während dieser vierzig Tage ›vom Teufel versucht‹ worden sei (Mt 4,1–11 par).

Was macht menschliches Glück aus? Brot?

Offenbar haben sie ihren Jesus gekannt, und sie haben sich auch wohl selbst gekannt. Sie fragen sich: Was hat Jesus seine Entscheidung gekostet? Was hätte sie uns gekostet? Hätten wir uns so entschieden? Welche Möglichkeiten hatte denn Jesus gehabt? Was hätte ihn denn reizen können? Und sie kommen zur Antwort: Brot, genug zu Essen, Lebensunterhalt, ein Auskommen und vielleicht ein gesichertes Leben, wie er es als Handwerker wahrscheinlich weiterhin gehabt hätte – das kann es doch wohl nicht gewesen sein. Ebenso wenig wie Macht. ›Alle Reiche der Welt‹: Was soll das? Dass so etwas Illusion bleiben würde, das konnte man doch fühlen! Und überhaupt: Um Macht ist es ihrem Jesus nicht gegangen.

Macht?

Worum dann?, fragen sie weiter. Um Gehorsam gegenüber Gott? Aber ist denn hier Gehorsam überhaupt gefordert? Kann der Traum von der eignen Berufung nicht auch ein Hirngespinst sein? Hat Gott ihn denn überhaupt gerufen? Hat Gott ihn nötig? Steht Gott überhaupt hinter ihm? Wie kann ein kleiner Mensch es wagen, von sich aus den Schritt in den Dienst Gottes hineinzutun? Kann er sicher sein, dass das Gottes Wille ist? Ob man das ›ausprobieren‹ kann, dass Gott hinter einem steht? ›Du kannst machen, was du willst: Wenn es auf der Linie Gottes liegt, werden dich die Engel tragen! Das ist uns Menschen doch versprochen!‹ Psalmen sprechen eine solche Sprache. Aber: Muss er denn sicher sein? Muss er Gottes Kraft zweifelsfrei in sich erfahren? Kann es nicht auch sein, dass er mit ganz kleinen menschlichen, gebrechlichen Schritten zu gehen hat? Dass er nicht einfach nur strahlt, und dass er nicht einfach nur siegt? Dass er vielleicht sogar an einem Kreuz endet? ›Du sollst das nicht ausprobieren wollen, ob Gott hinter dir steht! Du sollst horchen, vernehmen, glauben – das heißt: Mit der Nähe Gottes rechnen – und deinen Weg gehen, deinen Auftrag erfüllen!‹

Sicherheit?

Horchen!

Die jungen Christen wollen mit den Geschichten von den Versuchungen Jesu sagen, dass Jesus gehorsam gewesen ist. Er hat einen Anruf vernommen und hat sich ohne Wenn und Aber unter diesen Anruf gestellt. Er ist auf einen Weg gesetzt worden und ist diesen Weg gegangen, fraglos und klaglos, bis zum Ende. Es ist sicher ein bitteres Ende gewesen ist, wenn auch der Evangelist Johannes den am Kreuz sterbenden Jesus königlich frei und gleichsam im Jubel sagen lässt: »Es ist vollbracht!« (Joh 19,30).

Die jungen Christen sagen: Jesus hat sich von Anfang an unter Gott gestellt. Er hat als ein Horchender gelebt. Er ist Gott gehorsam gewesen. Dass er gehorsam zu Gott gehörte, das haben wir alle erfahren!

›Jünger‹

Jesus sammelt Menschen um sich.

Nachdem Johannes der Täufer ins Gefängnis geworfen ist, kehrt Jesus nach Galiläa zurück, aber in einer neuen Verfassung und mit einer neuen Ausrichtung. Er geht nicht einfach zurück nach Nazaret an seinen alten Platz, in die vertraute Umwelt, in seine Familie, in seinen Beruf, in seine alten Ordnungen hinein, sondern er zieht in die Gegend des Sees von Galiläa, wo größere Orte liegen und wo es mehr Leben gibt. Er begibt sich aber wohl vor allem deswegen dahin, weil er da schon Menschen kennt, die er auf der gleichen Wellenlänge mit sich selbst sieht. Er hat Leute aus dieser Gegend schon beim Täufer Johannes getroffen und hatte schon dort engere Kontakte zu ihnen geknüpft. Das Johannes-Evangelium, das in manchen Textstücken uralte Traditionen aufzubewahren scheint und in diesen Teilen vielleicht sogar auf den Bericht eines Augenzeugen zurückgeht, spricht – natürlich verklärend, aber doch wohl anknüpfend an einen historischen Kern – davon, dass der Täufer Jesus hoch geachtet hat, weil er wohl den inneren Reichtum und die innere Glut dieses Mannes gespürt hat, und dass er auch eine Reihe von den Leuten, die sich zu ihm selbst hingezogen fühlten, auf diesen Jesus aufmerksam gemacht hat. Und Jesus hat diese Leute dann auch an sich herangelassen (vgl. Joh 1,35ff). Sie stammten zum großen Teil aus Galiläa, ein paar von ihnen waren Fischer vom See. Auch diese Menschen waren für den religiösen Appell des Täufers aufgeschlossen gewesen, waren über seine Predigt nachdenklich geworden, hatten aber dann nicht selbst zu einer eignen Initiative gefunden, sondern waren nach der Verhaftung des Täufers, ihres ›Lehrers‹, unverrichteter Sache zurückgegangen, hilflos und konzeptionslos, hinein in ihre alte Alltagssituation. Diese Männer sucht Jesus auf und findet sie, und es gelingt ihm, sie dazu zu bewegen, mitzugehen und mit ihm gemeinsam das, was beim Täufer begonnen hatte, fortzusetzen und in das Gebiet von Galiläa hineinzutragen. Die Evangelien erzählen von diesen ›Berufungen‹ der ersten Jünger in sehr kompakt-stilisierten Texten, die zum Teil auch wieder regelrechte Bildgeschichten sind.

Jesus fesselt und sendet.

Es wird da zum Beispiel davon berichtet, dass Jesus den Simon, den er später ›Petrus‹ / ›Fels‹ nennt, bittet, ihn ein Stück in den See hineinzufahren, damit Jesus zu den Menschen am Ufer sprechen könne. Simon tut das und sitzt dann wie festgenagelt neben dem verkündigenden Jesus. Und anschließend wird ihm gesagt: ›Werft das Netz aus!‹ Und er ergibt sich: ›Herr, wir haben zwar die ganze Nacht vergebens gearbeitet, aber nachdem ich jetzt diese deine Predigt gehört hab, kann ich nicht anders, als es trotzdem zu versuchen!‹ Und sie fangen eine Riesenmenge von Fischen (vgl. Lk 5,1–11). Auch in solchen Geschichten ist wieder eine lange Erfahrung eingefangen und – verdichtet – ins Bild gebracht. Es ist eigentlich unübersehbar, dass es sich hier nicht um den Bericht über irgendeinen ›reichen Fischfang‹ handelt, sondern um eine bildhafte Zusammenfassung einer langen überwältigend erfolgreichen Berufungs- und Missionsgeschichte.

Erneuerte Grundsteine für ein erneuertes Volk.

Weswegen Jesus Menschen dazu bewegt, mit ihm in seine Verkündigungstätigkeit hineinzugehen, oder ihnen auch nur erlaubte mitzuziehen, Männern und Frauen: Das wissen wir nicht. Wir können nur grundsätzlich sagen, dass es ja in Gemeinschaft immer besser geht. Jesus will ans Volk heran, an die Menschen, und dazu braucht er einfach viele ›Brücken‹, die von ihm weg und zu ihm hin vermitteln können. Vielleicht aber hat Jesus auch von vorne herein noch einen anderen Grund gehabt. Später spielen bei den Jüngern ›die Zwölf‹ eine Rolle, von denen in den Evangelien gesprochen ist. ›Die Zwölf‹: Das erinnert noch einmal an die frühe Geschichte Israels, an die zwölf Stämme des Volkes oder an die zwölf Söhne des Jakob, von denen Israel sich herleitet. Hier könnte so etwas angedeutet sein wie Rückgriff auf den Anfang des Volkes und eine Art Neubeginn in diesem Jesus und seinen zwölf ›Söhnen‹. Und damit wäre Jesus zwar wieder an Israel zurückgebunden, aber es würde doch auch deutlich, dass er neu zusammenfasst, dass mit ihm das Volk gleichsam neu beginnt, aus den alten Wurzeln, aber mit einem neuen ›Stammvater‹, einer neuen Kraftquelle und einem neuen Orientierungsschub – und das alles eben hergeleitet von einem neuen Tun Gottes in sein Volk hinein. Jesus – das wird daran deutlich – wendet sich an Israel. Er weiß sich zuerst und zunächst – und ursprünglich vielleicht sogar ausschließlich – »gesandt zu den verlorenen Schafen des Hauses Israel« (Mt 15,24), was aber – wie die ganze Geschichte in Mt 15,21–28 zeigt – die Hinwendung zu andern nicht ausschließt. Hier hat Jesus – und die junge Kirche – wohl einen Lernprozess durchgemacht, der die letztlich weltweite Sendung erst ›am Ende‹ in den Blick kommen ließ (vgl. Mt 28,19f).

DIE BOTSCHAFT VON DER KÖNIGSHERRSCHAFT GOTTES

Jesus predigt

Dann beginnt Jesus zu predigen. Er fängt an, mit Menschen zu sprechen, nicht über alltägliche und belanglose Dinge, sondern über das, was ihn bewegt: über Gott – und über das Stehen des Menschen vor Gott. Die Menschen hören ihm offenbar gern zu. Sie finden das, was er sagt, bedenkenswert. Das trifft ihr Leben und erklärt und heilt es sogar ein Stück weit. Und sie ahnen wohl auch, dass da einer zu ihnen spricht, der einen enormen Reichtum an Erfahrung in sich trägt, die sie nur als Erfahrung mit Gott, dem Gott Israels, dem nahen Gott ihres Volkes, interpretieren können. Die Nachricht von Jesus, der – ähnlich wie der Täufer – so auftritt, wie man sich wohl einen Propheten vorstellen musste, verbreitet sich, und Jesus findet überall, wohin er kommt, Beachtung.

›Königsherrschaft Gottes‹

Der Evangelist Markus fasst den Inhalt der Predigt Jesu in einer geradezu genialen Knappheit und Treffsicherheit zusammen: Im ersten Kapitel seines Buches, in den Versen 14 und 15. Er schreibt da: *»Jesus ging nach Galiläa und verkündete die Frohe Botschaft Gottes: Die Zeit ist erfüllt. Die Herrschaft Gottes ist nah. Bekehrt euch, und glaubt an diese Frohe Botschaft!«* Die zentrale Aussage ist: Die ›Herrschaft Gottes‹ steht vor der Tür; so hatte es nach dem Matthäus-Evangelium auch schon der Täufer angekündigt (Mt 3,2); aber bei der Ankündigung Jesu heißt es: Das ist eine frohe Botschaft.

Im Zentrum der Botschaft Jesu: Die real anbrechende Gottesherrschaft.

Nun würden heute Christen, wenn man sie denn danach fragte, was wohl das Anliegen Jesu gewesen sei, kaum auf den Gedanken kommen, die ›Herrschaft Gottes‹ zu nennen. Man könnte fast meinen, dieses Thema und die damit verbundenen Vorstellungen seien im Lauf der christlichen Geschichte verloren gegangen. Dabei durchzieht dieses Thema die synoptischen Evangelien wie ein roter Faden. Schon im Johannes-Evangelium allerdings ist der Akzent verlagert, und es ist hier vom Königtum *Jesu* die Rede, der dann aber auch in einer ganz dichten Weise ›Sohn‹ Gottes genannt ist: Im Königtum des ›Sohnes‹ bricht das Königtum des ›Vaters‹ durch: *»Vater ... verherrliche deinen Sohn, damit der Sohn dich verherrliche!«* (Joh 17,1). Auch hier geht es also letztlich um das Königsein Gottes.

Was heißt ›Königsherrschaft Gottes‹?

Der andrängende Gott…

Vorab eine Korrektur: In unseren Evangelien-Ausgaben ist der zugrunde liegende griechische Begriff meist übersetzt mit ›Reich Gottes‹ (bei Matthäus mit ›Himmelreich‹). Diese Übersetzung aber verdunkelt das, was zunächst und ursprünglich gemeint ist. Es geht um ausgeübte (Königs-) Herrschaft. Es geht also darum, dass Gott zum Zuge kommt. Es geht darum, dass Gott andrängt und Herr sein will; dass Gott einbricht in menschliche Wirklichkeit – und zwar mit allem, was das eben bedeutet: Gottes Kommen, Gottes Nähe, Gottes Tat. Beim Begriff ›Reich‹ könnte man an ein Territorium denken, an ein abgegrenztes Gebiet, etwas Umschreibbares, etwas Eingegrenztes, etwas Statisches. In Wirklichkeit aber geht es bei der hier gegebenen Vorstellung um die umfassende Macht Gottes, die irdisch-menschliche Wirklichkeit erobern will, um sie zu verwandeln und so in göttlich-heile Wirklichkeit hinüberzuführen. Eng damit zusammen hängt die Vorstellung vom ›Geist Gottes‹, ›Heiligem Geist‹. Jesus wird ›mit Heiligem Geist taufen‹, hatte der Täufer angekündigt (Mk 1,8). Das heißt: Die Glut aus dem Inneren Gottes wird gleichsam in die Welt hineingeschüttet und der Mensch aus dieser Wirkkraft Gottes neu geboren (vgl. Joh 3,3ff). ›Herrschaft Gottes‹ ist also etwas Dynamisches, etwas, das sich eben nicht eingrenzen lässt: *»Der Geist weht, wo* *er will!«* (Joh 3,8). Herrschaft Gottes will universal werden und alle und alles erreichen und so eine ›neue Schöpfung‹ bewirken (vgl. Gal 6,15).

... von Jesus nahe gebracht.

Gott wird also hier nicht gesehen als der Ferne, Unberührte, Unnahbare, sondern wirklich als der »Jahwe«, der mit seinem Volk sein will, und der jetzt in Jesus sein äußerstes Angebot in sein Volk und in die Welt hinein macht. Jesus, sein Wort und sein Wirken, hat es also mit Gott zu tun, mit Gott, der für den Menschen auch heute noch so oft der Ferne und der Unbekannte und der Unerreichbare ist. Von Jesus wird der Menschheit klar gemacht: Dieser Gott ist nicht fern. Er ist da. Er steht vor der Tür. Er wartet nicht nur, nein: Er drängt an, will erreichen – und will ›Herr‹ sein, das heißt, Bestimmender, Ausschlag Gebender – aber eben nur in der Weise, in der Gott Herr sein kein, dieser Gott, von dem im Geist Jesu gesagt wird, dass er ›die Liebe‹ sei (1 Joh 4,8). Gott will liebend nah sein.

Der Hintergrund: Überlieferungen zur ›Gottesherrschaft‹

Königtum in Israel

Unter ›Königsherrschaft Gottes‹ kann man sich natürlich eine ganze Reihe unterschiedlicher Dinge vorstellen, und das Volk Israel hatte sich auch bis auf Jesus hin solche unterschiedlichen Vorstellungen gemacht. Ursprünglich war Gott in Israel gar nicht als ›König‹ im Gespräch gewesen, weil die israelitischen Stämme im Anfang ein Königtum für ihren eigenen Lebensbereich nicht kannten. Das Königtum wird in Israel bekanntlich erst etwa um das Jahr 1000 vor unserer Zeitrechnung eingeführt – der große David, dessen Königtum im Lauf der Jahrhunderte stark verklärt wurde, war der zweite König Israels. Israel wollte ein Stammesverband sein, in dem eigentlich *Gott* der Bestimmende bleiben sollte. Menschliches Königtum galt nur als – immer gefährdeter – Ersatz. Und wirklich hat das Königtum in der Geschichte Israels nicht das gehalten, was es zu versprechen schien. Schon unter den Enkeln Davids brach das Zwölf-Stämme-Volk auseinander, auch wenn man von David sagte, ihm wurde ein ›ewiges‹ Königtum versprochen. Im sechsten vorchristlichen Jahrhundert verschwindet dann mit dem Sieg Babylons über Juda und der Wegführung der Bevölkerung in die ›Babylonische Gefangenschaft‹ das davidische Königtum für immer.

Gott als König – und ein Messias

Offenbar reift im Volk Israel die Erkenntnis, dass menschliches Königtum nicht viel bringt. Wenn es ein Königtum geben soll, dann kann wirklich und eigentlich nur Jahwe König sein. Und von daher entwickelt sich die Hoffnung, dass Jahwe einmal mit Königsmacht einbreche, um sein Volk innerlich zusammenzubinden und um ihm nach außen hin zu seinem Recht zu verhelfen. Manchmal wird dann auch noch von einem zur Vorbereitung erwarteten ›Messias‹ geträumt, einem (davidisch-)königlichen ›Gesalbten‹, einem von Gott ausgerüsteten Menschen, der das Volk sammeln sollte, um es der Königsherrschaft Gottes entgegen zu führen. Zur

Zeit Jesu hat man von ›Königsherrschaft Gottes‹ in Israel nur noch wenig gesprochen. Eher hat man einen solchen ›Messias‹ herbeigesehnt, von dem es aber auch die unterschiedlichsten Vorstellungen gab: vom glühenden Heiligen und bis zum politisch-revolutionären Befreier. Dann aber hatte Johannes der Täufer offenbar von einer andrängenden Königsherrschaft Gottes gesprochen, die die richtende, im Volk Recht schaffende Mächtigkeit Gottes betonte.

Fragen an die Botschaft Jesu

Wenn auch Jesus von der andrängenden Gottesherrschaft spricht und die Menschen zur Offenheit vor dieser Herrschaft Gottes aufruft, wird sich natürlich jeder gefragt haben: Wo zeigt sich denn das Herrschen Gottes? Wo drängt es an? Wo erfahre ich es? Und: Wie sieht diese Herrschaft Gottes aus? Was erwartet Gott von seinem Volk? Was erwartet er vom Menschen? Was will Gott am Menschen, auf den Menschen hin tun? Sie fragen nach dem Ort des Einbrechens Gottes und nach der Art des Einbrechens Gottes. Beide Fragen müssen also von Jesus beantwortet werden.

Gottes Herrschaft kommt menschlich, klein und doch mächtig: Im Handeln Jesu.

Die Frage nach dem Ort des Einbruchs der Gottesherrschaft. Wenn Gott in die Geschichte seines Volkes und in die Geschichte der Menschheit einbricht, müsste das eigentlich ein gewaltiges und unübersehbares Ereignis sein. Es müsste aufleuchten wie ein Blitz, der über den ganzen Himmel fährt, der alles durchstrahlt, der das Unterdrückte befreit und der das Brüchige und Morsche und Nichtige zusammenstürzen lässt. Oder kommt Gott anders? Jesus ist der Überzeugung, dass Gott ganz anders anfängt: klein und unscheinbar menschlich. Gottes Herrschaft ist zunächst nur wie ein Same, der allerdings ins Gewaltige hineinwächst (Mk 4,31 par). – Und Jesus ist überzeugt davon, dass Gott in ihm, in Jesus, neu anfängt. Er kann sagen: *»Wenn ich durch den Finger Gottes Dämonen austreibe, dann ist die Herrschaft Gottes zu euch gekommen!«* (Lk 11,20). Jesus versteht sich nicht nur als Bote der Herrschaft Gottes, sondern er versteht sich als derjenige, der das Herrschen Gottes in sein Volk hinein zu vermitteln, der die Herrschaft Gottes in sein Volk hinein zu verdeutlichen und gegenwärtig zu setzen hat: Durch das, was er den Menschen sagt, und durch das, was er auf die Menschen hin tut. Er versteht sich gleichsam als Hand Gottes, durch die Gott den Menschen berührt. Dass Gott so im Menschlichen kommen soll, konkret im menschlichen Tun Jesu, das ist Herausforderung für den Menschen und Geschenk in einem.

Gott geht auf Menschen zu, wie Jesus es tat.

Und wie kommt Gott – nach Jesus und in Jesus? Jesus spricht von Gott – und er setzt voraus, dass alle wissen: Er spricht und handelt im Namen und im Geist Gottes; an seinem eigenen, an Jesu Sprechen und Tun, ist also Gottes Art, Gottes Haltung dem Menschen gegenüber abzulesen. Jesu Wort und Tat – ist Wort und Tat Gottes in die Menschheit hinein.

Wenn Jesus dem Menschen zusagt: ›Du bist doch gar nicht getrennt von Gott!‹ (vgl. Mk 2,1–12), dann ist er sich offenbar dessen bewusst, dass er so etwas dem Menschen in der Kraft Gottes zusagen kann und dass sein Wort das Anliegen Gottes trifft. Und wenn er sich mit Zöllnern und Dirnen an einen Tisch setzt und mit ihnen ein wahrscheinlich fröhliches Gelage feiert (vgl. Mt 9,11 u.ö.), dann weiß er nicht nur: Ich darf das in dieser Art und Weise tun – obwohl die ›Frommen‹ und ›Gerechten‹ Anstoß nehmen daran –, sondern ihm ist auch klar: Er *muss* das tun – weil er geschickt ist, um deutlich zu machen, dass *Gott* so auf den Zöllner und die Dirne zugeht. Und das ist dann die zweite Herausforderung – und das zweite Geschenk Jesu: Dass Gott in der menschlichen Art Jesu kommen soll, dass die Art des Sprechens und Handelns Jesu Gott so entsprechen soll. An diesem Anspruch werden die Menschen Anstoß nehmen.

Mit Jesus und in Jesus beginnt also – das ist die Botschaft – ein neuer Schritt Gottes auf den Menschen zu. Wie Gott dabei ›kommt‹ und was Gott erwartet, wird besonders deutlich an den Gleichnisgeschichten Jesu.

›Gottes Königsherrschaft‹ bei Jesus – die Botschaft der Gleichnisse

Die Gottesherrschaft in pointierten Bildern bei Jesus.

Jesus hat eigentlich von nichts anderem gesprochen als von der andrängenden Herrschaft Gottes und dem, was daraus für den Menschen folgt. Die Botschaft von der Herrschaft Gottes ist das Zentralthema seiner Hinwendung zum Menschen gewesen. ›Herrschaft Gottes‹: Vielleicht sollten wir für unsere Ohren verständlicher sagen: Die Ankündigung einer neuen Nähe Gottes zum Menschen, eines neuen An-Spruches Gottes an den Menschen, einer neuen Herausforderung Gottes für den Menschen. Jesus hat darüber oft in einer knappen und wunderbar plastisch-konkreten Art gesprochen. Fast so etwas wie den ›Originalton‹ Jesu können wir in seinen ›Gleichnissen‹ vernehmen, diesen kleinen Geschichten, wie er sie offenbar immer wieder erzählt hat. Sie sind meist ganz einfach und eindringlich, oft mit einer frappierenden Pointe, und bleiben deswegen im Gedächtnis haften. Um die vierzig dieser Geschichten gibt es in den Evangelien, und viele sprechen ausdrücklich von der ›Herrschaft Gottes‹: Ihnen ist der Satz vorangestellt: ›Mit der Herrschaft Gottes, dem Reich Gottes, dem Himmelreich verhält es sich so ...‹ – und dann kommt eine Episode, die einen Zug herausarbeitet, der die Art Gottes und seiner Herrschaft anschaulich machen will. Oft sind die Aussagen dieser Geschichten wie Paukenschläge. In diesen ›Gleichnissen‹ liegen ›Herzstücke‹ der Botschaft Jesu. Wir werden das wahrnehmen können.

Jesu Gleichnisse wirken in aktuellen Situationen.

Die Gleichnisse Jesu bieten allerdings keine systematische ›Lehre‹ von der Herrschaft Gottes. Sie sind vielmehr Geschichten, so etwas wie Denkanstöße, die Jesus spontan in besondere Situationen hineingesprochen hat. Manchmal sind das Situationen gewesen, in denen Jesus angegriffen wurde. Dann hat er mit diesen Geschichten seine Ansicht erklärt und verteidigt. Manche dieser Geschichten sind verstehend lächelnd erzählt, andere ›barmherzig‹, berührt. Wieder andere haben einen geradezu provozierenden Klang und eine deutliche Spitze. Sie sind also selten ruhige Darlegungen, sondern dahinter steckt immer die Aufforderung: ›Denk doch mal nach!‹ Und: ›Tu endlich was!‹ Übrigens: Diese Art, Menschen etwas klar zu machen, ist eine ureigenste ›Erfindung‹ Jesu; zu seiner Zeit hat es das so ausgeprägt sonst nicht gegeben.

Man könnte einmal versuchen, aus den Gleichnissen Jesu von der Herrschaft Gottes so etwas wie ein Gesamtbild von dieser Herrschaft Gottes zu entwerfen, in dem die verschiedenen einzelnen Züge, die Jesus betont, zusammengefasst sind zu einer großen Vorstellung. Die wird, das kann man sicher im Voraus schon sagen, lebendig, bunt und reich sein.

Die Einladung zum Fest Gottes will angenommen werden.

Der Hintergrund, die alles andere tragende Ebene eines solchen Bildes müsste wohl die Vorstellung von einem *Fest* sein. Mehrfach vergleicht Jesus die Herrschaft Gottes mit einem Fest, zu dem ein König einlädt oder ein liebender Vater (z.B. Mt 22,1–10 par; Lk 15,23.24). Fest Gottes mit den Menschen – das ist das Ziel. Und auf dieses Ziel hin ist alles andere bezogen. Da gibt es die *Adressaten* für die Einladung. Es sind natürlich zunächst die, die ein vernünftiges Leben führen und in geordneten Verhältnissen leben. Aber vielfach wollen sich solche nicht herausrufen lassen; viele von ihnen leben ja ›eingerichtet‹, sie müssten ihren eigenen Kleinkram zunächst einmal beiseite schieben und sich neu auf eine große Sache einstellen. Das aber verlangt etwas. Und deswegen entschuldigen sie sich – und spüren offenbar nicht einmal, wie borniert das ist. Und da ergeht die Einladung an die anderen, sogar an die von den Hecken und Zäunen. Sie sind Gott willkommen. Sie haben im Leben wenig zu lachen und werden das Fest zu schätzen wissen. Nur das ist *erwartet:* dass sie sich die Schuhe putzen, übers Haar kämmen und ein freundliches Gesicht aufsetzen – nichts Großartiges also, sondern nur Selbstverständliches, wenn und weil es ja zu einem Fest geht (vgl. Mt 22,1–14).

Was klein beginnt, kann wachsen.

Und dann ist interessant, ja bedrängend, auch noch die Frage: Wie geht es denn weiter mit der Gottesherrschaft, mit dem Fest? Ist jetzt auf einmal alles anders? Werden die Welt und der Mensch mit einem Schlag verändert? Schaffen Menschen so eine Wandlung denn überhaupt? Herrschaft Gottes – sagt Jesus – ist wie ein *Samenkorn,* ins Herz des Menschen gesät und ins Herz der Welt gelegt. Ein winziges Korn, das nichts Überwältigendes verspricht, und das doch die Kraft zum Wachsen in sich trägt, Gotteskraft, Sprengkraft also: Es wächst über Nacht, ohne Zutun des ›Bauern‹ (Mk 4,26–29). Und es wächst zwischen allem Unkraut, das auch noch in einer gewissen Weise hinzugehört; Menschen sind nicht so perfekt, und wer es sein wollte, müsste sich entweder betrügen oder sich ständig selbst überfordern (vgl. Mt 13,24–30 par). Aber der Same bricht auf, und die Pflanze wird zu einem alles bestimmenden und bergenden Baum, in dem es für viele so etwas wie Heimat gibt (Mk 4,30–32 par).

– Nicht auf Leistung also kommt es in der Herrschaft Gottes an, sondern auf Offenheit, auf Demut, auf Bereitschaft, auf das Stehen dazu, dass man angewiesen ist (vgl. Lk 16,19–31). Und in solche Offenheit, in solche Not hinein gibt Gott: Er ›macht gerecht‹ (vgl. Lk 18,9–14).

Ich darf mich von Gott finden lassen.

Und Herrschaft Gottes ist und bleibt eine andrängende Macht; sie lässt nicht locker. Selbst wenn der Mensch seine eigenen Wege geht, wartet Gott – wie der *›Vater‹* auf den weggelaufenen *›Sohn‹*, und es ist seine Freude, wenn der Sohn zurückfindet (Lk 15,24). Und wenn ein ›Schaf‹ aus der ›Herde‹ sich verrennt, weil es dumm war, unaufmerksam, ahnungslos, dann geht der *›Hirt‹* dem ›Schaf‹ nach, selbst und sogar dann, wenn er neunundneunzig andere ›Schafe‹ alleine lassen müsste. Und Gott *sucht*. Er sucht den Menschen so lange, bis der sich finden lässt. Dann nimmt Gott das ›Schaf‹ auf seine Schultern und trägt es nach Hause, zurück in die Geborgenheit (Mt 18,12–14 par). – Immer wieder fordert Jesus in seinen Gleichnissen zur *Wachsamkeit* auf und zu einer vernünftigen Vor-Sorge: Mit der Herrschaft Gottes ist es wie mit einer *›Perle‹* und einem *›Schatz‹*, auf deren Erwerb hin der Mensch von sich aus etwas ›Totales‹ unternimmt (Mt 13,44.45). Wer nur in den Tag, ins Blaue hineinlebt, wer nur in seiner Alltäglichkeit verharrt, den wird Gottes Herrschaft nicht treffen, und der steht zum Schluss vielleicht ›draußen, vor verschlossener Tür‹ (Mt 25,10–13). Grausam? Wirklich? Würde Gott den Menschen ernst nehmen, wenn es denn anders wäre? Das Entscheidende aber ist und bleibt – nicht, dass Gott ausschließt, sondern, dass Gott einlädt, dass er schenkt. Gott will einbrechen in Menschenleben und Menschenwelt und hochheben, auf die Füße stellen und gesund werden lassen. Deswegen sendet er seinen ›Sohn‹ – barmherzig, mit einem ›Herz für die Armen‹: »Damit sie das Leben haben, und damit sie es in Fülle haben!« (Joh 10,10).

Gott schenkt Leben in Fülle.

Die Botschaft Jesu lautet also: Gott will einbrechen in das Leben des Menschen – als ein ganz Besonderer, als der Eigentliche. Und er will dieses Leben nicht zerschlagen, sondern aufrichten und ›heilen‹. Er lässt das Negative in seiner Wertlosigkeit erscheinen und ruft den Menschen in Größe hinein, die allerdings nicht illusionistisch in großen Sprüngen erreicht werden kann, die aber dem, der bereit ist, geduldig zu wachsen, als Möglichkeit offen steht. Letztlich geht es dabei um das Hineinwachsen in ein ›Fest‹, wie es nur Liebe schenken kann. ›Herrschaft Gottes‹ wird konkret als Fest der Liebe.

5. DAS WIRKEN JESU

Wenn man die ganze Sendung Jesu nach den Evangelien zusammenfassen will, kann man also sagen: Er wusste sich geschickt, den Menschen die herausrufende und heilende Nähe des wirkenden Gottes zu vermitteln. Er sprach von der Nähe Gottes und er handelte aus der Getroffenheit von Gott – und verschaffte so der ›Herrschaft Gottes‹ Raum. Wie hat das ausgesehen? Wie ist darüber erzählt?

JESUS – WIE ER GEZEIGT WIRD

Die besondere Nähe Jesu zu Gott, seinem Vater.

Jesus hat offenbar Menschen gesucht, zunächst wahrscheinlich tastend, vorsichtig, als er die Männer vom See aufsuchte, die er schon vom Täufer her kannte, dann aber immer sicherer. In seiner näheren Heimat, in Galiläa, ist er mit seinen Jüngerinnen und Jüngern offenbar ständig unterwegs gewesen, wobei eine Planung seiner Wege aus den Evangelien nicht zu erkennen ist. Er sieht sich als jemand, der einen Auftrag zu erfüllen hat, der gesandt ist – und zwar von Gott, von dem er sich offensichtlich getroffen und beauftragt weiß. Er kommt gleichsam als ›Umgepolter‹, als einer, der von Gott auf ein ganz neues Gleis gesetzt worden ist. Als einer auch, der sich (jetzt) in einer besonderen, vielleicht sogar einzigartigen Beziehung zu Gott sieht. Die Menschen spüren das. Das wird später dazu führen, dass das Johannes-Evangelium deutlich unterscheidet, wenn Jesus von Gott spricht: Da spricht er von ›meinem Vater‹ und von ›eurem Vater‹ (vgl. Joh 20,17). Aus seiner geglaubten Sendung, aus dieser geglaubten Beziehung zum ›Vater‹ bezieht Jesus seine Autorität. Er erhebt den Anspruch, Wesentliches sagen zu können. Falsch Gelaufenes kann er zurechtrücken, Verhärtetes aufbrechen, Verängstigtes befreien. Sogar die Nähe und die Kraft Gottes spricht er so zu, dass Menschen an sie als Wirklichkeit glauben, mit ihr rechnen. Er sagt den Menschen an, dass Gott ihr ›Heil‹ will, ihre Gesundung, und er sagt es so, dass diese Botschaft von ihnen ergriffen – und damit wirksam werden kann.

Jesu mitteilende Nähe zu Menschen

Jesus hat sich seinem Auftrag verschrieben. Es drängt ihn, auf die Menschen hin etwas zu tun, und er will, dass er gehört und beachtet wird. Er ist getrieben vom Bewusstsein, dass er ›Feuer auf die Erde zu werfen‹ hat, und er will, dass es ›brennt‹ (Lk 12,49), dass es möglichst viele entzündet und durchflammt. In gewisser Weise war er sicher einsam, abgesetzt von den andern; er selbst leidet wahrscheinlich darunter (vgl. Mk 14,37). Aber das musste wohl so sein, wenn er seine Botschaft in sich wach halten wollte und dazu die ständige Anbindung an die stille Begegnung mit dem ›Vater‹ nötig hatte. Und doch bestand – aus dieser Anbindung heraus – seine wichtigste Tätigkeit darin, auf Menschen zuzugehen, um sie mit dem, was ihn bewegte, zu erreichen, aufzubrechen und zu treffen. Er hat sie angesprochen, gefragt, geantwortet, erklärt, sich lange mit ihnen unterhalten. Aber er hat ihnen auch in die Augen geschaut, sie angefasst, sie zur Begrüßung umarmt und ihnen im Bestreben, nah zu sein, und im Mitteilenwollen seiner eignen Erfülltheit die Hände auf die Schulter oder auf den Kopf gelegt. Er hat Kinder auf den Arm genommen, die die Mütter zu ihm brachten. Er hat Kranke wahrgenommen, ist zu ihnen hingegangen, hat sie an sich herangelassen. Er hat ihre Not erkannt, ist darauf eingegangen und hat sie beteiligt-kraftvoll zur eigenen Sache gemacht, sich gefragt, wie da zu helfen sei. Er hat Kontakte gesucht und gefunden, und das wohl auch zu Menschen aller Schattierungen, zu Einzelnen, in Familien hinein, zu Gruppen – solchen, die sich an ihn wandten, und solchen, die sich spontan um ihn bildeten, – und auch zu großen Menschenmengen. Offenbar hat er sich besonders gern mit Menschen zum Essen zusammengesetzt, mit angesehenen Leuten, aber auch mit solchen, die von andern nur über die Schulter angeguckt wurden – und das hat ihm dann auch Kritik eingebracht. Offenbar ist es ihm ein regelrechtes Anliegen gewesen, so mit Menschen – auch mit wildfremden – um den Tisch herumzusitzen; diese Art von Kontakt war ihm ganz wichtig. Da konnte er zuhören, da konnte er sprechen. Da konnte menschliche Freude und menschliche Not an ihn heran, und da war Zeit und Nähe, damit das, was in ihm lebte, aufblühen, ausstrahlen und überspringen konnte. Auch mit seinen ständigen Begleitern, Jüngerinnen und Jüngern, hat er sich sicher oft so zusammengesetzt – bis zu seinem erschütternden letzten Abend hin. Und das alles ist bei ihm wohl nie ›feierlich‹ gewesen, aufgesetzt oder erzwungen-gestelzt. Es floss vielmehr offenbar ganz selbstverständlich aus ihm heraus. Er ging zu den Menschen hin und gab einfach an sie weiter, was er von Gott her sagen musste und was an Möglichkeiten von Gott her in ihm lag.

DIE MENSCHEN – WIE SIE JESUS BEGEGNEN

Sie sind von Jesus getroffen

Die Begegnung mit Jesus verändert.

Alles spricht dafür, dass die Menschen gerne zu Jesus gekommen sind. Sie spürten wohl, dass dieses Feuer in ihm brannte. Sie erkennen: Er spricht zu ihnen ›in Vollmacht‹ (vgl. Mk 1,27), das heißt: aus einer inneren Mächtigkeit heraus. Und das erfuhren die Menschen als Geschenk, allerdings auch als Anspruch und Herausforderung, als Attacke Gottes auf sie hin. Von daher fühlten sie sich wahrscheinlich oft auch getroffen, ja, ertappt. Aber sie haben ihm dennoch gern zugehört. Sie liebten wohl seine Direktheit, seine Einfachheit, seine Klarheit, sein Ohne-wenn-und-aber. Er nannte die Chancen und die Gefährdungen des menschlichen Lebens beim Namen und malte die Wirklichkeit so, wie sie ist, befreit von Konvention, Verkrustung, Selbsttäuschung und Tarnung. Und er sprach immer mit forschender, an-gehender Anteilnahme. Es sind sicher viele Menschen in der Begegnung mit Jesus regelrecht aufgebrochen. Die Enge verschwand, in die hinein der Alltag so oft zurücksinken lässt. Sie haben einen klareren Blick bekommen. Es ist ihnen wohl oft wie Schuppen von den Augen gefallen. Manche sahen eine neue Richtung für ihr Leben und vernahmen auch die Herausforderung, sich in diese Richtung hinein in Bewegung zu setzen. Sie erkannten: Das ist gut, was der sagt und wozu der auffordert! Und sie konnten oft von sich aus erste neue Schritte wagen. In vielen wuchs sicher die Erkenntnis: Jesus macht neuen Mut. Er zeigt neuen Sinn. Er hat erschließt neue Kraft. Man kann anders werden durch ihn: neu, stärker, entschiedener, freier, irgendwie innerlich ›heil‹. Und manche haben gespürt: Vorher waren wir eigentlich ›blind‹ – jetzt ›sehen‹ wir. Vorher waren wir oft ›lahm‹ – jetzt können wir ›gehen‹. Vorher waren wir manchmal wie tot – und jetzt leben wir neu, packen das Leben neu an – wenigstens als Versuch! Gerade Kranke oder solche, die sich bisher als Ausgestoßene fühlen mussten, waren froh über Jesus. Sie waren froh, dass wenigstens er nicht an ihnen vorbeiging, sondern bei ihnen stehen blieb, sie als werthaftes Gegenüber annahm, sie einband, eine Geste, ein Wort für sie hatte, und dann auch zu ihnen von der Nähe Gottes sprach. Das war für sie ungewöhnlich, neu: War Gott nicht ein Gott der ›Gerechten‹, der Starken, der ›Frommen‹, der Gesunden? Die menschlich-barmherzige Zuwendung Jesu: Das war für sie wie das Angebot einer Rettung, die jetzt erhofft werden konnte. Ja, in diesem Jesus empfanden sie Rettung schon als gegenwärtig, und sie öffneten sich ihr. Und so haben sich sicher auch erstaunliche Dinge ereignet in der Begegnung mit Jesus – wie das nicht anders zu erwarten ist, wenn Hoffnung auf einen so ›mächtigen‹ Schenkenden trifft.

In Jesus zeigt sich Gott als ›Liebhaber des Lebens‹.

Und das war sicher das Ausschlaggebende: Bei alledem haben die Menschen geahnt, dass Jesus es wohl wirklich mit Gott zu tun haben musste. Jesus kam nicht aus eigner Kraft. Jesus war offenbar so von Gott gepackt und besetzt und so in Gott zu Hause, dass das, was er sagte, als Botschaft Gottes gelten konnte und verstanden wurde, und das, was er tat, als eine Art Berührung durch Gott selbst, in Stellvertretung Gottes, im Geist Gottes und in seiner Kraft. Wenn aber Gott so sein sollte, wie Jesus ihn zeigte, dann war das wunderbar. Dann erschienen auch die Konsequenzen als selbstverständlich, die Jesus betonte. Allerdings konnten nüchterne Menschen hier sicher auch nachdenklich werden: Ob sie denn fähig sein würden, nach dem Aufbrechen an Jesus, nachdem sie sich spontan von ihm hatten treffen lassen, auch durchzuhalten auf dem Weg, den er öffnete, der klar, aber sicher nicht einfach war?

Sie ordnen Jesus ein

Aus all diesen Begegnungen formt sich bei den getroffenen Menschen ein Bild von Jesus; sie ›malen‹ es – jeder Einzelne für sich, aber sicher auch die vielen zusammen im Gespräch über Jesus. Jeder bringt seine eigene Erfahrung, und alles wird bestätigt, korrigiert und beflügelt und in Form gebracht im betroffenen Erzählen miteinander. Sie fragten natürlich, was für einer er denn wohl sei. Sie versuchten ihn einzuordnen, verglichen ihn mit ihnen bekannten Gestalten. Am ehesten erinnerte Jesus wohl an die Menschen, die in Israel ›Propheten‹ genannt wurden, Männer und Frauen, die es in der langen Geschichte Israels öfter gegeben hatte, von denen es Aufzeichnungen und – auch wunderbare – Erzählungen gab. Jesus sei ein solcher ›Prophet‹, vermuteten sie (vgl. Mk 8,28), vielleicht sogar einer von den alten, der jetzt – als Bote eines bevorstehenden neuen Gottesereignisses – ›wiedergekommen‹ wäre, vielleicht aber auch ein ganz neuer oder auch der letzte verheißene, wie er von einigen erwartet wurde: Jesus, der ›Messias‹, der – zu einer letzten, zusammenfassenden und hoch-reißenden Aufgabe am Volk – mit Gottes Geist, Gottes Kraft ›Gesalbte‹? Jesus war ja gottbegeistert wie diese Propheten, genau so durchdrungen, genau so radikal, so an-gehend, so kompromisslosfordernd – und dennoch offen und weit. Auch er verfolgte doch wie die alten Propheten nur eine einzige Linie, nämlich: Gott will Gott sein – für den Menschen; Gott ist der Einzige, der Lebenssinn und Lebenskraft vermitteln, der Einzige, der heilen kann. Und deswegen sollte der Mensch sich Gott stellen, Gott heranlassen an sich. Vor diesem herausfordernden Gott braucht sich niemand zu fürchten, vor diesem suchenden Gott darf niemand fliehen. Die klare und eindeutige Ausrichtung auf Gottes andrängende Nähe: Das war doch auch Jesu Botschaft.

Jesus in prophetischer Tradition: Gott an erster Stelle.

DIE MENSCHEN – WIE SIE VON JESUS ERZÄHLEN

Das Auftreten Jesu hat Aufsehen erregt und dann auch Wellen geschlagen. Durch die voraufgegangene, auch schon propheten-artige Tätigkeit des Täufers am Jordan und durch dessen Verhaftung und Tötung waren die Menschen sicher aufgewühlt. Und jetzt tauchte da ein anderer auf, ähnlich gelagert, der aber nicht irgendwo weit weg am Jordan predigte, sondern in der unmittelbaren Nähe wirkte, ihre Nähe suchte. Es wurde sicher gespannt beobachtet und aufgenommen, was Jesus sagte und tat. Und die Menschen haben auch erwartungsvoll darüber gesprochen.

In welcher Weise sie zunächst über Jesus geredet haben, wissen wir nicht; in den neutestamentlichen Geschichten finden wir ja nur das, was die Menschen der ersten und zweiten Generation nach Jesus über ihn erzählt haben. Aber vielleicht ist es hilfreich, sich einmal klar zu machen, dass ihr Erzählen – entsprechend ihrer wachsenden Erfahrung mit Jesus – sicher mehrere Phasen durchlaufen hat. Grob kann man wohl drei Phasen unterscheiden.

Drei Erzählphasen über Jesus:

Zuerst wird es eher einfache und vorsichtige Nachrichten über Jesus gegeben haben; man erzählte, was man erlebt oder gehört hatte. Man sprach sicher auch darüber, welche Fragen das Auftreten Jesu aufwarf. Jesus ließ aufhorchen: Was bedeutet das? Nach Johannes, dem Täufer, hatte sich alles wie im Sand verlaufen. Begann jetzt in Jesus etwas Neues, Ähnliches? Jesus sprach von Gott. Wie er das tat, war eigenartig beein-

1. Sein Auftreten macht Eindruck.

druckend. Ebenso beeindruckend war seine Art, wie er sich Menschen – vor allem Menschen in Not – zuwandte. Wer ist dieser Jesus? Von dem, was er sagt und tut, wird fragend erzählt.

2. Alte Hoffnungsbilder werden auf ihn übertragen: ...

Aber ihr Erzählen wird sich bald verändert haben, gleichsam in eine zweite Phase hinein: Jesus lässt hoffen. Jesus tritt so souverän und so überzeugend auf, dass die Menschen vermuten: Das ist nicht irgendeiner aus dem Volk, den es ›gepackt‹ hat, sondern das ist wohl ein ganz Besonderer. Der verkündet unsere Lehre auf neue Weise und spricht mit einer erstaunlichen ›Vollmacht‹ (Mk 1,27). Und dann fangen sie an, von ihm bewegt zu erzählen: getroffen und aus einem inneren ›Schwingen‹ heraus. Das, was sie erfahren hatten – und was sie im Anschluss daran erhofften –, trug sogar weiter, über das Erfahrene hinaus. Sie erzählten ›über-schwänglich‹, ließen sich von ihrer Bewegtheit mitnehmen: auf eine neue – im Grund allerdings uralt menschliche und uralt israelitische – Spur: Jesus erschloss ›Hoffnungsstraßen‹. Sein Reden und Tun brachte neue Möglichkeiten in den Blick, eine Zukunft, die es noch nicht gab, die jetzt aber anzubrechen schien. Und das ließ sie von ihm ›Hoffnungsgeschichten‹ erzählen: Geschichten – von ihrem Hoffen diktiert.

Das Volk Israel hatte solche ›Hoffnungsstraßen‹ immer wieder vor sich gesehen, und in Israel waren immer wieder solche Hoffnungsgeschichten erzählt worden. Das war vor allem den großen alten Propheten zu verdanken, die dem bedrängten Volk immer wieder eine neue, andere Zukunft vor Augen gestellt hatten: Ein zukünftiges umfassendes Heilwerden, das von Gott her zu erwarten war. Die Propheten hatten dieses Heilwerden von Gott her in diesen wunderbar plastisch-konkreten Bildern gezeichnet: von Blinden, denen dann die Augen geöffnet würden, von Tauben, die dann hören könnten, vom Lahmen, der ›wie ein Hirsch springt‹, und von der Zunge des Stummen, die gelöst wird, so dass der Stumme singen kann (vgl. Jes 35,5ff). Jeder, der das hörte oder las, wusste: Hier ist Gottes zukünftige Tat angesagt. Aber jeder ›wusste‹ auch: Hier ist natürlich bildhaft gesprochen; hier wird Gottes Heil mit sehr menschlichen Beispielen umschrieben. Hier geht es aber eigentlich nicht um solche – im Grunde ›kleinen‹ – Einzelereignisse, Heilung von Blindheit zum Beispiel. Hier geht es um die Zukunft Gottes als Ganze. Die erzählten Geschichten sind so etwas wie Chiffren, Zeichen, Hinweise, die Tore aufstoßen, den Blick anregen: In eine Zukunft Gottes hinein, die noch viel wunderbarer sein muss als das, was hier geschildert ist.

... In ihm ist das erhoffte Heil angebrochen.

Das Auftreten Jesu erinnerte an diese Hoffnungen, ließ sie neu lebendig werden. Und so wurde von den Menschen, die Jesus getroffen hatte, das Erhoffte und Angekündigte auf Jesus bezogen, an ihn gebunden. Man hoffte es jetzt von ihm: Mit ihm kommt das erwartete Heil von Gott. Die Menschen trauten Jesus das zu. Wer Jesus erlebt hatte, hatte seine innere Mächtigkeit erfahren und konnte bestätigen: »Er hat alles gut gemacht!« (Mk 7,37). Das war eine Erfahrung, die aus konkreten Begebenheiten herausgewachsen war: aus Begegnungen Jesu mit Blinden und Lahmen und Angehörigen von Verstorbenen. Da war es durch die Begegnung oft einfach gut geworden: heller, stärker, mutiger, lebendiger – und zwar nicht unbedingt dadurch, dass da wirklich einem Blinden das Augenlicht, einem Lahmen die Gehkraft und einem Verstorbenen das Leben wiedergegeben worden wären. Die Begegnung mit Jesus bewirkte innerlich im Menschen etwas, und das war auch ohne solche eher äußerlichen Ereignisse ›wunderbar‹ genug. Es vermittelte die gute Erfahrung von Angenommensein, von Stärkung, Bestätigung, Befreiung. Und es setzte die Hoffnungen frei auf das vollendende Heil von Gott. Es nahm gleichsam die arme Gegenwart an der Hand und begann mit ihr die ersten Schritte in die hoffnungsvolle Zukunft Gottes hinein. Dabei besteht dann aber durchaus sogar die Wahrscheinlichkeit, dass dieses – innere – Aufgebrochenwerden des Menschen auch in einem Stück körperlicher Heilung seinen Ausdruck finden kann und findet. – Aus dieser Erfahrung also erzählen sie von Jesus. In ihren Geschichten malen sie Jesus, wie er diese Zukunft erschließt. Sie sprechen davon, was sie von Jesus halten und von ihm erhoffen.

Diese Phase des Erzählens von Jesus endet wahrscheinlich sehr abrupt: Mit den Ereignissen um die Verhaftung und die Hinrichtung Jesu; wir sprachen schon davon. Es werden viele Menschen verstört und zutiefst enttäuscht gewesen sein. Hoffnungen, die aufgebrochen waren, wurden zerschlagen. Es wird Sprachlosigkeit gegeben haben, Zorn, Traurigkeit und Rückfall in Resignation. Das Bild von Jesus, dem Heilbringer von Gott her, war zersplittert.

3. Die gläubige Verkündigung des auferstandenen Jesus ...

Die dritte Phase ihres Erzählens von Jesus betrifft zunächst nur einen kleinen Kreis von Menschen. Sie beginnt mit den geheimnisvollen Erfahrungen, die die engsten Freunde Jesu gemacht haben wollen und die ausschlaggebend für alles Weitere werden. Die Jüngerinnen und Jünger sind der Überzeugung, dass ihnen Jesus nach seinem Tod und seinem Begräbnis mehrfach ›erschienen‹ ist, dass sie ihn unmissverständlich erfahren haben: Als neu und neuartig Lebendigen, als einen, der von Gott ›auferweckt‹ worden ist. Das, was sie als Erfahrung des auferweckten Jesus deuteten, hat ihr Jesusbild noch einmal verändert – und damit auch ihr Erzählen über Jesus. Sie führen die erfahrene neue Lebendigkeit Jesu zurück auf eine Tat Gottes an Jesus. Gott hat mit dieser Tat Jesus bestätigt. In diesem Augenblick sehen sie Jesus in einem neuen, jetzt ungebrochen hellen Licht: groß, von Gott umfangen, ›erhöht‹, aufgenommen in gottgeschenkte und gottüberstrahlte Lebendigkeit und Macht – und deswegen jetzt unausweichlich ausschlaggebend wichtig für sie und für alle. Und dann erzählen sie natürlich auch entsprechend von Jesus. Die wunderbaren Geschichten, die von Jesus im Umlauf waren, konnten sie jetzt mit gutem Gewissen weiter erzählen. Sie konnten sogar sagen: Das sind jetzt nicht mehr nur Hoffnungsbilder, Träume von Menschen – davon, dass von Gott her ein solches Heil einmal kommen werde, Träume, die durch Jesus ausgelöst worden sind. Sondern das sind jetzt Bilder, die vom wirklich mit Jesus und in Jesus angekommenen Heil sprechen, und die

›wahre‹ Geschichten sind, weil sie Wirklichkeit wiedergeben, Wirklichkeit, die eigentlich sogar größer ist als das Bild. Jesus ist – das wollen diese Bilder sagen – wirklich von Gott her derjenige, der jeder Blindheit die Augen öffnen kann, der jede Lähmung des Menschen wegnehmen und dem Menschen neue Bewegungskraft und neuen Bewegungsmut schenken kann. Und Jesus ist derjenige, der selbst den Tod überwinden hilft: Wie er selbst nicht unterging, sondern in vollendetes Leben hineingerettet wurde, so kann er jetzt jedem Menschen den Zugang eröffnen zu Gott, zu einem nie endenden Lebenssinn und zu einer nie endenden Lebensfülle, die Gott dem Menschen zugedacht hat.

... und das Bekenntnis zu Jesus als Messias, Christus.

Solche Bilder wachsen natürlich aus einem Glauben; sie wachsen aus einer bestimmten Interpretation von Erfahrungen. Das ist die Erzählphase, in der die Jüngerinnen und Jünger felsenfest davon überzeugt sind, dass Jesus der gottgesandte geistgesalbte ›Messias‹ ist, ja, dass er einer ist, der in einer ganz besonderen, sogar einmaligen geheimnisvollen Beziehung zum nahen und wirkenden Gott steht, und den man deswegen sogar in einer einzigartigen Weise Gottes ›Sohn‹ nennen kann. Er ist wirklich derjenige, der der Weg ist, der in Wahrheit zum Leben führt (vgl. Joh 14,6). – In dieser Erzählphase sind also die bildhaften Hoffnungsträume der zweiten Erzählphase hineinverwandelt, weiterentwickelt in großartige Bekenntnis-Bilder, die von der jetzt neu als Wirklichkeit erkannten Gott-Mächtigkeit Jesu sprechen. Das ursprünglich Geschehene, das einmal den Anlass gegeben hatte zu einem ersten begeisterten Erzählen und zu einer hoffnungsvollen Zukunftssehnsucht, verblasste zunehmend. Es war wichtig gewesen für das Zustandekommen ihrer Glaubensüberzeugung. Es blieb wichtig als Ansatzpunkt für ihr Erzählen. Aber als eigentlicher Inhalt ihrer Verkündigung wäre ihnen das bloße Ereignis viel ›zu wenig‹ gewesen.

DAS ERZÄHLTE

Neue Sicht: Aus Hoffnung wird (Glaubens-) Überzeugung

Was uns heute in den Evangelien vorliegt, ist das Endergebnis dieses Prozesses. Das sind also nicht einfach Geschichten, die Geschehenes wiedergeben, sondern das, was im Erzähl- und Glaubensprozess daraus gewachsen ist: Erhofftes, das für sie im Glauben erreichbar geworden war. Das ursprünglich Geschehene war längst ›überarbeitet‹ worden; es hatte sich ja auch in gewissem Sinn längst ›überlebt‹. Denn mit der Ostererfahrung wächst die Überzeugung, dass das Erhoffte jetzt Wirklichkeit geworden ist.

Der erste Eindruck von dem, was erzählt wird: Wenn man das, was sie über Worte und Taten Jesu erzählen, liest, kann einiges begeistern, anderes aber irritiert. Soll er das wirklich so gesagt und so getan haben? Wir begegnen großartigen Erschließungen und Herausforderungen, aber auch Behauptungen, die wie überzogen klingen und überspannt. Wir begegnen einem gewinnend menschlichen Tun Jesu, aber auch fantastisch ›Wunderbarem‹, das uns als unglaubwürdig, weil als unmöglich erscheint. Dieser erste Eindruck sollte uns nicht den Zugang versperren, sondern Anlass zum Weiterfragen werden. Am ehesten werden wir zu einer Antwort finden, wenn wir versuchen, beispielhaft ein paar Geschichten – über Worte Jesu und über Jesu Taten – miteinander zu bedenken.

SO ERZÄHLEN SIE VON WORTEN JESU

Der irdische Jesus spricht wie der Auferstandene.

Schon wenn man das, was in den Evangelien als Aussprüche Jesu überliefert ist, etwas kritischer betrachtet, erkennt man, dass diese Worte kaum jemals in der Art überliefert worden sind, in der Jesus sie gesprochen hat. Nur ganz wenige Sätze im Mund Jesu gelten bei den Fachleuten als zum ›Urgestein‹ gehörig, dem Jesus der Verkündigungszeit zuzuordnen. Das ist natürlich zunächst einmal schon deswegen nicht anders zu erwarten, als ja kaum ständig jemand mit einem Stenogrammblock neben Jesus gestanden haben kann. Aber die Worte Jesu sind nicht nur aus der Erinnerung überliefert – und deswegen kaum ›wörtlich‹, sondern ehestens dem Sinn nach erhalten; sie sind zum großen Teil auch ›überhöht‹, sie sind überarbeitet. Sie sind nicht erzählt in der Art, wie sie in der Zeit der Wanderschaft Jesu gesprochen worden sind, sondern in der Art, wie sie nach Ostern, nach der Vollendung des Jesus-Ereignisses also, verstanden, interpretiert und neu zusammengefügt wurden. Es sind von Jesus also aus seiner Verkündigungstätigkeit Worte überliefert, die er so in dieser Zeit sicher nicht gesprochen hat, die ihm vielmehr die spätere junge Kirche für diese Zeit in den Mund legt. Sie tut das – und sie sieht sich berechtigt dazu –, weil sie weiß: Der Jesus der irdischen Verkündigungstätigkeit ist der gleiche wie der spätere Auferweckte und Erhöhte, und ihm hat in seiner vor-österlichen Zeit im Grunde schon – verborgen – alle Macht zugestanden, die in seiner Auferweckung und Erhöhung für sie offenbar geworden ist. Auch der menschlich-irdisch Lebende war schon der zu Gott Gehörende und deswegen aus Gott Mächtige. So kann der Irdische schon wie der Erhöhte sprechen. Einige Beispiele:

Jesus, der ›Menschensohn‹, sagt sein Leiden voraus (Mk 10,32–34)

Der Evangelist Markus erzählt von drei ›Leidensankündigungen‹ Jesu (Mk 8,31; 9,31 und 10,32–34). An der dritten ›Leidensweissagung‹ kann deutlich werden, wie sie beim Erzählen vorgegangen sind. Hier sind zwei Züge, zwei ans Wunderbare grenzende ›Überhöhungen‹ interessant: Sie spricht von einem erstaunlichen Wissen Jesu und setzt Jesus mit dem ›Menschensohn‹ gleich.

Das Wissen Jesu

Zum Ersten: Für uns hören sich diese Ankündigungen Jesu so an, als habe er die einzelnen Stationen seines Weges ›vorher-gewusst‹ – was dann eine über-natürliche Fähigkeit Jesu voraussetzen würde; natürlicherweise kann man solche Details nicht im Voraus wissen. Offenbar soll dieses

›Über-Natürliche‹ hier im Markus-Evangelium betont werden. Jesus soll gezeigt werden als der, der – göttlich-stark – das Heft in der Hand hat, der genau weiß, welcher Weg vor ihm liegt, und der ihn dennoch geht. Das ist Bekenntnis des Markus. In Wirklichkeit, darf man annehmen, hat Jesus – in vernünftiger gut-menschlicher Abschätzung der Situation – viel eher nur geahnt, was auf ihn zukommen könnte; bis in die Einzelheiten hinein gewusst hat er es sicher nicht. Also: Sie erzählen hier mit einem Detail-Wissen, das sie erst nach den Ereignissen haben konnten, und mit der (Glaubens-)Vorstellung von Jesus, zu der sie erst später fanden. Ihre Erzählung ist ›wahr‹ in dem Sinn, dass sie wiedergibt, was sie jetzt vom ›erhöhten‹ Jesus glauben.

Der Mensch Jesus und der Menschensohn

Zum Zweiten: In diesem Text – und an vielen anderen Stellen der Evangelien – spricht Jesus von sich als ›Menschensohn‹; man kann sogar annehmen, dass in dieser Formulierung ein Stück ›Originalton‹ Jesu zu hören ist. Nun erscheint aber heute der Ausdruck ›Menschensohn‹ auf Jesus bezogen durchaus als schillernd. Ursprünglich hat Jesus diesen Begriff wahrscheinlich gebraucht im Sinn von ›ich – als (einfacher) Mensch (der ich bin wie jeder andere und mich von anderen nicht unterscheiden will)‹. Der Begriff war in diesem Sinn gebräuchlich. Die späteren Jüngerinnen und Jünger werden dann aber aufmerksam auf noch eine andere Verwendung dieses Begriffes. Er öffnet sich auf eine geheimnisvolle Größe hin: Da kommt eine Gestalt aus einem späten Buch des Alten Testamentes in den Blick, ein ›Menschensohn‹, der ›mit den Wolken des Himmels kommt‹ und dem ›von Gott Würde und Königsmacht gegeben‹ wird (vgl. Dan 7,13ff). Für den Propheten Daniel, der hier spricht, ist der ›Menschensohn‹ wohl ein Bild für das zu Gott gehörige Volk Israel. Es kann damit aber auch eine große Einzelgestalt gemeint sein, die Gott als Richter schickt. – Und ›Menschensohn‹ wurde manchmal verstanden als Verkörperung des ›eigentlichen‹ Menschen gegenüber dem ›Un-Menschen‹: der ›Menschensohn‹ als Mensch, wie er sein soll. Die junge Kirche erinnert sich daran, dass Jesus sich ›Menschensohn‹ genannt hat. Und sie interpretiert, dass er damit all das mit gemeint haben muss, was in diesem Namen schwingt. Und wenn sie dann diesen Namen Jesu überliefert, bekennt sie Jesus als den wirklichen Menschen, aber auch als diesen verheißenen Kommenden, dem ›von Gott Würde und Macht gegeben‹ oder der ›der eigentliche Mensch‹ ist. Jesus – von Begriffen des Alten Testamentes her interpretiert und verkündigt. Ein ursprünglich wahrscheinlich sehr ›einfacher‹ Wortinhalt ist zum Glaubensbekenntnis geworden.

Jesus spricht über sich selbst: Jesus-Worte im Johannes-Evangelium

Die ›Ich-bin-Worte‹

Die meisten Beispiele für ›überhöhendes‹ Anführen von Worten Jesu finden sich im Johannes-Evangelium. Das ist verständlich: Es ist das jüngste Evangelium; bis zu seiner Niederschrift konnte sich im langen

Nachdenken über Jesus eine hohe ›Christologie‹, ein ganz ausgeprägtes Glaubens-›Wissen‹ über Jesus entwickeln, konkret: ein ganz ›strahlendes‹ Jesusbild formen. Im ganzen Johannes-Evangelium spricht und handelt dieser im ›Gottesglanz verherrlichte‹ Jesus – und weniger der irdische. Das geht so weit, dass bei der Verhaftung Jesu nach dem Johannes-Evangelium die Häscher zu Boden fallen (Joh 18,6) und Jesus am Kreuz wie ein König stirbt (vgl. Joh 19,19.30). Und dieser – nach ihrem Glauben – Herrlich-Gewordene kann dann mit Recht von sich sagen: »Ich bin das Licht der Welt!« (Joh 8,12), »Ich und der Vater sind eins!« (10,30), »Der Vater hat dem Sohn das Gericht übertragen!« (Joh 5,22), »Ich bin die Auferweckung und das Leben!« (Joh 11,25), »Ich bin der Weg, die Wahrheit, das Leben!« (14,6) – und vieles mehr. Worte, die man sich im Mund des umherziehenden Gottesmannes Jesus nicht gut vorstellen kann. Der Klang, der bei Johannes aus ihnen spricht, ist das Bekenntnis einer viel späteren Zeit. Wir können solchen ›Jesusworten‹ nicht jede Verankerung in einer Erinnerung absprechen. Aber wenn wir sie heute verstehen wollen, müssen wir doch bedenken, dass sie nicht (nur) aus der Erinnerung, sondern viel eher aus dem Bekenntnis geformt sind. Dass sie also nicht wiedergeben wollen, was Jesus von sich selbst gesagt hat, sondern das, was seine Nachfolgerinnen und Nachfolger – später – von Jesus glauben.

SO ERZÄHLEN SIE VON DEN TATEN JESU – ‹WUNDERGESCHICHTEN›

Auch bei den Taten Jesu wird in den Evangelien oft ›überhöht‹: Die Evangelisten erzählen vom vor-österlichen, geschichtlich greifbaren Wirken Jesu so, dass durch all diese Geschichten ihr nach-österlicher Glaube hindurchscheint. In ihrer nach Ostern gefundenen Glaubenssicherheit erzählen sie von den zurückliegenden Taten Jesu so, als sei in ihnen auch damals schon seine ›Gottesherrlichkeit‹ erfahrbar gewesen (vgl. Joh 2,11). So werden von Jesus Taten berichtet, die das Menschenmaß übersteigen und die wir im Allgemeinen als ›Wunder‹ bezeichnen.

›Wunder‹

Glauben zwischen Wunder und Naturwissenschaft

Die Evangelien selbst benutzen den Begriff ›Wunder‹ nicht. Sie sprechen von ›Werken‹ – und meinen damit ein auffälliges Tun –, von ›Krafttaten‹, die eine besondere Mächtigkeit voraussetzen, und Johannes spricht von ›Zeichen‹. ›Wunder‹ sind für unser naturwissenschaftlich geprägtes Denken Ereignisse, die die so genannten ›Naturgesetze‹ durchbrechen, die also eigentlich bei einem ›natürlichen‹ Ablauf der Geschehnisse unmöglich wären. Naturgesetze aber in unserem Verständnis kannte die damalige Zeit noch nicht. Die Grenze zwischen Möglichem und Unmöglichen war also nicht so klar wie heute. Infolgedessen konnten die Menschen damals leichter von etwas für uns heute Unmöglichem als von etwas Möglichem erzählen; es konnte für sie auch noch das ›Unmögliche‹ mindestens von Gott her ›möglich‹ sein. So konnten sie damals – auch in den Evangelien – viel selbstverständlicher von Dingen erzählen, die uns als unmöglich erscheinen; und offenbar hatten die Menschen früherer Generationen kaum Schwierigkeiten mit dem ›Glauben‹ daran. Für uns allerdings gilt längst der Maßstab, dass wir nur das als möglich oder wirklich annehmen, was naturwissenschaftlichen Erkenntnissen oder auch unserer allgemein menschlichen Erfahrung nicht widerspricht. Gott würden wir vielleicht noch ein ›wunderbares‹ Eingreifen zutrauen. Aber ob das dann als ›vernünftig‹ oder als sinnvoll angesehen werden könnte, wäre sicher noch die Frage.

Was erzählt wird

Das Inventar der Wundererzählungen

Es ist in den Evangelien eine Reihe von Berichten über außergewöhnliche Ereignisse um Jesus enthalten. Bei Markus zum Beispiel – dessen Evangelium die Grundschrift für die beiden anderen Synoptiker ist – wird erzählt von zehn ›Dämonenaustreibungen‹ und ›Heilungen‹ von Krankheiten: von Fieber, Aussatz, Lähmung, Blutung, Taubheit, Blindheit. Dazu gibt es Geschichten über zwei ›Brotvermehrungen‹, über die Stillung eines Sturms auf dem See von Gennesaret, über ein wunderbares Gehen Jesu über das Wasser des Sees und über die Wiederbelebung eines Mädchens, das die Leute für tot gehalten hatten. Dreimal wird zusammenfassend von ›Dämonenaustreibungen‹ und ›Heilungen‹ gesprochen. Bei der Taufe Jesu sollen sich wunderbare Dinge ereignet haben und später auch bei einer Art Verwandlung Jesu vor seinen wichtigsten Jüngern. Die beiden anderen Synoptiker Matthäus und Lukas erzählen ähnlich, zum Teil parallel. Der Evangelist Johannes spricht von sieben ›Zeichen‹ Jesu.

Was am Erzählten auffällt

Die Begegnung mit Jesus wirkt Wunder.

Wenn wir die Evangelien auf ›Wunderbares‹ hin befragen, sehen wir zwei Dinge. Als Erstes werden wir als eine Kernaussage der Evangelien festhalten müssen: Jesus hat Aufmerksamkeit erregt auch deswegen, weil sich in der Begegnung mit ihm Erstaunliches getan hat. Allerdings ist anzumerken: Das ›Wunderbare‹ ist nicht das Einzige und vor allem nicht das Entscheidende am Tun Jesu; die ›Wundergeschichten‹ wiegen zwar schwer in unserer Erinnerung, aber in den Evangelien selbst nehmen sie nur einen geringen Platz ein. Jesus wird nicht einfach als der ›Wundertäter‹ schlechthin geschildert. Das ›Wunderbare‹ ist nie das Entscheidende an seinem Tun, es ist vielmehr immer das Ergebnis von Begegnung. Im Vordergrund steht immer die Begegnung, die Hinwendung Jesu – zum Kranken, Armen, Angewiesenen. Und das Heilwerden fließt gleichsam als selbstverständliche Folge aus der Begegnung heraus. Es wird damit also wirklich zum ›Zeichen‹, das die Qualität der Begegnung anzeigt.

Wenn wir also an das herankommen wollen, was Jesus getan hat, dann müssen wir uns vor Augen führen, dass er in erster Linie Menschen begegnet ist, dass er sich auf Menschen eingelassen hat, und dass diese Begegnung von einer Qualität gewesen ist, die Erstaunliches bewirken konnte.

Durch die Wunder scheint das Eigentliche hindurch.

Das Zweite: Wahrscheinlich hat Jesus sich selbst in seinem Handeln gar nicht als so außergewöhnlich gesehen. Nach den Evangelien spricht Jesus davon, dass, wer zu ihm hält, noch ›Größeres tut‹ (vgl. Joh 14,12). Und auch die ›Söhne der Pharisäer‹ treiben offenbar Dämonen aus (Mt 12,27). Jesu Handeln wollte nicht einmal zwingend überzeugen: Jesus hat seine Taten nie als Beweise für irgendetwas herangezogen, hat sie höchstens als Anstoß gesehen, der zum Aufhorchen und Nachdenken bewegen könnte (vgl. Joh 14,11). Deswegen spricht das Johannes-Evangelium von ›Zeichen‹ Jesu: Das ›Wunderbare‹ ist eben nicht der Zielpunkt, nicht das eigentlich Erstrebte, sondern eine – weiter weisende – Station auf einem Weg, der zu einem ganz anderen Ziel führen soll. Das ›Wunderbare‹ könnte da vielleicht sogar fehlen, ohne dass das Eigentliche Jesu dadurch beeinträchtigt würde; Paulus zum Beispiel, der auch überzeugt ist von diesem Jesus und als Erster schriftlich für ihn wirbt, erwähnt in den Briefen an seine Gemeinden kein einziges ›Wunder‹ Jesu. Aber, dass Jesus ihm ›begegnet‹ ist, hat er nie vergessen.

Und noch etwas sagt uns der Befund: Dass es sich bei den geschilderten ›wunderbaren‹ Ereignissen doch um sehr unterschiedliche Vorgänge handelt, die mindestens zum Teil nicht miteinander zu vergleichen sind; man braucht nur die Unterschiede zu beachten zwischen den Erzählungen davon, dass Jesus Kranke geheilt, dass er einen Sturm auf einem See gestillt habe oder dass bei ihm zwei vor Jahrhunderten verstorbene Propheten erschienen seien. Da wird Jesus jeweils in einem ganz unterschiedlichen Licht gezeigt, ›Wunderbares‹ ganz unterschiedlicher Art, offenbar in ganz unterschiedlichem Sinn und in ganz unterschiedlicher Absicht erzählt. Dann ist für das Verständnis dieser Geschichten entscheidend, dass wir ihren Sinn und ihre Aussageabsicht herauszufinden suchen.

Unterschiedliche ›Wundergeschichten‹ Zustandekommen und Aussagen – Beispiele

Jesus ›heilt‹ die Schwiegermutter des Simon (Mk 1,29–31)

In der Begegnung mit Jesus kommen Kranke zu Kräften.

Es wird erzählt, dass und wie Jesus die Schwiegermutter des Simon ›an der Hand gefasst und aufgerichtet‹ habe und dass darauf das Fieber von ihr gewichen sei. Man kann darin den Bericht über ein – die Naturgesetze überspringendes – Wunder sehen. Man kann sich das Zustandekommen dieser Erzählung aber auch einigermaßen vernünftig-natürlich erklären: Ein bekannter Mensch, von dem schon viel gesprochen wird, kommt als Gast in ein Haus. Da liegt eine Kranke. Er nimmt sie wahr und bemüht sich um sie, und sie fasst neuen Mut. Sie nimmt alle Kraft zusammen, rappelt sich auf, ›vergisst‹ ihr Kranksein und steigt wieder in ihren Alltagsdienst ein: Sie bewirtet die Gäste. – Man kann sich gut vorstellen, dass die Begegnung mit Jesus eine solche – erstaunliche, aber erklärbare – Wirkung herbeigeführt hat. Man kann auch nachvollziehen, dass später – im ›Über-Schwingen‹ – davon als von etwas Außergewöhnlichem gesprochen wurde. Ziel dieses ihres Erzählens ist es dann sicher nicht in erster Linie, von einer Heilung durch Jesus zu berichten, sondern viel eher: Ganz allgemein Jesus als einen darzustellen, der Kräfte weckt und durch den es deswegen gut wird. Es ist der Jesus, der jetzt lebt, den sie glaubend als solchen bekennen.

Jesus befreit einen ›Besessenen‹ (Mk 1,21–28)

Die Begegnung mit Jesus befreit aus Selbstzerstörung.

Ähnlich könnte auch das ›natürlich‹ erklärt werden, was in den Evangelien als ›Heilung von Besessenen‹ durch ›Vertreibung von Dämonen‹ geschildert ist. Auch hier könnte die erstaunliche Wirkung Jesu auf seine natürlichen Kräfte zurückgeführt werden. Die damalige Zeit erklärte sich einige Krankheitsbilder durch den Einfluss von ›Dämonen‹, und sie stellte sich unter Dämonen gottfeindlich-negative unsichtbare, aber wirkmächtige Wesen vor, die sich des Menschen bemächtigen, ihn ›besetzen‹, seiner Eigenaktivität berauben, unfrei machen, zu allem Möglichen und Unmöglichen treiben und ihn letztlich zerstören wollen. Die Krankheit wurde also personifiziert und als starke Gegenkraft zum Menschen angesehen. Wenn Jesus die ›Befreiung‹ von ›Besessenen‹ nachgesagt wird, heißt das für die Menschen von damals: Jesus hat Macht über gott- und deswegen menschen-feindliche Kräfte, die den Menschen vergewaltigen. In Jesu Tun bricht sich die Gottesherrschaft Bahn. – Was damals ›Besessenheit‹ hieß, verstehen wir heute eher als eine Krankheit des Menschen; die Symptome deuten auf so etwas wie Epilepsie, Hysterie oder Auswirkung von Schizophrenie. Wenn die Evangelien erzählen, durch die Begegnung mit Jesus sei bei einer Reihe von Menschen die Übermachtung durch zerstörerische Mächte aufgehoben worden, heißt das für uns heute: Durch die Begegnung mit Jesus sei ihre Krankheit – wenigstens ein Stück weit – behoben worden. Wahrscheinlich braucht man zur Erklärung solch einer Wirkung keine ›über-natürlichen‹ Kräfte bei Jesus vorauszusetzen. Man kann sehr wohl annehmen, dass hier Jesu ›natürliche‹ Ausstrahlung gewirkt hat: seine Klarheit, die den andern durchleuchten konnte; seine Wahrhaftigkeit, die keine Täuschung, auch keine Selbsttäuschung zuließ, und keine Flucht, auch keine bequeme Flucht in Anderssein hinein. Und besonders wohl seine offenbar durch und durch gehende Zuwendung zum Kranken hin, die den andern – wenigstens für

Augenblicke – erfahren ließ, dass sein furchtsames, schwaches, geschütteltes Ich geborgen und gehalten war, getragen von einem Größeren. Und die so in der Lage war, einen Kranken – vielleicht auch nur vorübergehend – in den Bereich der tapferen, zur Realität stehenden Eigen-Ständigkeit zurückzuführen. Hier wäre also gesprochen vom – psychischen – Einfluss Jesu, eines ganz Starken auf einen Schwachen. Man kann sich vorstellen, dass Jesus Ruhe ausstrahlte, Sicherheit, die auch dem anderen Schutz und Stütze bot. In seiner Nähe konnte man sich wohl fühlen, und das haben wohl besonders oft einsame Kranke gespürt – und dann so darauf reagiert, dass sie durch die Begegnung mit ihm ihre Angst verloren und ruhig wurden. Dass diese Wirkung dann als erstaunlich empfunden und von ihr begeistert erzählt wurde, ist verständlich.

Jesus ›vergibt‹ Sünden (Mk 2,1–12)

In der Begegnung mit Jesus geschieht Heilung aus der Tiefe.

Die Geschichte von der ›Heilung eines Gelähmten‹ – oder besser: von einer Vergebung von ›Sünde‹, dreht sich vorrangig um ein Angehen Jesu gegen eine deprimierende Wirklichkeit, eben gegen ›Sünde‹. Uns springt bei dieser Geschichte die spektakuläre Heilung von einem körperlichen Gebrechen ins Auge, von der hier auch erzählt ist. Aber es geht um viel Wichtigeres, um viel mehr, und auch hier ist dieses Mehr eine ›wunderbare‹, aber auch durchaus ›natürlich‹ erklärbare Wirkung des Tuns Jesu. Man kann sich die Geschichte ausmalen. Den Kranken bringen seine Bekannten mit einigen Umständen vor Jesus hin. Ihnen war sehr daran gelegen. Der Kranke war schon lange krank, vielleicht verzweifelt. Vielleicht hatte er auch mit Gott gehadert: Musste er seine Krankheit nicht als Strafe ansehen, wie das in Israel oft angenommen wurde? Musste er sich nicht als von Gott abgeschoben, aufgegeben betrachten? Vielleicht hatte er sich deswegen gegen den Transport zu Jesus hin gewehrt: in Ablehnung Gottes, der ihm dieses Kranksein zumutete; im Zorn gegen Gott, den er nicht verstand; und dazu aus Angst vor dem Bloßgestelltwerden durch einen ›Gottesmann‹, zu dem sie den Hilflosen schleppten? Und jetzt liegt er vor Jesus festgenagelt und kann sich nicht wehren. Er weiß, dass Jesus im Namen Gottes kommt, und er bäumt sich auf gegen ihn. Und Jesus? Er sieht mit dem ersten, forschend-liebenden Blick die eigentliche Not dieses Menschen. Und er erkennt, dass die Not eben nicht die Lähmung ist, sondern viel tiefer liegt: Die letzte Not dieses Menschen ist seine Einsamkeit, sein zerstörtes Verhältnis zu Gott. Und dieses Leid bringt Jesus in Ordnung – durch seinen ›aufgeklärten‹, wissenden Zuspruch, der aus seiner Vorstellung von Gott erwächst: Du brauchst keine Angst vor Gott zu haben! Du brauchst auch keine Wut auf Gott zu haben! Gott ist gut. Wenn du auch krank bist: Du gehörst dennoch zu Gott und Gott zu dir! Deine Sünde, deine Sonderung von Gott, die du für gegeben hältst, braucht in Wirklichkeit nicht zu bestehen! Ich kann dir vielmehr verlässlich zusagen, dass Gott dir nahe ist! Und damit scheint das eigentlich Heilende geschehen zu sein. Dass dann auch noch von der Heilung der Lähmung erzählt wird, ist eigentlich fast überflüssige Illustration. Uns stört es vielleicht sogar: Es reißt ja den Blick weg von der Tiefe auf das Äußerliche hin. Die wirklichen ›Wunder‹ Jesu ereignen sich im Inneren des Menschen; von der Wirklichkeit solcher ›Wunder‹ durch Jesus spricht diese Geschichte. Die ›Illustration‹ ist eher späterer – und man könnte sagen: spektakulärer und zugleich verwässernder Zusatz.

Heilungsgeschichten allgemein

Für Menschen, denen als Kind von Jesus erzählt worden ist, sind wahrscheinlich die Heilungsgeschichten in eindrücklicher Erinnerung. Dass Jesus Blinde, Lahme, Aussätzige und Stumme geheilt und sogar Tote wieder zum Leben erweckt haben soll, gehört zu den herausragenden Zügen des Bildes, das wir von Jesus haben. Es sind Züge, die Kinder in Staunen versetzen, die aber sehr bald schon Skepsis bis zum ›aufgeklärten‹ Lächeln und zur Ablehnung Jesu hin hervorrufen können.

Man kann natürlich bei der Beurteilung dieser Geschichten dabei bleiben, dass sich alles so zugetragen habe, wie es da erzählt ist; denn erstens steht es ja da, und wenn das Geschriebene nicht dem Geschehenen entsprechen würde, dann hätten die Schreiber uns ›betrogen‹. Und zweitens ist Jesus ja ›Gottes Sohn‹, und infolgedessen hat er auch die Fähigkeit, solche Dinge zu vollbringen. Wir hätten es uns allerdings mit einer solchen Lesart sehr einfach gemacht, und die übergroße Mehrzahl der Leser würde sie wohl als Zumutung empfinden.

Heilungsgeschichten sind Bekenntnisgeschichten.

Wenn man aber nachfragt, wie diese Geschichten wohl zustande gekommen sind, dann kann man sie auch anders verstehen und erkennt sogar eindeutiger, was sie sagen wollen. Wir haben dazu das Wichtigste schon betont: Die Menschen haben – von der Gestalt Jesu berührt – im Überschwang der Gefühle erzählt. Das, was sie erzählten, entsprach den Hoffnungen und der Glaubensüberzeugung, die sich an Jesus entzündet hatten. Die einzelnen Ereignisse, die sie erzählen, sind Chiffren für den Glauben an ein Heilwerden von Gott her und wollen bekennen, dass grundsätzlich durch Jesus dieses Heilwerden in die Nähe gerückt erschien. Das sind also Hoffnungs- und Bekenntnis-Geschichten.

Für manche Heilungsgeschichten gilt, dass sie so etwas sind wie Veräußerlichungen von wichtigen inneren Vorgängen, die sich in der Begegnung mit Jesus ereignet haben: Zuwendung wird als Heilung von einer Krankheit erzählt oder Heilung von innerer Verfasstheit, z. B. einer inneren ›Blindheit‹ als äußerlich-körperliches Gesundwerden. Wir sahen das schon bei der Geschichte von der Heilung des Gelähmten, bei der es eigentlich um Heilwerden in der Beziehung zu Gott geht (Mk 2). Dieses Heilwerden ist aber ein innerer Vorgang und als solcher nicht spektakulär, nicht einmal nach außen hin feststellbar und eignet sich kaum zur Erzählung. Und wenn sie dann doch davon erzählt haben, wird man schnell nachgefragt haben: Was war denn jetzt mit dem Gelähmten? Die Antwort: Der war glücklich, der war unendlich dankbar, der war gesund! Und aus solchen, eigentlich die Tiefen des Menschen meinenden Formulierungen wird dann leicht der Schritt ins ›Oberflächliche‹, Greifbare, Augenscheinliche getan: ›Gesund‹ heißt dann schnell auch ›geheilt von der Lähmung‹. Wenn solche Geschichten dann einmal entstanden sind, verselbstständigen sie sich, und das Oberflächlich-Greifbare wird dann für das Erzählen sogar das Attraktivere; die Tendenz dahin lässt sich in den Evangelien feststellen. Solche Geschichten werden dann oft geradezu liebevoll ausgeschmückt, indem Einzelheiten hinzugefügt werden; Einzelheiten, die der Situation und auch grundsätzlich dem Charakter des Wirkens Jesu entsprechen können, die aber für solche Szenen durchaus auch erfunden werden. Sie sind oft Mittel, um bestimmte Züge der Zuwendung Jesu zum Menschen hin für die Zuhörer zu ver-dichten. Es heißt zum Beispiel in einer Geschichte von der Heilung eines Taubstummen bei Markus (7,33–34): *»Jesus nahm den Mann beiseite, von der Menge weg, legte ihm die Finger in die Ohren und berührte seine Zunge mit Spucke, blickte zum Himmel auf, stöhnte und sagte zu ihm: Effata!«* Das hört sich an, als habe hier ein Augenzeuge bestimmte, aufhorchen lassende Einzelheiten behalten. Oder bei Johannes in der Geschichte von der Heilung eines Blinden (9,6): *»Er spuckte auf die Erde, machte einen Teig aus der Spucke und legte den Teig dem Blinden auf die Augen«*, und dann schickte er den Mann zu einem Teich, er solle sich da waschen. Hier können echte Erinnerungen an solche Gesten Jesu liegen; aber es können solche Szenen auch gemalt sein, um die intensive Bemühung Jesu um einen Kranken zu illustrieren, um die Intensität seiner Zuwendung zum Kranken deutlich zu machen. Dann ginge es gar nicht darum, dass Jesus solche Dinge getan hätte, sondern durch das Erzählen solcher Details sollte den Zuhörern gefühlsmäßig etwas von der Ahnung der Zuwendung Jesu vermittelt worden, und insofern hätten diese Erzählungen dann doch etwas von eingefangener Wirklichkeit transportiert. – Auch Heilungsgeschichten also als Geschichten, mit denen Menschen Jesus malen und bekennen.

Und Bilder von ›Wunderbarem‹

Wundergeschichten als deutende Ostererfahrungen

Noch eine weitere Art von Wundergeschichten gibt es in den Evangelien. Sie sind so etwas wie große Bilder: bildhafte Zusammenfassungen von nicht nur einer, sondern vielen Erfahrungen. Wenn die junge nachösterliche Gemeinde das Stehen Jesu im Zentrum seines Volkes deutlich machen will, malt sie zum Beispiel das Bild von der ›Verwandlung‹ Jesu vor Mose und Elija, das wir besprochen haben. Wenn die junge Gemeinde ihre Erfahrung weitersagen will, dass Jesus – unter der Mitwirkung der ›Jünger‹, der späteren Gemeinden also – reichlich für alle hat, erzählt sie die Geschichten von den Brotvermehrungen (vgl. Mk 8,1–10 oder – wahrscheinlich eine weiterführende Bearbeitung dieser Geschichte – Mk 6,32

bis 44). Oder wenn sie sich bewusst macht, dass Jesus wirksam da ist, auch wenn es gar nicht so aussieht – nach seinem Tod und seinem ›Weggang‹ von ihnen – und der Sturm tobt und die Wellen hochgehen, dann erzählen sie die Geschichte von der Stillung des Sturms oder vom Kommen Jesu zu ihnen über das Wasser: »Ihr Menschen mit dem kleinen Glauben!« (vgl. Mk 4,35–41 und 6,47–52).
Bei solchen Geschichten dürfen wir nicht danach fragen, ob das denn damals ›wirklich so passiert‹ sei. Was da eingefangen ist, ist natürlich Wirklichkeit gewesen, Wirklichkeit, die die Jüngerinnen und Jünger immer wieder erfahren haben und die sie jetzt darstellen, in ein Bild hineinmalen, das von diesen ihren Erfahrungen – bildhaft, aber eben doch – überzeugend sprechen will.

Sie verkünden eine Botschaft

Zusammenfassend kann man zu den ›Wundergeschichten‹ sagen: Sie wollen nicht ›lügen‹, sie würden sich auch gegen den Vorwurf der Selbsttäuschung wehren; sie wollen vielmehr erfahrene Wirklichkeit wiedergeben. Sie tun das, manchmal einfach berichtend – selbstverständlich in den Vorstellungen der damaligen Zeit, wie könnte das anders sein! – oder ›überschwänglich‹ und ›ver-dichtend‹, wie die Propheten es getan hatten: über die Wirklichkeit in Richtung auf die große Hoffnung hin hinausschwingend, ins Konkrete, Sichtbare hineinverdeutlichend, in Bildern zusammenfassend; und alles im allem bekennend. Die Grundüberzeugung, die sie weitersagen wollen: Jesus macht von Gott her alles gut; in Jesu gutem Tun bricht – wie in seinem guten Wort – Gott ein in die Armut der Welt. Diese Überzeugung malen sie aus in Hoffnungs- und Bekenntnis-Geschichten, die überzeugen wollen: Damit die, die diese Geschichten hören, sich von ihnen anrühren und mitnehmen lassen zum Mit-Glauben und Mit-Hoffen hin.

Wundergeschichten werben um unseren Glauben.

Wenn wir die ›Wundergeschichten‹ der Evangelien so lesen und hören, haben wir sie sicher nicht relativiert oder klein gemacht. In ihnen stecken großartige Aussagen, die erheben, heilen, prägen wollen. Voraussetzung, dass die Geschichten diese ihre Wirkung entfalten können, ist allerdings, dass wir sie annehmen in dem Sinn, in dem sie gemeint sind. Noch einmal: Wenn wir die falschen Fragen an sie stellen – nach dem z. B., was denn nun passiert sei –, dann werden wir enttäuscht. Darum geht es ihnen nicht. An ihrer Erzählweise sollten wir keinen Anstoß nehmen. Es ist die Erzählweise ihrer Zeit; eine andere hatten sie nicht zur Verfügung. Wichtig ist nur, was sie uns sagen wollen.

Für viele Menschen ist die Erkenntnis, dass die ›Wundergeschichten‹ der Evangelien nicht Wiedergabe von konkret so geschehenen – und deswegen genau so ›gläubig‹ anzuerkennenden – Mirakeln sind, eine Art Befreiung. Wenn einmal die Möglichkeit einer anderen Sicht eröffnet ist – und deren Richtigkeit plausibel gemacht werden kann –, dann werden sicher viele froh sein, diese Erzählungen nicht (mehr) als exakte geschichtliche Berichte verstehen zu müssen. Das allzu ›Wunderbare‹ stört uns. Es ist etwas Besonderes, Herausfallendes, Abgehobenes. Es ›passt‹ nicht zu uns und hat nichts mit uns zu tun, in unserem Erfahrungsbereich kommt so etwas nicht vor. Und es fällt uns auch schwer, solche Dinge für eine vergangene Zeit anzunehmen. Fallen damit aber nicht ›Beweise‹ weg? Beweise für die Gültigkeit der Botschaft? Wäre das nicht ein unersetzbarer Verlust? Wir haben gesehen, dass die Botschaft der Bibel eine Glaubensbotschaft ist, ›aus Glauben und auf Glauben hin‹ – wie Paulus sagt (vgl. Röm 1,17). Für die Botschaft Gottes an die Menschen gibt es nicht ›Beweise‹, wie wir sie uns wünschen. Gott macht ein Angebot. Wir haben es zu prüfen. Unser Kriterium: Passt es zu uns? Wir haben keinen anderen Maß-Stab als uns selbst! Und dann haben wir uns zu entscheiden: zwischen Verwerfung und Annahme; zwischen Ablehnung, wenn uns denn das Angebotene niederzudrücken scheint, und Glauben, Rechnen mit der Wirklichkeit des Angebotenen, wenn wir ahnen, dass es uns zu einem größeren Leben verhelfen könnte. ›Beweise‹ sind da weder nötig, noch wären sie angemessen.

Zum Schluss dieser Überlegungen aber soll doch noch einmal darüber nachgedacht werden, wie denn das Erzählte zustande kommt, was hinter all dem erzählten ›Wunderbaren‹ steht. Wir könnten auch sagen: Nach dem, was denn Jesus nun wirklich an Erstaunlichem getan hat.

WAS HINTER DEM ERZÄHLTEN STEHT

Jesu ›Macht‹

Die Wundertätigkeit Jesu

Nach dem ganzen Grundklang der Evangelien müssen wir zunächst davon ausgehen, dass sich in der Begegnung der Menschen mit Jesus eben doch Ungewöhnliches, Erstaunliches ereignet hat. Wenn es so etwas nicht gegeben hätte, wäre die Jesusüberlieferung, wie wir sie vorliegen haben, nicht zu erklären. Es gibt Andeutungen in den Evangelien, die erstaunliche Wirkungen des Tuns Jesu als sicher erscheinen lassen. Bei Matthäus steht zum Beispiel ein Jesuswort überliefert, das wirklich zum ›Urgestein‹ zu rechnen ist, weil es so kaum später erfunden worden sein kann. Es ist der Ruf Jesu: *»Weh dir, Chorazin! Weh dir, Betsaida! Wenn in Tyrus und Sidon die Machttaten geschehen wären, die bei euch geschehen sind – die Menschen da hätten in Sack und Asche Buße getan!«* (Mt 11,21). Und bei Markus ist ein Kommentar zum Wirken Jesu von Leuten überliefert, die es mit Jesus gar nicht gut konnten: *»Mit Hilfe des Anführers der Dämonen treibt er die Dämonen aus!«* (Mk 3,22). Mit dem ersten zitierten Text weist Jesus selbst auf Dinge hin, die durch ihn bewirkt werden konnten und die eigentlich hätten aufhorchen lassen müssen. Und im zweiten Text erkennen geradezu unverdächtige Zeugen an, dass Jesus Erstaunliches bewirkt hat, wenn sie das dann auch auf ihre eigne Art erklären. Was aber dann das ›Wunderbare‹ ist, das geschehen sein soll, bleibt natürlich noch zu klären.

›Wunderbares‹

»Wunder gibt es immer wieder.«

Vorher aber sollen noch zwei Bemerkungen gemacht werden zu ›Wunderbarem‹ generell, gegenüber dem es ja bei uns eine erhebliche Skepsis gibt. Die Skepsis sollte zunächst sicher bestehen bleiben können – schon allein als Anstoß, genauer, kritischer hinzusehen. Aber wir sollten uns auch eine gewisse Nachdenklichkeit bewahren und uns vor einem schnellen Urteil hüten. Aus zwei Gründen:
Einmal gibt es über die ganze Erde verstreut in allen uns bekannten Kulturen alte und neue Berichte über Menschen, die erstaunliche und für viele ›wunderbare‹ Dinge wirkten und wirken; auch heute noch hört man zum Beispiel ab und zu von ›Spontanheilungen‹, die nach heutiger naturwissenschaftlicher Erkenntnis nicht erklärbar sind. Und nicht alle diese Geschichten machen den Eindruck, unseriös zu sein. Ob an solchen Geschichten dann nicht doch in Einzelfällen ›etwas dran‹ sein kann? Ob es nicht also doch Menschen gegeben hat und gibt, die auf eine erstaunliche Art wirkmächtig waren sind und sind?

Der zweite Anstoß zur Nachdenklichkeit ergibt sich aus der heute wachsenden Erkenntnis, dass die (Natur-)Wissenschaft das, was uns als ›Natur‹ begegnet, nicht nur immer besser durchschaut und versteht, sondern dass sie gleichzeitig immer mehr ›Tiefe‹ erahnt, in die hinein wir nicht sehen und nicht wirken können, die aber alles andere erst zu ermöglichen und zu tragen scheint. Vielleicht darf man von ›Tiefenschichten‹ der Wirklichkeit sprechen, die uns nicht bekannt und die uns im Allgemeinen nicht erreichbar sind. Könnte es nicht doch Menschen geben, die für eine solche Seinstiefe eine besondere ›Antenne‹ haben, die mit dieser Seinstiefe vertraut sind und die anderen Menschen auf dieser – gemeinhin nicht erreichbaren – Ebene begegnen und dann bei ihnen auch – gemeinhin nicht erreichbare – Wirkungen erzielen?

Wunder deuten die Wirklichkeit.

Zur Verdeutlichung dessen, was gemeint ist, ein Beispiel. Menschen können sich auf sehr unterschiedliche Arten begegnen. Oberflächlich: Man sieht den andern, erkennt ihn, zieht den Hut, geht vorbei und vergisst ihn schnell. Man kann sich auch tiefer vom andern berühren lassen, sodass man am andern gleichsam in Schwingung gerät: Man nimmt ihn wahr als schön oder hässlich, als fein oder grob, als anziehend oder abstoßend. Und es gibt sicher auch Begegnungen, bei denen man sich in die Augen schaut – und spontan weiß: Der andere sieht ganz tief in mich hinein; sein Blick geht ›durch und durch‹. Ich fühle mich erkannt: Ertappt als der, der ich nicht gerne bin, oder anerkannt als der, der ich mit Freude sein möchte. Es brauchen keine Worte zu fallen, und doch werden in einer solchen Begegnung tiefe Schichten des Menschseins berührt. –

Man hat das Empfinden: Ich bin hier sehr ›wissenden‹, ›starken‹ Menschen begegnet. Menschen, die viel erfahren haben, die viele Anstöße von außen wahrgenommen haben, die viel nachempfunden, nachgedacht, die tief in sich hinein gehorcht haben; die sich haben berühren lassen von der Wirklichkeit, die sie umgibt; von der Unauslotbarkeit des Wirklichen, in das wir hineingestellt sind; vom Wunder des Lebens, das Staunen erweckt; die aufmerksam geworden sind auf das Geheimnis der eignen Lebendigkeit, die uns geschenkt ist, die wir uns nicht erklären können, die wie aus Urtiefen in uns aufsteigt, die uns erreicht und erfüllt für eine Lebenszeit, bis es danach aussieht, als würden wir sie wieder verlieren. Diese gleichsam aus der Tiefe aufsteigende Lebenskraft kann ich wahrnehmen, kann sie bejahen, ich kann mich bewusst für sie öffnen, kann sie ausleben, genießen, froh sein an ihr, sie wachsen lassen in mir – sogar mit bewusstem Einsatz. Und offenbar ist es so: Je mehr ich sie annehme und bejahe, desto wirksamer ist sie in mir. Kraft, die mir ›aus der Tiefe‹ zuwächst.

Es gibt Menschen, die aus diesem Bewusstsein leben, die in solchen ›Tiefen‹ ein Stück zu Hause sind. Und die dann wohl in der Lage sind, auch andere auf dieser Ebene anzusprechen und zu erreichen. Und es ist durchaus vorstellbar, dass durch solche ›Tiefenbegegnungen‹ von dem, der die Tiefe ›atmet‹, in den andern hinein Impulse gegeben werden können, die dem andern gleichsam einen Lebensschub vermitteln, die ihn – auf bisher vielleicht verdeckter Ebene – anrühren, bewegen und zu etwas Neuem befähigen, die so also Lebendigkeit neu anstoßen, auf neues Wachsen und Wirken hin. Könnte nicht auch das hinter manchem ›Wunderbaren‹ stekken, das dann eigentlich gar nicht so ›wunderbar‹ wäre?

Und bei Jesus?

Was könnte sich in der Begegnung mit Jesus an ›Wunderbarem‹ ereignet haben? Es gibt in den Evangelien einen Hinweis darauf, der von Gegnern Jesu gegeben wird, der uns weiterhelfen kann; wir haben ihn in der Matthäus-Fassung schon einmal erwähnt; hier richten wir uns nach dem Markus-Evangelium. Auch bei Markus wird von den Pharisäern erzählt, die Jesus nachsagen, er sei »von Dämonen besessen«; er treibe Dämonen »durch den Anführer der Dämonen« aus (Mk 3,22). Der Text setzt an bei etwas offenbar unbestreitbar Gegebenem, das dann allerdings auf eigne Weise erklärt wird; auf das Gegebene kommt es hier an: Jesus ›treibe Dämonen aus‹.

Jesus heilt die ›Seele‹.

Ein sicher zunächst nicht sehr sympathischer Text; mit ›Dämonen‹ können wir ja nicht viel anfangen; aber auf die kommt es uns hier auch nicht an. Der Text sagt, dass Jesus unbestreitbar und unbestritten etwas bewirken konnte, was man damals als ›Austreibung von Dämonen‹ betrachtete. Wir haben schon einmal erwähnt, dass man zur Zeit Jesu bestimmte Krankheitsbilder als Wirkung von ›Dämonen‹ sah: Erscheinungen, die wir heute in den Bereich von psychischen Erkrankungen einordnen würden. Wenn von Jesus damals – unbestritten und unbestreitbar – gesagt wurde, er habe ›Dämonen ausgetrieben‹, dann müsste man nach heutigem Verständnis sagen: Er konnte ›Seelen heilen‹, oder auch: Er hatte ›psychotherapeutische Fähigkeiten‹, und zwar offenbar in einem hohen Maß. Denn von ›Dämonenaustreibungen‹ durch Jesus wird mehrfach erzählt; sie spielen besonders im Markus-Evangelium eine wichtige Rolle. Die Gegner Jesu erklären die Herkunft dieser Fähigkeiten aus der Verbindung Jesu mit dem ›Anführer der Dämonen‹. Jesus selbst ist sich dessen bewusst, dass er den so erkrankten Menschen von Gott her begegnet, ja, dass manche dieser Erkrankungen überhaupt nur aus einer personalen Beziehung zu Gott zu heilen sind (vgl. Mk 9,29: »Diese Art von Dämonen ist nur durch Gebet auszutreiben!«).

Hier hätten wir also einen in den Evangelien selbst angeführten Ansatz, der uns die Wirkung Jesu beim Volk erklären kann: Jesus als ›Psychotherapeut‹!

Natürlich ist Jesus nicht durch einen solchen – heutigen – Begriff zu umschreiben, der ja für uns einen ganz eindeutigen – weithin ›säkularen‹ – Inhalt hat. Jesus hat sich nicht als ›Heiler für seelische Leiden‹ gesehen, sondern als Gottgesandten: In seinem Erfülltsein von Gott lagen seine Stärke und seine Kraft. In dieser Kraft ist er Menschen – vor allem Kranke und ›Sünder‹ – angegangen, hat sich ihnen als von Gott her Starker angeboten, hat sie im Innersten getroffen und hat sie ›heil‹ gemacht. Durch die Zusage von Gottes erbarmender Zuwendung zu ihnen, aus einer Tiefen-Dimension heraus also, die kein Psychotherapeut in Anspruch nähme.

Ursprüngliche Erfahrungen

Erfüllt von Gott wirkt Jesus Wunder.

Den Geschichten von den ›Dämonenaustreibungen‹ käme also in den Evangelien eine ganz besondere Bedeutung zu: Weil in dem, was hier beschrieben und gemeint ist, am ehesten wieder zu finden ist, was das Erstaunliche an Jesus war, was die Menschen damals an Jesus überwältigt wahrnahmen, was sie als seine besondere ›Begabung‹ so berührte. Hier könnte eine Anfangs- oder Ursprungserfahrung liegen, von der alles spätere Erzählen von ›Wunderbarem‹ sich herleitet. Letztlich geht es hier um so etwas wie ein außergewöhnliches ›Erfülltsein‹ Jesu von Gott her – und um seine offenbar totale Bereitschaft, sich als Erfüllter den Menschen zuzuwenden und von dem, was in ihm war, zum Aufbau des andern weiterzuschenken. Was Jesus bestimmte, war seine enge Beziehung zu Gott, seinem ›Vater‹, seinem Ein und Alles – und die Orientierung, die Sicherheit, die Kraft zur Totalität, die daraus flossen. Das war es, was den andern, vor allem den ›Armen‹, anzog, aufhorchen ließ, ›erhob‹, aufbrach, weitete, befreite, gesund machte, ›heilte‹. Und dass er sich auf diese Weise so vielen zuwandte und sie beschenkte, das hat die Menschen erstaunt, berührt und begeistert. Das ließ sie sagen: ›Er hat alles gut gemacht!‹ Und sie konnten die Interpretation Jesu nachvollziehen, der ganz einfach zusagte: ›Die Herrschaft Gottes ist da!‹

Jesus ist sicher ein Mensch gewesen, der in seiner eignen ›Existenztiefe‹ zu Hause war. Ja, noch mehr: Er war sich dessen bewusst, in dieser seiner Tiefe die Begegnung mit dem Geheimnis Gottes suchen und finden zu können. Jesus wusste sich in seiner Tiefe an Gott gebunden, mit Gott verbunden, mit Gott sogar eins. Seine Menschlichkeit war gleichsam in ihren Wurzelspitzen geöffnet auf die Weite, die Fülle und die Mächtigkeit Gottes hin. Und das Bewusstsein von Weite, Fülle und Mächtigkeit aus Gott prägte ihn. Genau das gibt es auch heute noch in unserem Erfahrungsbereich: Manchmal begegnen wir Menschen, die nicht einfach von ›Menschlichkeit‹ geprägt sind, sondern spürbar von Verankertsein in einem tieferen Geheimnis. Man kann es doch wohl nachvollziehen, dass ein Mensch, der in der eignen Tiefe beheimatet ist und sich da der geglaubten Wirklichkeit Gott ›aufschließt‹, in einer ganz besonderen Weise stark ist und als stark erscheint. Wenn er anderen, ›Schwächeren‹ begegnet, wird er sie beeindrucken. Und es wird auch sein: Wenn sie sich ihm öffnen, wird er ihnen ein Stück seiner Stärke weitergeben können. Sie werden an ihm gesunder, freier, tapferer, froher. Und man kann sich auch vorstellen, dass das nicht nur in seelische Schichten hineinwirkt, sondern folgerichtig auch in körperliche, und dass so ein vorher körperlich kranker Mensch durch eine solche Begegnung von innen heraus körperlich gesunder wird. Die Begegnung mit dem Starken, der Lebensimpuls vom Stärkeren her, hätte geheilt. Ganz offensichtlich ist Jesus ein so ›Starker‹ gewesen, und von daher wäre seine Wirkung zu erklären.

Wunder als Zeichen der Gottesherrschaft

Jesus ist sich dessen bewusst gewesen, dass seine Stärke aus Gott kommt; dass durch sein Tun etwas aus dem Geheimnis Gott hineinströmen kann in die hier und jetzt gegebene Situation. Noch einmal: Er will nicht einfach ›Wunder wirken‹, sondern: *»Wenn ich durch den Finger Gottes Dämonen austreibe, dann ist die Herrschaft Gottes zu euch gekommen!«* (Lk 11,20). Man entdeckt in den Evangelien die Tendenz, die erstaunlichen Werke Jesu der Mächtigkeit Jesu zuzuschreiben und diese Mächtigkeit Jesu zu betonen. Jesus selbst aber hat das Wirksamwerden seiner Mächtigkeit nicht als Ziel, sondern als Zeichen gedeutet: für seine Nähe zu Gott und sein Erfülltsein durch Gott, für den Einbruch der Gotteswirklichkeit in Menschheit und Geschichte. Vielleicht spricht deswegen der Evangelist Johannes so betont von ›Zeichen‹ Jesu: Um den ursprünglichen, weiterführenden Hinweischarakter der Taten Jesu wieder deutlich herauszustellen. Denn es geht Jesus wohl darum, dass gewusst und erfahrbar wird: In seinem Tun kommt Gott zum Zuge. Insofern sind seine Taten, ist das, was aus ihm gleichsam hinausfließen konnte, Gottes Tat, Taten aus Gott, Taten aus der Weite, der Freiheit und der Fülle Gottes, Taten also auch, an denen Gottes Art, Gottes Weite, Freiheit und Fülle abzulesen sind.

RANDVOLL GEFÜLLTES MENSCHSEIN

Jesus schenkt gottgefülltes Leben.

Wie steht Jesus unter uns Menschen? Jesus – offen auf Existenztiefe hin und ›unter Gott‹. Ob das ›genügt‹, Jesus zu sehen als den, der in der Tiefe ›erfüllt‹ ist? Als den, der sich selbst total unter die Herrschaft Gottes stellte und der Gott ›atmete‹? Und in dem deswegen das Menschsein, die natürlichen Kräfte des Menschlichen von den Wurzeln her so zur Reife kommen konnten, wie sie bei einem Menschen nur zur Reife kommen können? Und dessen Gereiftsein unter Gott ihn stark gemacht hätte für die anderen, weniger starken Armen? Das bei einem ›wahren‹ – das heißt doch: wirklichen – Menschen immer begrenzte Maß wäre von Gott in höchstmöglicher Weise ›angefüllt‹ worden. Es wäre Menschenmaß, also unser Maß, geblieben, allerdings randvoll gefüllt: Jesus hätte ›randvoll gefülltes Menschsein‹ gelebt.

Jesus steht in dieser Sicht nicht einfach ›über‹ uns, sondern ist uns nah. Und dann dürften wir uns auch selbst als solche sehen, die vor Gott eine Chance haben: ähnlich ›erfüllt‹ zu werden. Schließlich sagt Jesus es den Seinen nach dem Johannes-Evangelium zu: *»Wer an mich glaubt, wird die Werke, die ich tue, auch selbst tun, und er wird Größere tun als diese!«* (14,12). Jesus aber wäre auch so immer noch der, in dem die Herrschaft Gottes ›total‹ angekommen ist – und der deswegen in seinem Reden und Tun die Nähe Gottes erfahrbar werden lassen kann – wir glauben sogar: so, wie niemand sonst.

›HERRSCHAFT GOTTES‹

In Jesus wird die ›Herrschaft Gottes‹ konkret.

Randvoll erfülltes Menschsein: Der Mensch, der so offen ist vor Gott und sich Gott so ergibt, dass ihn Gott ganz erfüllen kann. Ein Mensch, der sich gänzlich der Herrschaft Gottes als Herrschaftsbereich zur Verfügung gestellt hat und in den Gott gleichsam eingebrochen ist. In einem Menschen: Gott menschlich in der Welt. Das ist eigentlich das, was Gottesherrschaft meint und was als Anliegen Jesu auszumachen ist. Er hat von der Gottesherrschaft gesprochen, hat ihre Nähe angekündigt, er hat sich, sein Leben unter die Gottesherrschaft gestellt, er hat aus der Gottesherrschaft gelebt – und er ist damit zum Mittler der Gottesherrschaft geworden für die, denen er begegnet. Gottes Art wird ablesbar an ihm, und Gottes Wirkkraft fließt durch ihn in alle Bereiche des Menschlichen hinein, die sich öffnen. Und dadurch wird es da ›göttlich‹ gut.

Machen wir uns noch einmal einen Zug an der Gottesherrschaft klar, den wir schon betont haben. Gottesherrschaft ist in die Welt hineingesenkt wie ein Same, sogar wie das kleinste aller Samenkörner (vgl. Mk 4,30–32). Aber dieser Same hat Sprengkraft in sich. Jesus hat sich diesem Samen total zur Verfügung gestellt. In Jesus ist dieser Same zum ausfüllenden Inhalt und zur überspringenden Kraft geworden. Und so kann sich Gottesherrschaft ansteckend ausweiten von diesem Jesus her, über diesen Jesus hinaus – und zum »Baum« werden, »in dessen Schatten die Vögel des Himmels wohnen«. Nach langem Nachdenken über Jesus kann der Evangelist Johannes Jesus die Worte in den Mund legen: *»Ich bin der Weinstock, und ihr seid die Rebzweige!« »Bleibt in mir, dann bleibe ich in euch!«* (Joh 15,5f). Und: *»Wenn ihr in mir bleibt und wenn das, was ich euch gesagt habe, in euch bleibt, dann bittet, um was ihr wollt, und ihr werdet es erhalten! Dadurch, dass ihr Frucht bringt, wird mein Vater verherrlicht (kommt also Gott zum Zuge)!«* (15,7f). Hier wird Jesus als die Quelle göttlicher Lebenskraft verkündet. Die Lebenskraft selbst, der ›Geist‹ Gottes, bleibt göttlich. Aber dieser Jesus, der sich wie ein Mensch den Menschen angeboten hat, ist eben doch die Quelle. Gottes Herrschaft, Gottes ureigenste überquellende Lebendigkeit, Gottes andrängende, alles umfassende Liebesmacht – vermittelt durch diesen Jesus: So sehen es schon die Verkündiger der ersten christlichen Generationen.

IHR GLAUBEN

Die gläubige (Be-)Deutung des Lebens

Gottesherrschaft in und durch Jesus: Sie haben damals Geschichten aus ihrer Glaubensüberzeugung erzählt. Glauben aber heißt nicht einfach, sich etwas zusammenfantasieren. Glauben ist ein Überzeugtsein. Und dieses Überzeugtsein beginnt meistens – durch irgendetwas angestoßen – irgendwann ganz leise. Es wächst und reift bis zur subjektiven Sicherheit heran. Zum Glauben kommen, ist also ein Prozess. Das Stück geheimnisvolle Wirklichkeit, das man glaubend angeht, ist dabei wie ein Raum, dessen Tiefe sich erst öffnet und den man mehr und mehr ausschreitet – bis zur irgendwann gegebenen Sicherheit hin.

Glauben fing damals bei den Jüngerinnen und Jüngern wohl so an, dass sie von Jesus einfach fasziniert waren. Es ging ihnen ahnungsweise auf, dass Jesus ein Wichtiger sein müsse; das schlossen sie aus ihren Erfahrungen mit ihm. Als Israeliten rechneten sie mit Gott, mit Gottes Nähe und mit Gottes Handeln an seinem Volk. Jesus sahen sie in Beziehung zu Gott; Jesus könnte wirklich von Gott gesandt worden sein. Dann aber könnte er auch – nach der offenbaren Katastrophe – von Gott aus dem Tod gerettet, und dadurch von Gott bestätigt sein. Mit der ahnungsweisen Überzeugung, mit diesem ansatzhaften Glauben, haben sie dann horchend und weiterfragend gelebt. Sie haben das, was sich ihnen als Wirklichkeit – als vergangene Wirklichkeit mit dem leibhaft erfahrbaren Jesus und als gegenwärtige Wirklichkeit ohne seine fassbare Nähe – bot, gleichsam abgehorcht und hinterfragt – und dabei wohl immer wieder neue Erfahrungen gemacht, die ihnen anzeigten, dass sie mit ihrer Ahnung richtig liegen könnten. Ihre Erfahrungen bestätigten also das Bild von Wirklichkeit, das sie sich anfanghaft glaubend gemacht hatten. Und schließlich sind sie in ihrer Glaubensüberzeugung ganz sicher geworden. Sie rechnen jetzt felsenfest mit einer bestimmten Art von Wirklichkeit, zu der – in den wichtigsten Stichworten – Gott gehört als der Lebendige und Liebende, der dem Menschen nahe kommen will, und Jesus als der geistgesalbte Gesandte, als der Gott und den Menschen Nahe und aus Gott Wichtige und Mächtige. Ihre Interpretation hat also in erlebten Tatsachen ihr Fundament, den Wurzelgrund; sie hängt nicht in der Luft. Und sie haben wohl auch ihre Interpretationen und Glaubensüberzeugungen auf den Prüfstand ihrer Alltage gestellt, und sie hatten den Belastungen der Alltage offenbar standgehalten, hatten sich bewährt. Ihre Alltage hatten auf diese Weise das bestätigt, was sie als Glaubensüberzeugung gefunden hatten. So sind dann ihre Mitteilungen über die Worte und Taten Jesu auch Hinweise darauf, dass sich mit diesen Worten und Taten Jesu, mit Jesus also, mit der aus dem Jesusereignis gewonnenen Lebensvorstellung, mit diesem Wirklichkeitsbild und mit der Kraft, die es vermittelt, leben lässt, dass es sich damit sogar besser, freier, stärker, froher leben lässt.

6. DIE HERAUS-FORDERUNGEN JESU

›GERECHTIGKEIT‹

Jesus war Jude – durch und durch; er wollte nie etwas anderes sein. Für einen Juden seiner Zeit sind die höchsten Werte, weil sie auf Gott verweisen, der Tempel und das Gesetz. Der Tempel als die Möglichkeit, Gott ›handfest‹ zu begegnen, Gott um eine ›greifbare‹ Mitte herum zu feiern, auf Gott hin etwas Konkretes zu tun. Und das Gesetz, die ›Tora‹, weil man hier auf Gottes Willen trifft, der Quelle und Garant für alle menschliche Lebensordnung ist.

Jesus und das ›Gesetz‹

Zu beiden Werten hat Jesus gehalten. Den Tempel hat er als das *›Haus‹* seines *›Vaters‹* gesehen (vgl. Joh 2,16) und versucht, ihm wieder die Geltung eines *›Hauses des Gebetes‹* zu verschaffen (Mt 21,15 par). Und vom Gesetz sagt er, er sei nicht gekommen, es *›aufzuheben‹*, sondern um es zu *›erfüllen‹* (Mt 5,17). Und trotzdem – oder gerade deswegen – gerät Jesus mit den bestimmenden Kräften seines Volkes in Konflikt, weil sie sein Reden und Tun als Angriffe auf Tempel und Gesetz empfinden.

Was hat Jesus von den Menschen seiner Umgebung, seines Volkes erwartet? Was hat ihn gestört? Was wollte er ändern, was positiv erreichen? Jesus hat offenbar jede Routine gestört, jeder Rückzug des Menschen auf bloß äußerliches Tun: auf die ›richtige‹ Erledigung einer ›Sache‹ – ohne die beteiligte Person wahrzunehmen; auf den ›ordnungsgemäßen‹ Vollzug eines Ritus – ohne innere Beziehung zum eigentlichen Adressaten, Gott; und auf das messbare, genaue Einhalten einer Gesetzesbestimmung – ohne im Gesetz den Anruf Gottes zu vernehmen.

Immer ist ja der Mensch – und vielleicht gerade der religiöse Mensch – in der Gefahr, sich auf Kontrollierbares, Vorzeigbares zurückzuziehen. Es erscheint immer als gut, wenn man etwas in der Hand hat, auch vor Gott: ein geschenktes Opfer oder ein gehaltenes Gebot. Auf diese Weise ›schützt‹ man sich vor Gott: Gott kann einem nichts anhaben. Gott selbst muss ja ›zugestehen‹: Man hat etwas getan auf ihn hin. Man tut sogar alles, was gefordert ist, was gleichsam auf der Liste steht, und sogar noch Kleinigkeiten darüber hinaus, wie es ein Pharisäer im Lukas-Evangelium hervorhebt (18,9–14). Hier verteidigt sich jemand vor Gott; so, als ob Gott ein Buchhalter wäre, bei dem man einmal abrechnen muss: Gott gibt – und der Mensch gibt – und dann ist man ›quitt‹. Die Waage ist im Gleichgewicht. Das ist dann unantastbare, unbestreitbare ›Gerechtigkeit‹. Matthäus lässt Jesus an zentraler Stelle der Bergpredigt sagen: *›Wenn eure*

Gerechtigkeit nicht größer ist als die der Schriftgelehrten und Pharisäer, dann habt ihr mit der Herrschaft Gottes nichts am Hut!‹ (vgl. Mt 5,20).

›GRÖSSERE GERECHTIGKEIT‹

Lebendige Erfüllung des Gesetzes

Der große Anruf Jesu, seine Herausforderung, das, was er hineinschenkt in sein Volk und in die Menschheitsgeschichte, ist die Botschaft davon, dass Gott kommt. Und dass Gott in einer bestimmten Art und Weise kommt: Gott kommt nicht als der große Ab-Rechner. Gott kommt mit ›Herz‹. Gott will begegnen. Gott will den Menschen finden.

Und deswegen erwartet und fordert Jesus unter der hereinbrechenden Herrschaft Gottes den Aufbruch des Menschen auf eine neue Lebendigkeit. Der Mensch muss sich – vor dem ›Herzen‹ Gottes – im ›Herzen‹ berühren lassen: Von Gott, aber auch vom Mitmenschen, und zwar von jedem, der ihm als Herausforderung begegnet. Jesus fordert – das zeigt die ›Bergpredigt‹ des Evangelisten Matthäus (Mt 5–7) – eine Personalisierung des Handelns und eine Dynamisierung. – Was heißt das?

›PERSONALISIERUNG‹

›Ich‹ und ›Du‹ begegnen sich.

Personalisierung des Handelns bedeutet: Das Entscheidende für den Menschen und sein Tun sind nicht Sachleistungen (ein ›Opfer‹, das ›Halten eines Gebotes‹, der Vollzug eines Ritus). Das Entscheidende für den Menschen ist die Begegnung: Die Begegnung des Menschen mit dem Du Gottes und die Begegnung mit dem Mitmenschen als Person, als Du. Das ist doch das Eigentliche am Menschen, dass er personal – und das heißt in letzter Zuspitzung, angerufen und zum Antworten fähig – leben und handeln kann – und daher auch so handeln muss. Er muss sich in seiner Personmitte berühren lassen. Er muss den, der ihm begegnet, ›mit dem Herzen‹ sehen und dann auch gleichsam von seinem Innersten her erreichen wollen: Mit dem, was er wirklich ist. Es geht nicht darum, dem andern ›etwas‹ in die Finger zu drücken – weder Gott, noch dem ›Nächsten‹ –, sondern der Mensch hat sich selbst zur Verfügung zu stellen. Er hat vor Gott zu erhorchen: Gott, was erwartest du von mir? Und er hat das Gleiche zu erhorchen vor dem Menschen, der ihn ›an-geht‹. Nicht verschanzen also hinter einer Sache, sondern Begegnung von Person zu Person, vom Ich zum Du.

›DYNAMISIERUNG‹

›Ich‹ bleibe auf dem Weg zum ›Du‹.

Und damit ist dann auch die Dynamisierung des Handelns, ja, des ganzen Menschseins gegeben. Der andere, dem ich begegne – sicher natürlich Gott, aber ebenso sicher auch das ›Ebenbild‹ Gottes, der Mensch –, hat seine unauslotbare Tiefe. Wenn ich mich auf sie einlasse, komme ich nie an ein Ende. Und deswegen bin und bleibe ich immer wieder neu herausgerufen und gefordert, von Gott und vom Menschen. Ich habe nie genug getan. Ich habe nie mein Soll erfüllt. Ich habe nie alles gegeben, was der andere ›braucht‹. Es tun sich immer wieder neue Türen vor mir auf, aus denen mich der andere – und letztlich in ihm Gott – anschaut und einlädt einzutreten, einen neuen Schritt zu wagen, mich auf das tiefere Geheimnis einzulassen. Und so versuche ich schließlich ständig neu der Herausforderung zu entsprechen, in Gott zu einer befreiten Weite zu finden. Alle Beispiele, die Jesus nach der ›Bergpredigt‹ des Matthäus anführt (bes. Mt 5,21–6,18), zeigen in diese Richtung: Es geht um Überwindung des ›Geforderten‹ und ›Genügenden‹ und um das Wagnis der Begegnung. Das Wachsen-Wollen wird zur entscheidenden Anstrengung und Chance.

WACHSEN AUF GOTT HIN

Liebe bestimmt das Menschsein.

Das also wäre so etwas wie ›größere Gerechtigkeit‹. Das wäre das, was Paulus meint, wenn er auffordert: »Überwinde das Böse durch das Gute!« (Röm 12,21). Hier käme es nicht mehr darauf an, dass ›Gerechtigkeit‹ im Sinn von Ausgewogenheit hergestellt wird, dass die ›Waage‹ also ins Gleichgewicht kommt. Sondern hier kommt es darauf an, dass die Entschiedenheit zur Liebe darüber hinaus geht, dass die ›Waage‹ also ins Ungleichgewicht gerät: Dass die Liebe den Ausschlag gibt und dass auf diese Art und Weise durch das Übergewicht der Liebe die Spirale des Bösen durchbrochen und umgekehrt wird. Nicht mehr das Böse soll sich aufschaukeln können in der Menschenwelt, sondern nach und nach soll das Gute die Oberhand bekommen und das Menschsein bestimmen. Damit Menschsein immer mehr von dem geprägt wird, auf das hin es ausgerichtet ist und bleibt: die Herrschaft Gottes.

ARMUT

›Arme‹ sind offen für Gottes Geschenk: Sein Kommen.

Den Beginn der ›Bergpredigt‹ nach Matthäus bilden die so genannten ›Seligpreisungen‹ (eine etwas unglückliche Bezeichnung für eine wesentliche Sache). Jesus spricht hier Menschen an – auf einem *›Berg‹*, im Kreis der *›Jünger‹* und umgeben von den *›vielen Menschen‹* (vgl. Mt 5,1) – wie ein neuer Mose, der Israel die ›Zehn Weisungen‹, das Gesetz, die Tora, gleichsam als Vertragstext zum Bundesschluss Gottes mit seinem Volk vermittelt hatte; Jesus wird in ähnlicher Weise in Szene gesetzt. Und gleich zu Beginn macht Jesus deutlich, an wen er sich wendet, wen er mit seiner Botschaft meint. In der ersten Anrede schon wird eigentlich alles klar: *»In Gott sind glücklich, dürfen aufatmen alle die, die der Gesinnung nach* arm *sind! Denn ihnen gehört jetzt schon Gottes Nähe: Gott ist für sie da!«* (vgl. Mt 5,3). Jesu Botschaft von der andrängenden Nähe Gottes richtet sich an die ›Armen‹. An die also, denen bewusst ist, dass sie angewiesen sind. An die also, die deswegen immer noch suchen, Ausschau halten, fragen, offen sind, Sehnsucht haben, etwas erwarten. An die, die nicht genug haben an sich selbst, die sich nicht zufrieden geben mit dem, was sie sind und haben und können. An die, die nicht bei ihrem Reichtum und ihren Fähigkeiten und ihrem Ansehen stehen bleiben, sondern sich nach Wesentlicherem ausstrecken. An die, die nicht sorglos und rücksichtslos in den Tag hineinleben, sondern die wissen – und entsprechend handeln –, dass sie letztlich nur leben können aus dem, was täglich neu auf sie zukommt: Und zwar aus Dimensionen, aus Tiefen, die nicht durch eigne Anstrengung zu erreichen sind, sondern die zur Verfügung stehen aus einem Wirklichkeitsbereich heraus, der die Erde übersteigt und der einzig und allein dem ›Hunger‹ des Menschen entsprechen kann. Armut wird von Jesus gepriesen, weil sie den Menschen öffnen kann. Sie kann ihm seine eigentliche Situation vor Augen führen, kann ihn dazu bringen, diese seine Situation zu erkennen und anzunehmen – um dann von Gott her das zu erwarten, was ihn im Innersten ›reich‹ machen kann: dass Gott komme!

›SEID TOTAL!‹

Das Leben ganz leben!

Das also ist die Grundthese Jesu: Gott will kommen, und er ist eigentlich schon da! Und deswegen soll der Mensch aufhorchen und Gott entgegengehen. In seiner ganzen Armut. Nicht also unbedingt mit großen Sprüngen, sondern mit kleinen Schritten – zunächst auf ›Gerechtigkeit‹ hin – ›Gerechtigkeit‹ bleibt die Grundlage, das selbstverständlich Vorausgesetzte, – aber schließlich auch auf ›größere Gerechtigkeit‹ hin. Eins der gewaltigsten Worte der ›Bergpredigt‹ nach Mattäus ist diese unscheinbare Aufforderung, die aber alle Sprengkraft besitzt: *»Seid total – wie auch euer himmlischer Vater total ist!«* (Mt 5,48). Das heißt: Bemüht euch um Ganzheit. Lebt euer Leben mit ›geballter Kraft‹ – und nicht mit halbem Herzen. Wagt – nicht irgendetwas, sondern euch selbst. Wagt das deswegen, weil auch Gott nicht halb ist, sondern ganz; wäre er sonst Gott? – Eine Botschaft, die lebenslang Herausforderung bleibt.

HERAUSFORDERUNG

Mit Gott das Leben wagen.

Was ›Herausforderung‹ meint, kann an einem Beispiel verdeutlicht werden. Eins der meistzitierten Worte der ›Bergpredigt‹ ist der wegen seiner scheinbar unmöglichen Härte oft lächerlich gemachte Satz: *»Wenn dich einer auf die rechte Backe schlägt, dann halte ihm auch die andere hin!«* (Mt 5,39). Dieser Satz ist eine Herausforderung. Er ist kein ›Gebot‹. Ein Gebot ist eine Art Grenzstein an einem Weg; wer diese Begrenzung nicht beachtet, kommt vom Weg ab, geht in die Irre, stürzt ab oder Ähnliches. Bei der Herausforderung ist es so, als stünde einer am Ende eines Weges, am Ziel, und blickte mir entgegen, der ich noch am Anfang bin. Und der am Ziel ruft mir zu: ›Komm! Wag es! Hab keine Angst! Mach einen Schritt!‹ Er traut mir den Schritt zu. Er traut mir sogar den ganzen Weg zu. Aber er überlässt mir die Entscheidung, und er überlässt mir das Maß meiner Schritte. Er weist mich hin auf das Ziel, und er macht mir auch klar, wie der Weg dahin verläuft. Aber das Gehen überlässt er mir. Und er ist zufrieden, wenn ich mich auf das Ziel hin in Bewegung setze – und sei es auch nur mit kleinen Schritten. Traurig wäre er, wenn ich aus Bequemlichkeit oder aus Angst stehen bliebe und mich mit meiner Ausgangsposition zufrieden gäbe. – Eine solche Herausforderung ist etwas wie ein Anruf an mich, ein persönliches Angesprochenwerden – durch ein Du, das mich liebt und mir etwas zutraut –, auf das ich dann auch sehr persönlich zu antworten hätte, so, wie es mir entspricht.

Sich von Gott ins Leben locken lassen.

Ein Gebot steht wie eine Sache vor mir, die es zu erledigen gilt. Bei der Herausforderung sehe ich dem, der mich anruft, gleichsam in die Augen. Ich kann mich vor ihm verschließen. Ich kann ihm auch die Not meiner Bequemlichkeit und meiner Angst sagen. Ich entspreche ihm, wenn ich – vielleicht immer noch voll Angst, und dennoch mit Zuversicht – beginne zu gehen. Dem Gebot entspreche ich, wenn ich es einhalte. Der Herausforderung entspreche ich, wenn ich den Mut aufbringe, auf die Zielvorgabe hin zu wachsen.

Der Jesus der Bergpredigt stellt hohe Ansprüche und zeigt ein erstaunliches Ziel. Wann wird – für mich und in der Menschheit – eine solche Verhaltensweise selbstverständlich sein, wie er sie uns in diesem eben zitierten Satz zumutet? Ob ich das Ziel erreiche, hängt davon ab, ob ich den Anruf weiterhin vernehme und wie weit ich das Wachsen wage. Und die Menschheit? Sie setzt sich aus unzähligen Ichs zusammen. Menschheit als Gemeinschaft im Wachsen – auf die Überwindung des Bösen durch das Gute hin: Weil am Ende der Gott des Lebens und der Liebe steht, der uns in Jesus ruft. Wäre das für mich, für die Welt eine Botschaft?

7. DIE ENTSCHEIDUNG JESU

DIE ›LEIDENSGESCHICHTE‹

Jesu Tod am Kreuz – eine Katastrophe ...

Das, was in den Evangelien zu Leiden und Sterben Jesu erzählt wird, gehört zum ältesten und wichtigsten Bestandteil der christlichen Verkündigung überhaupt. Die ›Leidensgeschichte‹ am Ende der Evangelien hat in allen Evangelien einen ziemlichen Umfang; das Markus-Evangelium hat man geradezu eine ›Leidensgeschichte mit einem Vorwort‹ genannt. Verhaftung, Hinrichtung und Scheitern Jesu waren für die junge Kirche das Ereignis schlechthin, das es zu verarbeiten galt.

Das öffentliche Wirken Jesu, was er gesagt und getan hatte, war für die, die sich ansprechen ließen, manchmal provozierend gewesen, und sie hatten vieles nicht verstanden. Als Ganzes aber konnte es auch faszinieren. Die Hinrichtung Jesu hatte sie schockiert. Das hatten sie nie für möglich gehalten, dass ihr Jesus – mit seiner ›Sache‹ – so enden könnte. Und jetzt war er gescheitert. Erst im Nachhinein erkennen sie allmählich, dass sein Sterben im Grunde auf der Linie seines Lebens lag, dass es zu ihm, seinem Auftrag, seiner Botschaft und seinem Einsatz ›passte‹. Sie entdecken ahnungsweise so etwas wie ›Sinn‹ in dem Todesgeschehen. Und mit diesem ›Sinn‹ vor Augen wird dann die Geschichte erzählt.

... die unterschiedlich gedeutet wird.

Daraus ergibt sich auch wieder für die Erzählungen der ›Leidensgeschichte‹, dass hier Geschichte nicht einfach weitererzählt, sondern interpretiert, Wirklichkeit also ›eingefärbt‹ dargeboten wird. Und man kann auch wieder die ganz unterschiedlichen Akzentsetzungen erkennen, zum Beispiel in der Art und Weise, wie die einzelnen Evangelien vom Sterben Jesu erzählen. Zudem hat man den Eindruck, dass mit größerem zeitlichen Abstand die Hintergründe der Ereignisse immer mehr ›vereinfacht‹ dargestellt werden, vergröbert, pauschaliert, und zwar ohne große Rücksicht auf das ursprünglich Historische. Das sieht man daran zum Beispiel, wie über die jüdischen Instanzen gesprochen wird, vor denen die Sache Jesu verhandelt wurde. Markus schreibt in einem heidenchristlichen Milieu, in dem das Jüdische nicht so vertraut ist. Hier wird nicht allzu sauber differenziert. Das Matthäus-Evangelium, hinter dem ein tiefgläubiger Jude zu stehen scheint, spricht enttäuscht und verwundet davon, dass seine Glaubensgenossen Jesus abgelehnt haben. Deswegen wird hier mit den ›Pharisäern‹ so scharf ins Gericht gegangen, die zur Zeit des Matthäus die einzige noch relevante jüdische Gruppierung waren. Johannes schließlich spricht ganz global von ›den Juden‹ – und sein ganzes Evangelium zeichnet eine Art Prozess gegen sie, und dabei kommt der Römer Pilatus offenbar unverdientermaßen viel zu gut weg. – All diese

Dinge müssen wir im Bewusstsein behalten, damit wir nicht allzu schnell Geschichte und Interpretation verwechseln. Trotzdem wollen wir versuchen, ein wenig an das Geschichtliche heranzukommen.

DIE WIRKUNGEN DER TÄTIGKEIT JESU

Zurück zur Geschichte Jesu: Wie kommt es zum Konflikt? Jesus wirkt hauptsächlich im palästinensischen Landesteil Galiläa, von Judäa mit der Hauptstadt Jerusalem aus betrachtet also in der ›Provinz‹. Er zieht wie ein von Gott getriebener Rufer von Ort zu Ort, offenbar ohne Systematik, und wird aktiv bei ganz unterschiedlichen Gelegenheiten und auf ganz unterschiedliche Weisen. Er spricht von Gott, der ankommen möchte und der vom Menschen die entsprechende Offenheit erwartet.

Ambivalente Reaktionen auf Jesus

Dabei hat Jesus sicher Aufsehen erregt. Es hat Aufhorchen, Neugier und Zusammenlaufen um ihn gegeben. Und die Menschen waren sicher beeindruckt. Was er sagte, war verständlich, zupackend, treffend. Manchmal klang es neu, aber einleuchtend, herausfordernd, befreiend. Er gab sich unverkrampft, offen, einfach, eindeutig, ›total‹. Er ging auf die Menschen zu, Schranken einfach überspringend und ›erfüllt‹. Was er sagte und tat, war unkompliziert, eigentlich immer auch selbstverständlich, deswegen entwaffnend, aufbrechend, heilend. Er trat auf und wurde von vielen angesehen als ›Mann Gottes‹, der den Ernst Gottes verkörperte, Gottes Alleinigkeit, Einzigartigkeit, Anspruch, Gottes alles fordernde und alles schenkende Großzügigkeit. Und eben die neue Nähe dieses Gottes, erschreckend vielleicht, aber doch eher noch beglückend. – So einen Menschen hatten seine Zeitgenossen noch nie erlebt. So einen hatte es in Israel schon lange nicht mehr gegeben. Johannes der Täufer höchstens kam in Erinnerung; Jesus wurde von einigen als ›auferweckter Täufer‹ angesehen. Andere hielten ihn für Elija, den Propheten, oder für einen anderen Propheten, einen Gottgesandten mit einem besonderen Auftrag (Mk 8,27f).

Aber es gab wohl auch Reibungspunkte, Anstößiges, Unverstandenes. Viele Begegnungen mit Jesus verliefen ja punktuell-oberflächlich; es blieb gar nicht die ›Zeit‹ zum besseren Kennen lernen. Dazu war Jesus sicher nicht immer ›angenehm‹ für jeden anderen. Als ein ›Totaler‹ stieß er die ›Halben aus Überzeugung‹ ab. Und seine Botschaft will den Kern des Menschen erreichen; sie muss über bloß gefühlsmäßiges Berührtsein hinaus in tiefere Seinsschichten eindringen. Und dazu braucht es Fragen, Erprobung, Krisen, um Wurzeln schlagen zu können. Es braucht Erkenntnis und Entscheidung, und all das muss oft vertieft und aufgefrischt werden. Da geht es um Wachstumsprozesse, die einfach Raum brauchen.

Das aber war bei der täglich-alltäglichen Zuhörerschaft Jesu in so kurzer Zeit kaum zu erreichen. So ist das Wirken Jesu in Galiläa – aufs Ganze gesehen – eher ›Misserfolg‹ als ›Erfolg‹. Deswegen wendet sich Jesus zuletzt fast nur noch an seinen Jüngerkreis. Er ist sich aber wohl dessen bewusst, dass eine Entscheidung von ganz Israel herbeigeführt werden muss – und dass sie nur in Jerusalem gefällt werden kann.

Vielleicht kann man sich die Wirkung Jesu auf die unterschiedlichen Volksgruppen Israels noch etwas differenzierter ausmalen, ausgehend von den Gruppen, die schon einmal erwähnt worden sind. Das wird natürlich in gewissem Maß immer noch pauschal gesagt bleiben müssen, aber es werden doch wohl Tendenzen erkennbar. Versuchen wir es einfach.

Das Volk

Der Hang zum Alten erstickt anfängliche Begeisterung.

Das Volk in Galiläa war über Jesus anfänglich sicher überrascht. Es horchte auf, skeptisch vielleicht zuerst, aber auch erwartungsvoll und aufnahmebereit. Es war berührt und manche waren sogar begeistert, regelrecht getroffen – sie konnten ja sogar ›heil‹ werden daran. Etliche erkannten, dass ihr Leben neu gefordert war, und rechneten mit einem Aufbruch. Nach und nach aber wurden viele auch wieder müde. Sie fragten sich nach den Konsequenzen der Botschaft Jesu und maßen ihn an ihrem bisherigen Leben und an ihren bleibenden Lebensmöglichkeiten: Passt der zu uns? Passt der zu unserer Alltäglichkeit? Sie fühlten sich sicher herausgefordert, und oft möchte man dem auch spontan nachgeben. Aber auf Dauer kann es auch zur Überforderung kommen, und dann kehrt man in die Alltäglichkeit zurück und wird ganz schnell wieder vom ›Alten‹, Bisherigen eingeholt und gefangen. Man resigniert vor dem höheren Anspruch, vor der geforderten Dynamik. Schnelle ›Erfolge‹ waren zudem nicht unbedingt in Sicht, und der Einsatz erschien doch auch als hoch. ›Herrschaft Gottes‹? Wenn die ›nur‹ erst ist wie ein ›Same‹ oder wie ein Stück ›Sauerteig‹ (vgl. Mk 4,30–32 par; Mt 13,33 par)? Es müsste schon etwas Großartiges und etwas schnell Mögliches sein, wenn man sich denn bewegen und auf einen neuen Weg machen sollte, obwohl allzu Gewaltiges auch wieder abschrecken könnte. Das Maß der Mitte zu treffen – und dabei den neuen Ansatz nicht zu verraten –, ist schwierig. Anfängliches Angerührtsein verebbt schnell in Resignation.

Die ›Frommen‹, Die Pharisäer

Streit um die richtige Auslegung der Tora

Sie waren wahrscheinlich die, die sich am ehesten von Jesus ›gemeint‹ und herausgefordert fühlten. Und bei ihnen gab es sicher sehr unterschiedliche Reaktionen auf Jesus – von Zustimmung bis zur Ablehnung. Eigentlich steht Jesus ihnen sehr nah – von der Offenheit vor Gott her und vom Getroffensein von Gott. Problematisch sind für sie wohl besonders zwei Eigenheiten Jesu: Einmal die Art und Weise, wie er mit dem ›Gesetz‹, der Tora, umgeht. Das trifft sie besonders beim Sabbatgebot, an dessen Einhaltung oder Nichtbeachtung ja das Stehen zu Gott ›öffentlich‹ wird, kontrollierbar, einforderbar. Jesus setzte sich über dieses Gesetz hinweg, wenn es die Situation erforderte. *»Der Sabbat ist für den Menschen da, nicht der Mensch für den Sabbat!«* (Mk 2,27 par), sagt er. Und als er empörten Einspruch erfährt, sogar: *»Der Menschensohn ist Herr über den Sabbat!«* (Mk 2,28 par), und das heißt doch: Er selbst ist es, der das Sabbatgebot interpretieren, der die ›Ausführungsbestimmungen‹ zum Sabbatgebot festsetzen kann. Dass er dabei nur das Sabbatgebot – wie alle anderen Gebote auch – auf seinen Sinn hin hinterfragt und es von daher legitimiert und verstanden wissen will, erkennen sie offenbar nicht. – Das andere, das die Pharisäer an Jesus aufgebracht hat, ist wohl die Art und Weise, in der Jesus sich mit ›Sündern‹ befasste, das heißt, mit Leuten, die daneben lagen, die auf die schiefe Bahn geraten waren und jetzt kein Zurück mehr fanden. Das waren die Abgeschriebenen, die Schlecht-Angesehenen, die Verachteten, die bloß noch Ertragenen, die Ausgestoßenen, mit denen man sich eigentlich nicht mehr abgeben durfte, denn: ›Sage mir, mit wem du umgehst, und ich sage dir, wer du bist!‹, hat es wohl auch schon damals geheißen. Wenn dieser Jesus mit Zöllnern und Sündern feiert (Mk 2,16 par), wenn Zöllner und Dirnen ›an ihn glauben‹ – und ›Frömmere‹ das eben nicht ohne weiteres können (Mt 21,32) – dann wird er auch wohl seiner Gesinnung nach zu ihnen passen! Und wenn er auch noch ›Dämonen austreibt‹ – dann wird er das niemals tun können in der Kraft Gottes; dann kann das nur geschehen durch die Hilfe des *»Obersten von allen Dämonen«* (Mk 3,22 par). Das ist das Urteil zumindest einiger Pharisäer (einer Mehrheit?) über Jesus. Das eigentlich Tragische: Was sie an Jesus auszusetzen haben, liegt eindeutig auf einer religiösen Ebene – und das ist doch gerade die Ebene, auf der Jesus sie erreichen will.

Die Herodianer

Argwöhnische Blicke auf Jesus.

Sie sind Sympathisanten von Herodes Antipas, einem Sohn des ›großen‹ Königs Herodes. Die Römer hatten Herodes Antipas nur zum Fürsten gemacht und ihn über Galiläa eingesetzt. Er war also Jesu ›Landesvater‹. Johannes der Täufer hatte Herodes Antipas angegriffen – und hatte damit den kleinen Thron des Fürsten gefährdet. Johannes war deswegen beseitigt worden (Mk 6,17–29). Jesus war im Gefolge des Täufers gewesen, in etwa sein ›Nachfolger‹. Würde auch er so ein ›Ruhestörer‹ sein, eine Gefahr für die vielleicht doch noch erreichbare Königskrone für Herodes Antipas? Sicher beobachten die ›Herodianer‹ Jesus in Galiläa argwöhnisch. Und ihre Beweggründe sind dabei rein politischer Natur.

Die Sadduzäer

Der ›Priesteradel‹ von Jerusalem hat sicher zunächst von Jesus nur ›aus der Ferne‹ gehört. Sie leben in Jerusalem, Jesus in der Provinz, weit vom Schuss. Sie bilden im Hohen Rat, der staatstragenden, also auch politi-

Jesus im Visier der religiösen Macht

schen Instanz – in Abhängigkeit allerdings von der römischen Besatzungsmacht – die ausschlaggebende Gruppe. Als Priesterschaft sind sie verantwortlich für den Tempel, der nicht nur religiöses, sondern immer auch politisches Zentrum Israels war – und deswegen von den Römern besonders aufmerksam beobachtet wurde; was hier geschah, konnte leicht zum Flächenbrand werden. Ihrer religiösen Einstellung nach waren die Sadduzäer konservativ, auf die althergebrachte Ordnung bedacht. Ihre konkrete Sorge galt der ordentlichen Durchführung des Tempelbetriebes. Politisch ging es ihnen darum, wenigstens den ›status quo‹ zu erhalten, den augenblicklichen Zustand, so unangenehm der auch war. Eine Änderung anzustreben, würde das Bestehen des Reststaates nur gefährden. Im religiösen Bereich sind sie immer bedroht gewesen von der Gefahr der Routine, der Veräußerlichung; im politischen von der Gefahr der Kollaboration, der Anbiederung und Unterwerfung; allerdings werden sie mit ihrer Intelligenz und ihrem Geschick den Römern auch einiges zu schlukken geboten haben. – Mit Jesus kamen sie wahrscheinlich zunächst kaum in Berührung. Vielleicht haben sie von Jerusalem aus nach Galiläa einmal Beobachter geschickt (Mk 7,1 par). Aber in der Provinz können sie an Jesus nichts anderes auszusetzen finden als die Konservativen unter den Pharisäern. Erst als Jesus nach Jerusalem kommt, werden sie aufmerksamer. Nicht nur, dass er den Tempelbetrieb durcheinander wirbelt – und damit erheblich ihre Aufsichtspflicht und Verantwortung anmahnt (Mk 11,15–19 par.). Er spricht auch von der drohenden Zerstörung des Tempels (Mk 13,1–4 par) und soll sogar gesagt haben, dass er selbst diesen Tempel niederreißen und augenblicklich durch einen anderen, nicht von Händen gemachten Tempel ersetzen könne (Mk 14,58 par) – wenn auch ein solch geheimnisvolles Wort nicht unbedingt leicht zu verstehen ist (vgl. Joh 2,19–22). Gerade der Eingriff Jesu in die Tempelordnung zeigte ihnen ein Stück der ›Gefährlichkeit‹ Jesu: Wie einfach kann daraus ein Tumult entstehen. Die nahen Römer werden aufmerksam, und dann geht es von denen her ›zur Sache‹, und das heißt: Die machen kurzen Prozess. Und zum Schluss ist der Hohe Rat der Überrollte, und das ganze Volk bekommt die römische Knute noch härter zu spüren. – Wenn die Sadduzäer also mindestens zurückhaltend gegenüber Jesus sind, dann aus unterschiedlichen Gründen: aus religiösen Gründen, die durch die Relativierung des Tempels durch Jesus gegeben sind; aber auch aus politischen Gründen, weil er Unruhe stiften und den mühsam erhaltenen Frieden gefährden könnte.

Das Ergebnis

Jesus zwischen Annahme und Ablehnung

Die Tätigkeit Jesu in Galiläa wird ›vor Ort‹ sicher nicht nur registriert worden sein, sondern Wellen geschlagen haben. Jesus ist stürmisch gefeiert worden, aber er hat auch Anstoß erregt. Auf Dauer jedoch konnte seine Tätigkeit für Galiläa kaum eine umstürzende Bedeutung haben: Dazu wurde sie im Volk letztlich zu wenig beteiligt aufgenommen. Anderseits wurde das, was er erzählte und tat, auch nicht als so eindeutig abwegig empfunden, dass Verantwortliche es um jeden Preis hätten unterbinden müssen. Es hatte in Israel immer einen weiten Interpretationsrahmen für religiöse Fragen gegeben. Und ›Propheten‹ waren in alter Zeit auch nicht zimperlich und unkritisch mit Volk und Instanzen umgegangen. Und so hätte auch Jesus als – umstrittener, aber nicht unmöglicher – Lehrer weiter wirken können. Wenn er es nicht selbst anders gewollt hätte. Er selbst spitzt die Situation zu. Er widmet sich intensiv seinem Jünger-Kreis und beschließt seinen Entscheidungsgang nach Jerusalem.

JESU GANG NACH JERUSALEM

Jesus sucht die Entscheidung in Jerusalem.

Die synoptischen Evangelien berichten von nur einem Gang Jesu nach Jerusalem, und damit halten sie sich an eine ›logische‹ Ordnung, wohl nicht an die historischen Tatsachen. Das Johannes-Evangelium weiß von mehreren Reisen Jesu in die Hauptstadt, und das waren meist Pilgerzüge zu hohen jüdischen Festen. In jedem Fall ist der letzte Zug Jesu der entscheidende. Der nähere Anlass zu diesem Gang etwa im Jahr 30 n. Chr. war ebenfalls ein Fest: das Pascha-Fest. Der eigentliche innere Grund ist aber wohl die Tatsache gewesen, dass Jesus seine Botschaft und sein Wirken nicht ›in der Provinz‹ lassen konnte, sondern sie ans ›Herz‹ Israels herantragen musste. Dass das ein riskantes Unternehmen werden sollte, ahnte wohl jeder. Als Jesus seine Jünger zu diesem Gang einlädt, sind sie verwundert, haben Angst und gehen schließlich widerstrebend mit, »um mit ihm zu sterben« (Joh 11,7–16).

Was hat Jesus selbst in Jerusalem erwartet? Was konnte er erwarten? Hat er sich Hoffnung gemacht, dass er sein Volk doch noch erreiche? Wäre eine solche Hoffnung realistisch gewesen? Oder ist er in Todesahnung gegangen, vielleicht in Todesverachtung? Offenbar hat er sich wenig Hoffnungen gemacht – und ist dann in Todesahnung, aber auch in Todesbereitschaft gegangen – und im Vertrauen auf seinen Gott, um dessen ›Sache‹ willen er sich geschickt wusste. In den Evangelien finden sich mehrfach so genannte ›Leidensweissagungen‹ Jesu, Sätze, mit denen er ankündigt, dass in Jerusalem *›der Menschensohn‹ ›ausgeliefert, zum Tod verurteilt, den Heiden übergeben‹* werde, die ihn *›verspotten, anspukken, auspeitschen und töten‹* würden; nach drei Tagen aber werde er *›auferweckt‹* (vgl. Mk 10,32–34 par). Solche bis in die Einzelheiten hinein vorausschauende Formulierungen sind sicher erst nach Ostern, nach den aufgezählten Ereignissen also, gefunden worden. Aber wenn die junge Kirche sie in dieser Form überliefert und sie in die Zeit vor dem Leiden und Sterben Jesu hineinverlegt, dann weist das doch sicher auf die Tatsache hin, dass Jesus schon vor seinem Tod Ahnungen in dieser Richtung geäußert hat. Sonst wäre auch die Angst der Jünger kaum zu erklären, von der die Evangelien sprechen (vgl. Mk 10,32). Wahrscheinlich hat bei ihnen sogar die Angst überwogen, während bei Jesus selbst sicher das Vertrauen den Ausschlag gegeben hat, das ja in diesen Formeln seinen Niederschlag fand in der Erwähnung der ›Auferweckung‹.

Wie ist Jesus dann wohl nach Jerusalem gegangen? Offenbar nicht einfach ›locker‹, sondern gespannt, entschieden, hellwach, zugespitzt-aktiv und bereit. Wahrscheinlich ernst, todernst. Wahrscheinlich auch fragend, fragend nach Gottes Plan. Im Ganzen gedrängt, von Gottes Auftrag verpflichtet, horchend, zu allem frei. Ein Mann in der Glutmacht Gottes gleichsam, und doch begleitet von wankelmütigen und zaghaften Menschen. Verborgen-offenbarer Bote Gottes, ›nur‹ oder ›sogar‹ auf einem Esel ›reitend‹. So zieht er ein in die ›heilige Stadt‹ und weiß, dass es da die letzte Auseinandersetzung geben wird, nicht so sehr mit dem ›Volk‹, sondern mit der jüdischen Obrigkeit, die im ›Hohen Rat‹ zusammengefasst ist. Die Evangelien deuten schon sehr bald an, dass Jesus bei bestimmten Menschen aneckte und dass solche Leute ihn auch aus dem Weg schaffen wollten; es hatte also offenbar schon lange Reibungspunkte gegeben (vgl. Mk 3,6). Und dann gab es da auch noch – im Hintergrund, aber überall grausam gegenwärtig und tätig – die Römer, die für Jesus allem Anschein nach eine bewusst übergangene Rolle spielten und die ihm dennoch gefährlich werden konnten und wurden. – Wir wollen nun ein wenig näher an die Evangeliumserzählungen herangehen.

DIE LETZTEN TAGE

Szenischer Rahmen: Orte und Zeiten

Die synoptischen Evangelien haben die letzte Woche Jesu in Jerusalem in eine gewisse Ordnung gebracht. Dreimal ist von einem Gang Jesu in die Stadt hinein berichtet, dreimal besucht Jesus da den Tempel, dreimal findet er sich wieder in Betanien zum Übernachten ein (vgl. Mk 11,1–11; 12–19; 11,20 und 14,3 par). Betanien war damals ein Dorf, wenige Kilometer von Jerusalem entfernt; da wohnten Marta, Maria und Lazarus (vgl. Joh 11,1.18). Anhand dieser Einteilung ergibt sich ein dreifaches Bild.

DER EINZUG IN JERUSALEM

Die Ankunft in Jerusalem

Der erste erwähnte Gang Jesu nach Jerusalem hinein beschreibt die Ankunft des Pilgerzuges aus Galiläa vor der heiligen Stadt. Das ist die uns bekannte Geschichte vom ›Einzug Jesu in Jerusalem‹ (Mk 11,1–11). Wir sind von Bildern und von der Liturgie her gewohnt, um diese Szene eine Menge von Glanz zu sehen. In Wirklichkeit wird das eher ein bescheidenes Ereignis gewesen sein. Man muss nur daran denken, dass der Pilgerzug wahrscheinlich zwei, drei Tage unterwegs gewesen war, zu Fuß, in Hitze und Staub. Sie waren alle müde, verschwitzt und froh, das Ziel erreicht zu haben. Und dann werfen sie vom Ölberg her den ersten Blick auf die ersehnte Stadt, sicher für jeden Israeliten ein tief berührender Augenblick. Natürlich wird das Herz weit. Natürlich nimmt man dann noch einmal alle Kraft zusammen. Das Ziel ist greifbar nah! Die letzten paar Hundert Meter wird man auch noch schaffen! Dass Freude, Begeisterung, Gesang aufkommt, ist fast selbstverständlich.

Aus dieser Situation schickt Jesus zwei von den Jüngern weg, um einen jungen Esel zu besorgen. Offenbar weiß er, der ja Betanien kennt, dass da irgendwo ein Esel im Stall steht. Die Jünger kommen mit dem Tier zurück, legen Kleider auf seinen Rücken, und Jesus setzt sich darauf; er lässt sich also in die Stadt hineintragen. Die Leute, die dabei sind, bekommen das mit. Sie sind begeistert: Jetzt kommt Jesus besser heraus, dieser Jesus, auf den sie stolz sind, der sich bisher in ihre Gruppe eingeordnet hatte und der doch – wie sie alle ahnen – ein geheimnisvoller und eigentlich wunderbarer Mann ist, einer, auf den man schon seine Hoffnungen setzen kann. Ist es nicht schön, dass er jetzt dabei ist? Jesus soll hoch leben! *»Hosanna!«*, ›Wunderbar, gut, dass du da bist!‹, bricht es auf. *»Sohn Davids!«*, ruft einer; Jesus ist für sie wie ein König. Und: *»Gepriesen, der da kommt! Der kommt im Namen Gottes!« »Gepriesen der König Israels!«*, referiert Johannes. *»Gepriesen die kommende Königsherrschaft unseres Vaters David!«*, hat Markus ›gehört‹. Und als ein paar ›Pharisäer‹ sich über solche Äußerungen beschweren, bekommen sie zur Antwort: *»Wenn die hier schweigen, dann schreien die Steine!«* (Lk 19,40).

Die Deutung: Der verheißene ›Friedenskönig‹

Es hat also offenbar eine echte religiös gefärbte Begeisterung gegeben bei den Menschen. Und Jesus hat das nicht nur mitgemacht, sondern geradezu heraufbeschworen und unterstützt: dadurch, dass er sich den Esel besorgen ließ. Später erinnern sich zwei Evangelisten, Matthäus und Johannes, dass bei einem alten Propheten ein Trostspruch für das geplagte Volk Israel aufgezeichnet ist: *»Juble laut, Tochter Zion! Jauchze, Tochter Jerusalem! Dein König kommt! Er ist gerecht und wird dir helfen. Er ist demütig und reitet auf einem Esel!«* (Sach 9,9). Und Johannes erklärt noch, dass die Jünger den Zusammenhang zwischen dem Einzug Jesu in Jerusalem und diesem Prophetenwort zunächst nicht erkannt, aber nach der ›Verherrlichung‹ Jesu verstanden hätten. Ob Jesus selbst den Zusammenhang gesehen hat, ja, herstellen wollte? Ob er deutlich machen wollte: ›Und ich bin doch – entgegen allem Augenschein – für Jerusalem der von Gott verheißene König! Der allein gerecht ist, alles richtig stellen kann, und der allein die wirkliche Hilfe bedeutet! Und der dennoch demütig kommt, mitten in einer abgewrackten Pilgerschar und auf einem – wahrscheinlich störrischen – Eselsfohlen sitzend!?‹ Kein ›glorreiches‹ Bild. Und doch ein Bild voll von verborgener Leuchtkraft.

Nach diesem Einzug übrigens verebbt der Pilgerzug. Er verläuft sich ohne jede weitere Wirkung, jedenfalls nach dem Bericht des Markus (11,11). Da geht Jesus nur noch hinein in den Tempel, sieht sich alles an und begibt sich dann mit den ›Zwölf‹ nach Betanien. Matthäus erzählt wenigstens noch, dass *›die ganze Stadt erbebte‹* und alles fragte: *›Wer ist der da?‹* Und dass sie die Antwort bekamen: *›Der Prophet Jesus, aus Nazaret!‹* (vgl. Mt 21,10–11). Und Matthäus spricht hier schon von der ›Tempelreinigung‹, die Markus aber auf den folgenden Tag datiert.

DIE ›TEMPELREINIGUNG‹

Am nächsten Tag geht Jesus wieder nach Jerusalem. Auf dem Weg dahin – so erzählen Markus (11,12–14) und Matthäus (21,18–19) – sucht er an einem Feigenbaum Früchte und findet keine. Daraufhin verwünscht er den Baum: Es solle nie mehr jemand von ihm Frucht essen können. Und der Baum verdorrt augenblicklich. Ein Bild offenbar für das, was sich in diesen Tagen in und mit Jerusalem tut: Die Stadt hätte ›Frucht bringen‹ sollen; man hätte es von ihr erwarten dürfen. Aber sie hat den Erwartungen nicht entsprochen.

Jesus stört den ›Opferbetrieb‹.

Dann kommt Jesus in die Stadt und besucht wieder den Tempel. Und offenbar kommt es jetzt zu dieser ungewöhnlichen Szene (Mk 11,15–19 par). Im Tempelvorhof, also nicht im eigentlichen Tempelbezirk selbst, gibt es lautes, hartes, geschäftiges Leben. Es herrscht eifriger Betrieb. An jeder Ecke ist etwas los. Überall sind Verkaufsstände. Händler, Käufer, Geldwechsler, Lastenträger und eine Menge von Tieren, von denen Tauben erwähnt sind, bei Johannes aber auch Schafe und sogar Rinder. Man kann sie als Opfertiere kaufen. Das alles hat wahrscheinlich einen Eindruck gemacht, wie ihn heute noch viel besuchte Wallfahrtsorte machen. Da geht es wahrhaftig nicht nur ›feierlich‹ zu, da geht es auch in weitem Maß um Geschäfte-Macherei. Und das nimmt Jesus aufs Korn. Er beginnt, die Händler und die Käufer wegzutreiben. Tische und Sitze stößt er um und lässt nicht zu, dass einer etwas über den Hof trägt. Sein Kommentar: Nach uralter Tradition beansprucht Gott sein Haus als *›Haus des Gebetes‹*. Sie aber haben es zur einer *›Höhle für Räuber‹* gemacht. – Matthäus schildert als Reaktion, dass Blinde und Lahme im Tempel zu Jesus kommen und er sie heilt (Mt 21,14). Aber auch die ›Hohen Priester und die Schriftgelehrten‹ reagieren: Sie überlegen, wie sie diesen Jesus ›verderben‹ können. Sie fürchten ihn, und dass die Situation außer Kontrolle gerät. Das ganze Volk ist außer sich und hängt an ihm. Und sie wissen nicht, was sie tun sollen. Jesus aber zieht sich zur Übernachtung wieder nach Betanien zurück.

Eine für Jesus und für seine letzten Tage bezeichnende Geschichte. Ob sie wirklich ein großes und weithin wahrgenommenes Ereignis wiedergibt – oder ob es sich dabei nur um eine Episode am Rand gehandelt hat –, wissen wir nicht. Für das Anliegen Jesu spielt diese Geschichte schon eine Rolle. Sie zeigt ihn, wie er ins ›Herz‹ seines Volkes hineinkommt – und da so vieles in Unordnung findet. Und er will Ordnung schaffen. Gott soll wieder Gott sein in Israel. Gott soll wieder seinen Platz haben – im

Tempel und im Volk. Gottes Herrschaft ist doch das Entscheidende für den Menschen – und eben nicht, dass der Mensch agiert. Darin liegt die Gefahr eines konkreten Tempels: Dass Religiosität auf Konkretes, auf Sachleistung hinuntergeschraubt wird – und die personale Begegnung mit Gott aus dem Blick gerät; wir sprachen schon davon.

DAS SPRECHEN VOM ENDE DES TEMPELS

Am dritten Tag findet Jesus nach den Synoptikern wieder den Weg in die Stadt hinein. Sie kommen an dem Feigenbaum vorbei und sehen, dass er verdorrt ist. Und dann ist Jesus erneut im Tempel.

Jesus prophezeit das Ende des Tempels.

Es werden hier von den Evangelisten eine ganze Reihe von Anfragen eingeordnet, Anfragen von Hohen Priestern und Schriftgelehrten, von Sadduzäern und Pharisäern, und die Antworten Jesu darauf, seine Rückfragen und Herausforderungen an diese Instanzen. Man spürt: Es geht auf die Entscheidung zu. Beim Verlassen des Tempels sagt Jesus das Ende dieses Tempels an (Mk 13,1–4 par). Vielleicht ist das die traurige Schlussfolgerung Jesu aus der faktischen Sinnlosigkeit des Tempels – weil er ja nicht mehr als Tempel, als *›Haus des Gebetes‹* geachtet wird. Vielleicht spricht Jesus damit aber auch das Ende einer alten und den Beginn einer neuen Zeit an.

Denn jetzt, wo vom Ende des Tempels die Rede war, kommt bei den Evangelisten das Ende der Welt in den Blick; das Ende des Tempels konnte nur der Anfang von diesem Ende sein. Sie berichten davon, dass Jesus im Ölgarten zu den Seinen über das Ende der Welt, aber auch über das Kommen des *›Menschensohnes‹* gesprochen habe, das seine *›Auserwählten‹* zusammenführen werde. Offenbar hat Jesus an diesem Abend den ganzen Ernst der Situation ins Gespräch gebracht. Es wird eine Art ›Weltuntergangs-Stimmung‹ gegeben haben, in der vielleicht die sieghaften Töne nicht einmal mehr zur Kenntnis genommen wurden. Dieser Abschnitt endet bei den Synoptikern mit der Nachricht, der Hohe Rat habe beschlossen, Jesus zu töten (Mt 26,3 par). Und dann ist Jesus wieder in Betanien (Mk 14,3 par).

DIE SALBUNG

Die überfließende Liebe einer Frau und Jesu Deutung

Eine unscheinbare Geschichte spielt sich dann in Betanien ab. Sie wird von den Evangelisten – einerseits Markus und Matthäus, anderseits Johannes – in etwas unterschiedlicher Weise erzählt (Mk 14,3–9; Mt 26,6–13; Joh 12,1–8). Aber das, worauf es offenbar – neben all dem, was menschlich so berührt – ankommt, erscheint bei ihnen allen: Da platzt eine Frau offenbar ziemlich unvermittelt in ein Essen hinein, drängt zu Jesus hin, der zu Tisch liegt, zerbricht ein Alabasterfläschchen und gießt den Inhalt Jesus auf das Haar (nach Johannes: auf die Füße). Die Empörung ist groß, offensichtlich aber nicht einmal, weil hier eine Frau etwas sehr Merkwürdiges tut, sondern, weil das *›Verschwendung‹* sei. Und Jesus rechtfertigt: *»Sie hat meinen Leib im Voraus zum Begräbnis gesalbt!«* (Mk 14,8). Und er sagt – nach Markus – noch, dass man überall, wo das Evangelium verkündet wird, auch von dieser Frau erzählen wird. Diese Frau hatte die Situation offenbar verstanden. Und sie hat daraufhin das getan, wozu nur eine Frau fähig ist: Sie hatte ›Überflüssiges‹ getan, aber sie hatte es Jesus ›schön gemacht‹.

Vorbereitung zum Abschiedsessen

An diese Geschichte knüpft sich noch eine kurze Szene an: Judas geht weg, um einen Hinweis zur Verhaftung Jesu auszuhandeln. Jesus wird verkauft. Darauf schickt Jesus zwei seiner Jünger nach Jerusalem voraus, damit sie dort das Pascha-Festessen für sie alle vorbereiten; aber das gehört schon zum nächsten Abschnitt.

Der nahe Tod ist für Jesus mehr und mehr zur Gewissheit geworden. Jesus selbst will die Dinge bewusst auf die Spitze treiben, auf Entscheidung hin, und er ahnt, dass er dabei zerrieben wird. Das, was sich da als Möglichkeit, sogar als Wahrscheinlichkeit vor ihm auftut, muss er verkraften. Er muss es einbauen in sein Gottesbild und in seine Hingabebereitschaft an Gott, aber auch in die Sicht, die er selbst von seiner Aufgabe hat. Er ist ja überzeugt von der Wichtigkeit und dem Gewicht seiner Botschaft – und was geschieht mit ihr, wenn er, der Bote, nicht angenommen wird? Wäre nicht sein Weiterleben und Wirkenkönnen wichtiger, richtiger als ein Sterben? Hätte ein Sterben jetzt überhaupt einen Sinn? Wie hat Jesus seine Todesgewissheit verarbeitet? Hat er sich einfach in Gottvertrauen ergeben, *ohne* einen Sinn zu sehen? Oder hat er in seinem drohenden Schicksal so etwas erkannt wie einen Plan Gottes und einen Sinn für Israels Heil? Und hat dann seinen Tod angenommen freiwillig und als eine Art Liebesdienst? Die Evangelien deuten auf diese Möglichkeit hin, vor allem die Abendmahlstradition.

8. JESU GANG IN DEN TOD

DAS ABSCHIEDSESSEN

Ein Abendessen ...

Nicht nur Jesus selbst muss die Aussicht auf seinen baldigen Tod verkraften. Er muss auch seinen Freunden helfen, mit den kommenden Ereignissen fertig zu werden. Die Evangelien erzählen, dass Jesus mit seinen Jüngern ein Abschiedsessen hält.

... als letzte Botschaft: ...

Was bei diesem Essen geschehen ist, was Jesus gesagt und getan hat, wissen wir natürlich wieder nicht genau; wir haben ja nur die späteren Erzählungen in den Evangelien darüber, und die Berichte bringen den Extrakt vom Nachdenken der Evangelisten über diesen Abschied. Aber die Botschaft, die in ihren Erzählungen liegt, wird in der Wirklichkeit dieses Abends verankert sein. Diese Botschaft ist der An-Spruch an uns.

Es war immer schon eine Eigenart Jesu gewesen, sich mit Menschen zusammenzusetzen – mit Menschen aller Klassen – und miteinander zu essen und zu trinken. *»Der setzt sich mit Zöllnern und Sündern an einen Tisch!«*, hatte man Jesus nachgesagt (Mk 3,16). Was bezweckt einer, der sich auf gemeinsames Essen einlässt? Er bietet sich damit eigentlich selbst an: Gemeinschaft mit ihm, Bereicherung und Freude aus dieser Begegnung. Der Gastgeber wird selbst zum Geschenk – oder der Gast, der sein Kommen, seine Zeit, seine Bereitschaft und seine Vorbereitung ›schenkt‹. Und das So-zusammen-Sitzen ermöglicht Jesus mehr als jede ›Predigt‹. Es ermöglicht ein Stück tiefer Erfahrung: Von offen geschenkter Nähe, von Zusammengehörenwollen, von Eingehenwollen des einen auf den andern, auch von Zusammenschwingen, wenn man sich einlässt aufeinander. Davon, dass es gut ist miteinander und dass so vom einen etwas übergehen kann auf den andern. Das ergab für viele Beteiligte sicher so etwas wie ein Stückchen heile, geheilte Welt. Das machte froh, und auch die Erinnerung daran trug noch lange. – Das Abschiedsessen Jesu mit den Seinen ist in diesem Zusammenhang zu sehen. Ein solches intimes Zusammensein gibt hier den Rahmen für eine Botschaft, die schwer zu überbringen und die schwer anzunehmen ist.

Jesus erklärt sein Sterben.

Jesus hält also ein Abschiedsessen. Ob das ein Pascha-Essen gewesen ist, wissen wir nicht genau; die Synoptiker stellen das anders dar als Johannes – wobei Johannes vielleicht am ehesten einer bestimmten Aussageabsicht den Vorrang vor der geschichtlichen Wirklichkeit gibt. Aber so wichtig ist diese Frage wohl auch nicht. Wesentlich ist, dass der nahe Tod für Jesus zur Gewissheit geworden ist. Und jetzt will er offenbar seinen Freunden dazu etwas sagen. Er sagt und tut etwas, das ihnen seinen bevorstehenden Tod ›erklären‹ kann; sie sollen sich nach all den furchtbaren Ereignissen, die kommen werden, an diesen Abend erinnern und das alles so wenigstens ahnungsweise ›verstehen‹ können. Erschütterung würde ihnen das nicht ersparen, wohl aber eine ausweglose Hoffnungslosigkeit. So gibt Jesus ihnen ein Zeichen, nach den Synoptikern übrigens ein anderes als nach Johannes; aber beide Zeichen schließen sich nicht gegenseitig aus. Und beide sind ›einfach‹, eindeutig. Sie beeindrucken und werden nicht mehr vergessen. – Zunächst das Abschiedsessen nach den Synoptikern.

DIE SYNOPTIKER ERZÄHLEN

Der Rahmen für den Abschied

Jesus hält das Essen mit den Seinen in Jerusalem. Markus, Matthäus und Lukas berichten, Jesus habe ein paar von den Jüngern vorausgeschickt in die Stadt, um es vorzubereiten; hier ist ein Pascha-Festessen vorausgesetzt. Offenbar war ihnen dazu ein Raum zur Verfügung gestellt, in dem sie selbst für alles Weitere zu sorgen hatten. Es gab also ein Stück Heimatlosigkeit, Fremdheit. Die turbulente Großstadt – und die Menschen aus der Provinz. In einem angemieteten Raum, auf sich selbst gestellt und wahrscheinlich auf eine ganze Reihe von Provisorien angewiesen. Aber die Vorbereitungen werden offenbar geschafft, und dann liegen sie auf ihren Sitzkissen um den niedrigen Tisch.

Der Verräter

Einer der engsten Freunde wird zum Verräter.

Als Erstes erzählen die Synoptiker vom Verlauf des Essens, dass Jesus ihnen – noch während des Essens – eröffnet, dass ihn einer von ihnen ›*überliefern*‹ werde: gleichsam ›der anderen Seite‹. Hier setzen die Erzähler zweierlei voraus: Einmal, dass inzwischen die ›Fronten‹ geklärt sind. Jesus sieht die Kluft, die es unüberbrückbar gibt – zwischen ihm und denen, die er zum letzten Mal herausfordern will. Offenbar ist kein Gespräch mehr möglich. Es muss zum Entweder-oder kommen. Für die andere Seite gibt es noch Schwierigkeiten: Es sind viele Menschen in Jerusalem, fast alle in Festtagsstimmung und irgendwie in Erwartung. Fast alle haben wohl auch von diesem Jesus gehört, der in der Stadt ist. Manche sind neugierig auf ihn, erwarten etwas von ihm; was genau, wissen sie vielleicht nicht einmal. Vielleicht hat er ihnen etwas zu sagen? Etwas ›Religiöses‹? Etwas Politisches? Vielleicht etwas zur Lage des Volkes? Gegen die Römer? Gegen das Establishment im eigenen Volk? Die ›Etablierten‹, die Eingefahrenen, bei denen sich so wenig tat? Wenn einer aus dem Volk ›die da oben‹ etwas in Bewegung bringen würde, wäre das nicht schlecht. Und genau das könnte dieser Jesus wohl, oder? ›Wir sind gespannt, wie es weitergeht!‹ – Die ›andere Seite‹ aber, eben die ›Etablierten‹, die meinen, das Volk vor diesem Jesus schützen zu müssen, kennen die Stimmung im Volk und fürchten sie. Wie können sie etwas gegen Jesus unternehmen am Volk vorbei? Und deswegen sind sie froh über einen ›Helfer‹. Es findet sich einer, der Jesus ›überliefert‹, der den sicheren, aber heimlichen Zugriff auf Jesus ermöglicht. Der Zugriff muss verborgen und mitten in der Nacht erfolgen, damit das Volk umgangen wird und ausgeschaltet bleibt. Später würde man es vor vollendete Tatsachen stellen, und dann würde es schon ruhig bleiben – und vielleicht sogar das Vorgehen der Behörden verstehen. – So weit ist es also schon gekommen, als sie sich zum Essen zusammensetzen. Und Jesus weiß es.

Das andere, das angezeigt wird: Jesus hat seine Leute gekannt. Er hat sie richtig einschätzen können. Er hat die Stärken und die Grenzen der Einzelnen wahrgenommen, die Hoffnungen und die Fragen, den Glauben, den es bei ihnen gab, aber auch die Zweifel und die Zerrissenheit, das Nicht-genau-Wissen und das Dennoch-genau-wissen-Wollen, ihr Sichersein in Bezug auf ihn und ihre auch vorhandene Unsicherheit. Er weiß, dass einer unter ihnen ist, der es mit ihm besonders schwer hat, der vielleicht völlig andere Vorstellungen gehabt hat, der ent-täuscht worden ist – aus welchem Grund auch immer – und jetzt gänzlich ›auf der Kippe steht‹. Ja, der eigentlich schon abgeschlossen hat, der nur noch einen letzten Anstoß nötig hat oder auch nur eine günstige Gelegenheit. Und Jesus zwingt auch ihn zur Entscheidung: *›Was du vorhast, das tue doch um Himmels willen bald!‹*, könnte man Joh 13,27 übersetzen. Trauer schwingt in dieser Szene mit: *»Einer von den Zwölfen ist es, einer, der mit mir die Hand in die gleiche Schüssel taucht!«* (Mk 14,20 par). Und Erschütterung auch über die Dunkelheit dieser Tat: *»Er ging hinaus – und es war Nacht!«*; so die dramatische Sichtweise des Johannes.

Die neue Zukunft

Jesus ist bis zum Ende vom Anbruch der Herrschaft Gottes überzeugt.

Dann erst erzählen die Synoptiker von dem, was sich beim Essen Außergewöhnliches ereignet hat. Der feinsinnige Lukas lässt uns durch eine Bemerkung Jesu gleichsam einen Blick in dessen Herz hineintun: *»Ich habe mich regelrecht danach gesehnt, dieses Pascha-Essen mit euch zu halten!«* (Lk 22,15). Und dann folgt ein Jesuswort, das auch Markus und Matthäus aufnehmen und das zum Urgestein dieser Erzählung gehört: *»Ich werde es nicht mehr essen ... und ich werde nicht mehr vom Gewächs des Weinstockes trinken, bis die Königsherrschaft Gottes einbricht ... bis ich es neu trinke unter der Königsherrschaft Gottes!«* (Lk 22,16.18; Mk 14,25 par). Hier sagt Jesus ganz klar: Sein Weg ist zu Ende. Dieses gemeinsame Essen ist die letzte Tischgemeinschaft mit ihm in der Vorläufigkeit der Welt. Es wird jetzt der Einschnitt gemacht. Die Zeit der Erwartung ist vorbei. Es kommt die Erfüllung. Was bevorsteht, mag als grausam erscheinen, als Abbruch und als Katastrophe. In Wirklichkeit ist das, was er ankündigen sollte und wollte, nicht mehr aufzuhalten: Gottes Herrschaft. Sie wird einbrechen. Sie wird siegen. Und unter ihr wird es eine neue Zukunft geben.

Und dann erzählen sie, dass Jesus das Zeichen gibt, das sein bevorstehendes Schicksal erklärt. Er gibt es in doppelter Form: mit Brot, das auf dem Tisch liegt, und mit Wein, der beim Essen getrunken wird.

›Gebrochen – für euch!‹

Jesus verschenkt sich selbst ...

Die Evangelisten schildern es so: Er nimmt das Brot – ein alltäglicher Vorgang. Er erbittet den Segen Gottes, wie es jeder Hausvater bei jedem Essen in jeder Familie tut. Und dann bricht er das runde Fladenbrot in Stücke und reicht die Stücke weiter an die, die um den Tisch sitzen. Und dabei sagt er, als würde er Selbstverständliches sagen: *›Dieses Brot hier: Das bin ich – ich gebe mich weg für euch!‹* (vgl. Lk 22,19; 1 Kor 11,24).Und damit deutet er die Situation. Er macht ihnen sehr handgreiflich klar: Er ist ganz – wie dieses Brot ganz war. Aber er wird gebrochen – wie dieses Brot gebrochen ist. *›Nehmt und esst!‹* Er verteilt sich selbst, damit sie nehmen und essen können.

Als sie davon später erzählen, war das Schreckliche, Unverständliche längst geschehen: die Hinrichtung Jesu am Kreuz. Er war längst ›gebrochen‹, hatte sich selbst ›brechen‹ lassen – und sie hatten verständnislos gefragt: ›Wozu!?‹ Im Nachdenken und Sprechen darüber haben sie die Antwort vernommen, die in der Geste Jesu verborgen gewesen war. Eine doppelte Antwort: Erstens sagt ihnen diese Geste, dass Jesus sein Sterben kommen sieht und es annimmt. Und zweitens macht sie ihnen klar, dass dieses sein Sterben einen Sinn hat: Es geschieht auf ein Ziel hin – es ist ein Sterben *›für euch‹*. Diesen Sinn werden sie allerdings sicher erst viel später erkannt haben, und dann erst haben sie diese Geschichte so pointiert formulieren und überliefern können. Am Abschiedsabend selbst werden sie die Geste wahrgenommen und das Brot ahnungsvoll-betroffen genommen haben.

... und ist im gebrochenen Brot gegenwärtig.

Später werden sie sich immer wieder zum *›Brotbrechen‹* zusammensetzen (vgl. Apg 2,42.46) – wohl immer noch erschüttert in Erinnerung an diesen Abend. Dann aber ›wissen‹ sie: So bietet Jesus sich ihnen an, als Brot, als Nahrung zum Essen. Er fordert sie auf, ihn als Speise zu nehmen. Und wenn sie annehmen und essen, sind sie sicher: Sie erfahren im körperlich spürbaren Zeichen, dass er sich ihnen gibt, dass er regelrecht eingeht in sie, dass sie existenziell verbunden sind mit ihm – und dass sie jetzt mit ihm und aus ihm leben. Die Gottesherrschaft, in deren Dienst er sich gestellt hat, der Gottesgeist, mit dem zu taufen er gekommen war: Sie sind durch ihn angekommen bei ihnen.

Der ›Bund‹

Jesus reicht seinen Jüngern den Wein ...

›Nach dem Essen‹ das zweite Zeichen Jesu, das die Synoptiker überliefern. Wieder erzählen sie: Jesus nimmt den Becher mit dem Wein, spricht den Segen und reicht den Becher weiter. Und dann erklärt er wieder wie selbstverständlich: *›Dieser Wein: Das ist mein Blut – das Blut des Bundes!‹* So lautet der Text in der wohl ältesten Überlieferung, die bei Markus und Matthäus festgehalten ist. *›Der Wein – der neue Bund – in meinem Blut!‹*, zitiert Paulus, und Lukas übernimmt das. Damit geben diese vier Verkündiger ein Stichwort, das weit über den Rahmen ihres Berichtes hinausweist.

Was *›Bund‹* meint, hatte immer eine große Rolle gespielt in den Traditionen Israels. Gott hat – so sieht es diese Tradition – den Menschen geschaffen, um selbstverständlich mit ihm ›ver-bunden‹ zu bleiben. Es galt geradezu als Sehnsucht Gottes, beim Menschen zu sein. Aber Gott will auf das Ja des Menschen angewiesen sein. Deswegen bietet er dem Menschen immer wieder seinen ›Bund‹ mit ihm an. So hat es Israel gesehen: bei Noah (Gen 9,1–17), bei Abraham (Gen 15), bei David (vgl. 2 Sam 5,1–12). Vor allem aber beim Bund mit dem ganzen Volk Israel unter der Vermittlung des Mose am Sinai (Ex 19). Ein Bund ist immer eine zweiseitige Beziehung. Aber hier geht eindeutig die Initiative von Gott aus. Er bietet jeweils den Bund an. Er ermöglicht ihn. Und er nimmt sich auch das Recht, die Bedingungen zu stellen. Am Sinai – so erzählen sie – bietet Gott dem Volk das ›Gesetz‹ an, die Ordnung Gottes für das Volk, Weisungen zum Leben. Und damit fordert er es auf: ›Wähle! Wähle zwischen Ordnung Gottes und eigener Freiheit! Und denk daran: Es ist eine Wahl zwischen Leben und Tod!‹ (vgl. Dtn 30,19). Israel lässt sich ein auf den Bund mit Gott. Und dann wird die für uns bedeutsame Szene erzählt: Das Volk wird von Mose mit dem Blut der Opfertiere besprengt, die zur Feier geschlachtet sind: Mit Blut also, das eigentlich schon in den Besitz Gottes übergeführt worden war. In diesem Blut, das Gott gehört und das im Auftrag Gottes jetzt versprengt wird, wird es gleichsam von Gott erreicht, ›getroffen‹, angerührt, gezeichnet, geheiligt und verpflichtet. Wir spüren etwas von der Gewalt, die in solchen Gesten liegt. – Diesen Bund Gottes mit seinem Volk aber hat das Volk – schon nach Auffassung der Propheten Israels – immer wieder gebrochen. Es hatte Gott an die Seite gestellt und sein ›Gesetz‹ übertreten. Und deswegen war es so oft in große Not geraten. Und so entsteht bei den Besten im Volk die Sehnsucht nach einem ›neuen‹ Bund, nach einem nochmaligen Angebot Gottes, an die, die zu ihm gehören wollen. Und das sollte ein guter Bund werden, ein ›ewiger‹, unzerbrechlicher. Und nach dem Propheten Jeremia verheißt Gott wirklich einen solchen Bund. Und jetzt wird Gott nicht mehr allein dem Volk den Umgang mit diesem Bund überlassen; Gott wird seine ›Sicherungen‹ einbauen: Er selbst wird der Drängende sein auf sein Volk hin und tief hineinwirken in sie: *»Ich lege mein Gesetz in sie hinein und schreibe es auf ihr Herz – und so werde ich ihr Gott und sie werden mein Volk sein!«* (Jer 31,33).

... und bekräftigt den Bund zwischen Gott und Menschen ...

Sie erzählen, dass Jesus an seinem Abschiedsabend von diesem *›Bund‹* gesprochen habe. Dieser (neue) Bund sei jetzt spruchreif. Jetzt werde er geschlossen. Und er werde geschlossen *»in meinem Blut«*, sagt Jesus; sein Blut werde also gleichsam das zeichenhafte Bindemittel sein, das Gott auf die Menschen hin benutzt. Am Sinai hatte das Volk Gott das Blut zur Verfügung gestellt, damit er sie dadurch erreichen könnte: Tierblut, eine hilflose und verhältnismäßig unverbindliche Gabe. Jetzt stellt Jesus sein Blut zur Verfügung. Und er bietet sein Blut nicht an zur Besprengung, sondern als Getränk, das tief eindringen kann in sie, um sie – nicht nur äußerlich, sondern – ganz innen zu ›binden‹ – an Gott und selbstverständlich aneinander.

... ›in seinem Blut‹.

Wieder: Als sie vom Wein des Abschiedsessens als Zeichen für das Blut Jesu als ›Bundesblut‹ sprechen, ist der Tod Jesu längst Geschichte. Sie haben sein Blut verrinnen sehen. Und jetzt verstehen sie auch diese zweite Geste Jesu. Sie erkennen: Er wollte damals sagen, dass sein Tod die Brücke schlägt zwischen Gott und den Menschen. Er selbst, Jesus, hat sich ganz auf die Seite Gottes gestellt, der Sache Gottes verschrieben, sie zu seiner eignen Sache gemacht. Und jetzt stellt er – in seinem totalen Zugehen auf den Menschen – die Verbindung her, von Gott zum Menschen hin, um so die Welt aus der Gottverlorenheit in die Gottesherrschaft hinein zu retten. Und dann können sie das auch schon bei der Erzählung vom Abschiedsabend verkünden: Jesus ist der Mittler des Neuen Bundes! Alle, die ›trinken‹, leben durch die Hingabe Jesu mit Gott! Später spricht Johannes von Jesus als *›Lamm Gottes‹* (Joh 1,29), als Lamm, das sich Gott zur Verfügung stellt und geschlachtet wird von der widerstrebenden Welt – im Dienst an ihrer Rettung. Das alles lag angedeutet in der Geste mit dem Wein, die Jesus vollzog. Jesus selbst ist an diesem letzten Abend wohl davon überzeugt, dass er das Angebot Gottes sei an die Welt – dazu stellt er sich zur Verfügung – und dass sich für jeden, der sich einlässt auf ihn, der ›trinkt‹, durch ihn, Jesus, der Bezug zu Gott erneuert – und ein neues Volk zusammengeführt, der ›Neue Bund‹ geschlossen sei.

Die Evangelien deuten: Der ›neue Bund‹.

Erinnerungen und Nachvollzug setzen Vergangenes gegenwärtig.

Wie haben sie an diesem Abend dieses besondere Stück Brot genommen und gegessen und diesen besonderen Schluck Wein aus dem Becher getrunken? Mit welchen Gefühlen sie das getan haben, ist von den drei Evangelisten nicht überliefert. Auch nicht, ob die Jünger die Zeichen damals überhaupt schon ›verstanden‹ haben. Wahrscheinlich ist ihnen das Geheimnis dieses Abends erst nach und nach aufgegangen, als sie immer wieder davon erzählten, als sie sich immer wieder zu einem ähnlichen Tun zusammensetzten. Sie erinnerten sich berührt an diese intimste Stunde. Und in der Erinnerung wollten sie die Vergangenheit immer wieder hineinholen in ihre Gegenwart, damit das, was sie damals so überraschend traf, heute von ihnen noch einmal bewusst nacherlebt und dann in größerer Entschiedenheit angenommen werden könne. Und sie waren davon überzeugt: Was er uns damals schenkte, was uns damals so traf: die Hingabe unseres Herrn, das trifft uns auf diese Weise heute. Es trifft uns, es bewegt uns, es verwandelt uns, es fordert uns. So sagt es jedenfalls Paulus im Brief an eine seiner Gemeinden: *›Sooft ihr das Brot esst und aus dem Becher den Wein trinkt, ruft ihr aus – das heißt, macht ihr euch selbst bewusst, stellt in eure Gegenwart hinein und verkündet der Welt: Den Tod des Herrn, bis er wiederkommt!‹* (vgl. 1 Kor 11,26) – und sie wussten wohl, was das für sie bedeutete.

DER ABSCHIED NACH JOHANNES

Der Evangelist Johannes setzt über den Abschied Jesu von den Seinen einen anderen Akzent. Er spricht auch von einem letzten Essen Jesu mit den Jüngern, aber nicht davon, dass Jesus sich als Brot und als Wein weggeschenkt habe. Er erzählt stattdessen von einer anderen Geste, die Jesus während des Essens vollzogen habe. Jesus sei aufgestanden, habe seinen Umhang abgelegt, sich ein Leinentuch umgebunden, Wasser in eine Schüssel gegossen und dann begonnen, seinen Jüngern, die noch zu Tisch lagen, die Füße zu waschen (vgl. Joh 13,1–17).

Jesus wäscht seinen Jüngern die Füße ...

Man muss sich das wohl vorstellen als eine sehr alltägliche Szene. Männer sitzen in einem angemieteten Raum auf zur Verfügung gestellten Sitzpolstern um einen ungewohnten Tisch vor geliehenem Geschirr. Sie waren mit dem Wenigen zufrieden gewesen, was sie da vorgefunden hatten, und sie hatten alles notdürftig hergerichtet. Es gab keine Hilfskräfte, keine Hausfrau und keinen Koch. Es gab nicht einmal einen Angestellten, den man an die Tür hätte platzieren können, neben einer Schüssel mit Wasser, damit der ihnen beim Waschen ihrer vom Straßenstaub schmutzigen Füße hätten helfen können. Sie hatten sich einfach so an den Tisch gesetzt, wenn sich auch der Sand zwischen den Zehen nicht sonderlich angenehm bemerkbar machte. Aber sie waren ja schließlich nicht verwöhnt. Männerwirtschaft eben. – Und dann steht Jesus mitten während des Essens auf und fängt an, ihnen die Füße zu waschen!

... und gibt so sein Zeichen.

Vielleicht war dieser Vorgang ursprünglich nur eine kleine, nebensächliche Begebenheit am Beginn ihres Zusammenseins. Aber sie ist in Erinnerung geblieben. Und sie haben in dieser Szene mehr und mehr das Zeichenhafte erkannt. Und schließlich stellen sie sie dar fast wie ein Ritual, das von Jesus gefeiert wird. Die Szene ist zum großen sprechenden Bild geworden.

Die ersten beiden Verse des 13. Kapitels im Johannes-Evangelium sind so etwas wie eine Überschrift über das, was folgt. Hier zeigt der Evangelist den Rahmen auf, den Hintergrund, vor dem er das, was er jetzt erzählen will, gesehen haben will. Zwei großartige Verse: *»Jesus wusste, dass seine Stunde gekommen war: die Stunde, aus dieser Welt zum Vater zu gehen. Er liebte die Seinen in der Welt. Und jetzt ging er mit seiner Liebe bis zum Äußersten«* (13,1). *›Seine Stunde‹:* Das ist das Ziel seines Weges, die Vollendung, die Erfüllung; wenn er am Kreuz hängt, wird Jesus nach dem Johannes-Evangelium sagen: *»Es ist vollbracht!«* (Joh 19,30). Da ist der Auftrag erfüllt; da kann er wieder dahin zurückkehren, von wo er seinen Auftrag empfangen hatte: *›aus dieser Welt weg – zum Vater hin‹* (vgl. Joh 16,28). Zwischen Sendung durch den Vater und Vollendung des Auftrags aber liegt der Inhalt des Auftrags, das, was hier ›Liebe‹ genannt wird – und was die folgende Geschichte noch einmal zusammenfassend vor Augen führt und erklärt: Liebe nicht einfach als gefühlsmäßiges Mitschwingen mit dem andern, sondern als Dienst, als Dienstbereitschaft, die bis zum Äußersten geht. – In Vers 3 schiebt der Evangelist noch ein Stück Erklärung hinzu: Jesus tut diesen Dienst – obwohl er *»wusste, dass ihm der Vater alles in die Hand gelegt hatte – und dass er von Gott gekommen war und wieder zu Gott zurückkehrt«*. Da dient der, der von sich sagen kann: *»Ja, ich bin ein König!«* (Joh

18,37). Da dient der, der zu Gott gehört, der aus dem Bereich Gottes kommt – und dennoch oder gerade deswegen – dient.

Jesus schenkt seine Liebe ›ins Herz‹.

Dem Evangelisten Johannes ist dieser Dienst Jesu in der letzten Stunde wichtig gewesen. Es war hier noch einmal das Entscheidende dieses Lebens und Wirkens sichtbar geworden – und auch die Erwartung an den Menschen, dem Jesus ›dient‹. Das macht Johannes deutlich an einer ›Störung‹ der Szene, von der er erzählt. Als Jesus zu Simon, dem ›Petros‹, dem ›Felsen‹, kommt, braust der auf, wie er es immer wieder getan hat: ›Dass du mir die Füße wäschst, das kommt nicht in Frage!‹ Und Jesus muss erklären, worauf es ihm ankommt, worauf es beim Menschen vor Gott immer ankommt: Dass der Mensch bereit sein muss, sich bedienen zu lassen. Der stolze Mensch. Der kleine Gerne-Groß. Der so vieles selbst kann und immer noch mehr selbst können will. Und der sich mit seiner Begrenztheit nicht abfindet, der sich immer wieder darüber hinwegsetzt, obwohl er im Tiefsten merkt, dass er es gar nicht kann. Trotzdem: ›Nein, Herr, ich kann alleine!‹ Und Jesus: ›Wenn ich dir nicht die Füße waschen darf, dann gibt es keine Brücke zwischen mir und dir. Wenn ich das Innere deines Herzens nicht heilen darf, dann bleibst du in dir allein. Dann ist dir Gott verschlossen. Und dann bist du ohne Sinn und ohne Erfüllung!‹ ›Herr, wenn es so ist! Dann wasch mich um Himmels willen ganz!‹ Das ist wieder Simon, der ›Fels‹, der immer aufs Neue über das Ziel hinausschießt – und der doch gerade deswegen auch sympathisch ist.

Am Ende erzählt Johannes noch, dass Jesus sein Vorgehen erklärt habe. Das alles sei ›Beispiel‹ gewesen. Wie er es getan habe, so sollten auch sie es tun. – Im Grunde geht es auch in dieser Geschichte um Hingabe, um Jesu Sein – für die andern. Und darum, dass die Seinen sich davon treffen und davon anstecken lassen, sodass letztlich Liebe, Dienen siegt. Das will nach Johannes die Botschaft dieses Lebens und Sterbens sein. Johannes zieht damit die Linien aus, die bei den Synoptikern ihren Anfang genommen haben.

VERHAFTUNG

Jesus betet im Ölgarten.

Wieder erzählen die Evangelien. Nach dem abschließenden Tischgebet verlässt Jesus mit seinen Jüngern den angemieteten Raum, und sie gehen zum Ölgarten hin. Das ist ein Rücken außerhalb der Stadt. Man muss in ein Bachtal hinabsteigen und dann einen Hang hoch. Da liegt ein weites Gelände, das auch heute noch mit Ölbäumen bewachsen ist. Wahrscheinlich wurde dieses Gebiet von Pilgern, die zum Fest kamen, als Übernachtungsort benutzt. Die Stadt war bei solchen Gelegenheiten sowieso überfüllt, und viele stellten keine großen Ansprüche. Man übernachtete im Freien und wohl in Gruppen, und jede dieser Gruppen hatte sich da einen Platz reserviert. Es gab also abends und nachts regen Betrieb in diesem Garten. Judas, der Mann aus Kariot, wusste natürlich, wo die Gruppe mit Jesus sich aufzuhalten pflegte.

Jesus zweifelt, doch seine Entschlossenheit wächst.

Die Synoptiker berichten dann von einer kleinen, aber erschütternden Szene, die einen Einblick in die Verfassung und in den inneren Kampf Jesu gibt. Jesus nimmt nach dieser Erzählung ein paar Vertraute beiseite – übrigens die, die auch bei der Szene der ›Verklärung‹ (Mk 9,2–10 par) erwähnt sind – und geht mit ihnen ein Stück in die Dunkelheit und in die Stille hinein. Sie spüren wohl, dass Jesus aufgewühlt ist. Offenbar kann er auch sie nicht ertragen, sondern muss allein sein. Er lässt die drei Vertrauten – Petrus, Jakobus und Johannes – zurück und bittet sie, wach zu bleiben. Danach entfernt er sich von ihnen. Die Evangelisten erzählen, dass er dann betete. Sie überliefern sogar die Worte, die er auf Gott hin gesprochen haben soll. Das sind sicher Worte, die die Männer um Jesus nicht hören konnten, sondern die die junge Kirche aus dieser Situation erschlossen hat; Worte, die deswegen ›wahr‹ sind, weil sie die Situation sicher treffen und einfangen. Offenbar haben sie alle gespürt, dass es bis zum letzten Augenblick bei Jesus auch noch das Fragen gegeben hat, immer noch das Fragen auf Gott hin: Nach dem Sinn dessen, was jetzt geschehen sollte. Er musste zu einer Antwort oder zu einer eignen Entscheidung finden. Und das Ringen um die Entscheidung kostete Jesus viel. Der Evangelist Lukas fasst das in ein Bild, das zeigt, wie ein Engel vom Himmel kommen muss, ein Gottesbote, um Jesus zu stärken, und wie der Schweiß Jesu dann wie Blutstropfen wird, die zur Erde fallen. Es spielt sich fast eine Art Kampf ab zwischen Jesus und dem Vater, ein Ringen um eine letzte Chance. *»Abba, lieber Vater, es ist dir doch alles möglich! Dann lass doch diesen Kelch an mir vorbeigehen!«*, so gibt Markus das Gebet Jesu wieder (14,36). Aber dieses Drängen mündet hinein in Ergebenheit und Bereitschaft: *»Nicht wie ich will, sondern wie es deinem Willen entspricht!«* – Die junge Kirche erzählt: Als Jesus aus dieser Erschütterung zu den Seinen zurückkommt, findet er sie schlafend – dreimal passiert das! Sie waren später sicher selbst erschrocken darüber, dass sie ihn in dieser Stunde so allein gelassen hatten: ›Wären wir doch wenigstens hier mit ihm wach geblieben!‹ – Als Jesus zu ihnen zurückkommt, hat er sich gefasst. Er ist mit Gott ins Reine gekommen. *»Jetzt wird der Menschensohn in die Hände der Sünder überliefert! Kommt, wir gehen ihnen entgegen! Der Verräter ist schon da!«* (Mk 14,42). Sie schildern ihn menschlich. Aber am Ende steht wiedergefundene Kraft.

Die Verhaltung im Schutze der Nacht

Während Jesus noch redet, kommt der Suchtrupp mit Judas an der Spitze. Was für Leute zu diesem Trupp gehörten, wird von den Evangelisten unterschiedlich berichtet. Lukas spricht von ›Leuten aus dem Volk‹, Markus und Matthäus sprechen von einer Gruppe, die von ›Hohenpriestern, Schriftgelehrten und den Ältesten‹ – also von den Vertretern des Hohen Rates – mit Judas an der Spitze geschickt sind. Und Johannes, der manchmal in Einzelheiten so genau spricht, dass man hinter seinem Evangelium uralte Augenzeugenquellen vermuten könnte, nennt an erster Stelle die ›Kohorte‹, das heißt: eine Gruppe von römischen Besatzungssoldaten, und dann erst die jüdischen Beteiligten. Aus diesen unterschiedlichen Nachrichten ergibt sich Unsicherheit in Bezug darauf, bei wem die Initiative zur Verhaftung Jesu gelegen hat: beim jüdischen Hohen Rat oder bei der römischen Besatzungsbehörde. Das ist eine Frage, die auch alle jetzt folgenden Schritte – Verhöre, Prozess, Urteil – berührt, und eine gesicherte Antwort ist nach unserem heutigen Wissensstand wohl kaum möglich. Darüber werden wir später noch ein wenig nachzudenken haben.

Die Synoptiker erzählen

Jesus wird also verhaftet. Die Synoptiker erzählen, dass Judas auf Jesus zugegangen sei, um ihn zu umarmen und so auf ihn hinzuweisen, und dass Jesus dann gefasst worden sei. Simon, der Spontane, der dabei aber fast immer über das Ziel hinausschießt, zieht ein Schwert und schlägt damit zu – so treffsicher, dass einem armen Mann das Ohrläppchen abgeschlagen wird. Jesus aber verbietet einen solchen Kampf, und es werden bei Matthäus drei Gründe genannt: *»Wer zum Schwert greift, wird durch das Schwert umkommen!«* (Mt 26,52: Der Matthäus, der die Bergpredigt überliefert!), *»Ich könnte meinen Vater herbeirufen, und er würde mir mehr als zwölf Legionen Engel zur Hilfe schicken!«* (26,53), und: *»Die Schriften müssen erfüllt werden!«* (26,54). Jesus weist darauf hin, dass er täglich öffentlich im Tempel gewesen ist und da gesprochen hat, und sie haben ihn nicht verhaftet. Sie brauchten *»ihre Stunde und die Macht der Finsternis«*, sagt Lukas. Nur zu gut passt das zur Geschichte Gottes mit seinem Volk, wie sie in den alten Büchern aufgezeichnet ist. Dann aber fliehen die Jünger; ein junger Kerl von ihnen versucht noch, dem Trupp nachzugehen; da greifen sie nach ihm, packen aber nur seinen Umhang, und er rettet sein nacktes Leben (Mk 14,50–52).

Johannes erzählt

Beim Evangelisten Johannes ist diese Szene ganz anders dargestellt. Jesus ist und bleibt hier der Souveräne, und nur an ihm selbst, an seiner Bereitwilligkeit liegt es, dass sie ihn verhaften können. Jesus *»weiß alles, was über ihn kommen wird«* (18,4). Er tritt dem Trupp, der nach ihm fahndet, entgegen: *»Wen sucht ihr?«* Und als sie seinen Namen nennen, spricht er eins seiner berühmten ›Ich-bin-Worte‹ des Johannes-Evangeliums: *»Ich bin es!«*, sagt er; dreimal wird dieses Wort bei Johannes hier zitiert. Genau so klingt es im ersten Testament, in der Bibel Jesu und der ersten Christen, wenn Gott seine Nähe ansagen will. Göttliches leuchtet also über Jesus in dieser Szene auf. Entsprechend schlägt sein Wort ein: Der Haufen weicht zurück, und die Leute stürzen übereinander und fallen hin. Und dann fordert Jesus noch Freiheit für seine Jünger: *›Ihr sucht mich – hier bin ich! Dann lasst die da aber laufen!‹*, und auch diese Sorge um die Seinen entspricht einem alten Schriftwort – und damit der bisher immer wieder neu erfahrenen Sorge Gottes um sein Volk. Jesus steht hier ganz in Gottes Kraft und in Gottes Geist.

Dann wird Jesus abgeführt. Erstaunlicherweise nicht in ein Gefängnis der römischen Besatzungstruppen, die – wenn sie dabei waren – bei seiner Verhaftung eigentlich die Hauptrolle hätten spielen müssen, sondern zum Haus des jüdischen Hohenpriesters. Was da mit ihm geschehen sollte? Offenbar gab es da eine eilig zusammengerufene Versammlung des Hohen Rates – oder wenigstens einer Gruppe von Mitgliedern dieses

Gremiums. Was aber bezweckte dieses ungewöhnliche Treffen? Offenbar drängte die Zeit. Am nächsten Morgen sollte die Gerichtsverhandlung vor Pilatus sein, und dazu hatten sie noch einige unerlässliche Vorbereitungen zu treffen. Was da um und mit Jesus geschehen sollte, werden wir etwas genauer zu erforschen haben.

UNTERSUCHUNG – VERHÖR – PROZESS

Wir müssen noch einmal einen Blick werfen auf die Situation in Jerusalem. Es werden da in Bezug auf Jesus sehr unterschiedliche Meinungen, Erwartungen und Befürchtungen im Umlauf gewesen sein.

Unterschiedliche Haltungen Jesus gegenüber

Im Volk wird Jesus viele Sympathien gehabt haben. Es hatte sich wohl herumgesprochen: Er war ein faszinierender Mensch, ein Mann, der fesselte und Eindruck hinterließ. Und er war keiner von ›denen da oben‹. Der Anspruch, den er stellte, lag weder auf der Ebene des Standes noch auf der der Bildung. Der wuchs einfach heraus aus seiner Person. Der hatte etwas mit innerem Reichtum zu tun, mit ›Ergriffenheit‹ von Gott, mit ›Gottesnähe‹ sogar, die man wahrzunehmen meinte, und auch mit Sendungsbewusstsein. Das alles strahlte glaubwürdig aus, rührte an und überzeugte. Diese Überzeugungskraft ist wohl bei Jesus in hohem Maß vorhanden gewesen. Für viele Menschen traf das, was er sagte, ins Schwarze. Es erschien als vernünftig, plausibel, wenn es auch oft überraschte und ein bürgerlich-vorsichtiges Ordnungsdenken über den Haufen warf. Sie gestanden ihm auch wohl eine gewisse ›Wildheit‹ zu; er war kaum einzuordnen. In seiner Unbekümmertheit – sogar in einer gewissen Rücksichtslosigkeit – griff er einzelne, selbstverständlich gewordene Lebensvollzüge heraus, sezierte sie, legte das Negative schonungslos offen, um damit in großer Freiheit das Positive, den gottgewollten Sinn, freizuschaufeln. Diese Herausforderung zum Positiven hin werden viele erstaunt und nachdenklich wahrgenommen haben, wenn dabei manchmal auch Grenzen überschritten zu werden schienen. Die Pharisäer allerdings sahen wohl auch bei Jesus die Konturen des Frommen, des Gesetzmäßigen, des vor Gott Richtigen verschwimmen. Und die Sadduzäer, die an den Tempel gebunden waren, die vom ›Heiligen‹ also eine noch konkretere Vorstellung hatten, konnten mit diesem Jesus wahrscheinlich überhaupt nicht viel anfangen; der lag außerhalb ihrer Denkgewohnheiten, ein Buch mit sieben Siegeln; sie verstanden ihn nicht. Und deswegen lassen sie ihn auch zunächst – misstrauisch, aber hilflos – gewähren. Sie schreiten nicht einmal offiziell ein bei der so genannten Tempelreinigung durch Jesus. Das Volk aber traut Jesus offenbar einiges zu. Ihnen leuchtet wohl intuitiv die Grundlinie seines Lebens und seines Anliegens ein. Und wenn sie sich wohl selbst auch – natürlicherweise – vor einer eventuell auch von ihnen geforderten ›Totalität‹ fürchten, so lassen sie doch offenbar seine ›Totalität‹ gelten: Das ist gut, dass einmal einer auftritt, der so denkt, der so spricht und der so handelt! Das kann im Grunde nur der Klärung und der Befreiung des Lebens, auch des religiösen Lebens, dienen!

Jesus und die Staatsmacht

Wahrscheinlich haben sich manche von Jesus auch im Bereich der Politik etwas erhofft, obwohl Jesus zu solchen Hoffnungen anscheinend nie Anlass gegeben hat. Als ihm einmal eine politisch brisante Frage vorgelegt wurde – ob es erlaubt sei, als Jude, der allein Gott die höchste Ehre zu geben hatte, dem römischen Kaiser Steuern zu zahlen –, da betont er in seiner unnachahmlichen souveränen Klarheit: *›Gebt doch um Himmels willen dem Kaiser, was der Kaiser beansprucht! Mich interessiert nur eins: Gebt Gott, was Gottes ist!‹*, so könnte man jedenfalls Mk 12,14 übersetzen. Gegen Rom hat Jesus also sicher nicht gesprochen. Die Hoffnung, die das Volk auf Jesus setzte, war aber sicher doch eine diffuse Hoffnung gegen alles Etablierte, gegen einzwängende Ordnungs- und Machtansprüche. Viele haben wahrscheinlich gedacht: Wenn einer ›denen da oben‹ – und zwar denen von unserem Hohen Rat, aber natürlich auch den Römern – einmal ›die Wahrheit sagen‹ würde, dann wäre das nicht falsch! Und dieser Jesus wäre vielleicht der Richtige dazu.

Die politische Seite der ›Herrschaft Gottes‹

Der Hohe Rat hat wohl die Stimmung im Volk sehr genau erkannt. Er hatte Angst vor der Reaktion der Massen. Sie könnte zum Konflikt mit der römischen Besatzungsmacht führen. Die Römer waren sicher längst aufmerksam geworden auf diesen Jesus, und dass er jetzt beim Fest unter so viel Volk in Jerusalem, im Herzen Israels, auftauchte, das hat wohl auch sie hellhörig gemacht. Sie hatten sicher davon gehört, dass es Jesus um ›Gottes Königsherrschaft‹ ging. Darunter konnten sie sich wahrscheinlich wenig vorstellen. Sie wussten aber auch, dass Politik und Religion in Israel immer sehr eng zusammengehörten. Eine religiöse Vorstellung, die ein ›Königtum‹ predigte – und wenn es auch ›nur‹ das Königtum Gottes war –, musste mit dem Irdisch-Politischen etwas zu tun haben. Und ein solches – wie immer geartetes – Königtum in Israel war zunächst einmal mit dem römischen Kaisertum nicht abgestimmt und wohl kaum mit ihm vereinbar. Deswegen galt Jesus den Römern sicher nicht nur als verdächtig, sondern auch als gefährlich, und sie haben sicher auch überlegt, ob sie hier nicht eingreifen müssten. So ist vielleicht wirklich die Initiative zur Verhaftung Jesu von römischer Seite ausgegangen, auf einen Prozess vor dem Statthalter hin. Dann hätten nicht jüdische Instanzen, sondern die Römer den ersten Schritt zur Verhaftung und zum Urteil über Jesus hin getan. Der geschichtliche Verlauf könnte so gewesen sein. Dann wäre Jesus nicht von jüdischen Instanzen als ›Gotteslästerer‹ überliefert worden, sondern von Römern aus politischen Gründen: als ›König der Juden‹.

Jüdischer oder römischer Prozess?

Und dann aber ›die Juden‹? Die jüdische Behörde, der Hohe Rat? Ist er nicht auch an einem Prozess gegen Jesus interessiert? Hat er nicht auch Gründe, Jesus zu verurteilen und vielleicht sogar dem Römer zur Vollstreckung der Strafe, die sie für ihn finden, auszuliefern? Die Quellenlage zur Frage nach einem jüdischen Prozess gegen Jesus ist nicht eindeutig. Nur Markus spricht von einem jüdischen Gerichtsverfahren; er erwähnt jedenfalls eine Verurteilung Jesu (Mk 14,64). Matthäus und Lukas sprechen von einer Art Untersuchung zum Fall Jesus vor dem Hohen

Rat. Und Johannes erwähnt nicht einmal das; er kennt nur den Prozess vor Pilatus. Was ist denn das Anliegen der jüdischen Behörde, wenn sie Truppen der eigenen Tempelwache mit der römischen Kohorte zur Verhaftung Jesu schickt? Wenn sie Jesus nach der Verhaftung zunächst in jüdisches Gewahrsam nimmt? Und wenn sie sich – mitten in der Nacht vor ihrem höchsten Feiertag – versammeln, um in einem Eilverfahren über Jesus zu beraten? Dass sie unter Zeitdruck standen, wissen wir schon. Am nächsten Morgen sollte der Prozess vor Pilatus stattfinden; der war offenbar schon angesetzt. Sie hatten nur in dieser einen Nacht die Gelegenheit, noch etwas zu unternehmen. Was aber wollten sie unternehmen?

Die jüdische Voruntersuchung

Die bisher fast allgemein vertretene Auffassung zu dieser Frage ist: Dass sie sich versammeln, entweder um juristisch verbindlich ein Urteil über Jesus zu fällen, oder wenigstens, um Anklagepunkte gegen Jesus zu suchen und zu finden, die sie vor der römischen Instanz gegen Jesus vorbringen könnten. Gegen einen regelrechten Prozess des Hohen Rates gegen Jesus in dieser Nacht spricht eine ganze Menge von jüdischen Rechtsvorschriften; danach scheint es fast ausgeschlossen, dass ein Prozess stattgefunden haben kann. Und das Suchen nach Anklagepunkten für das Verfahren vor Pilatus setzt voraus, dass sie der Überzeugung sind, Jesus habe die Todesstrafe verdient und müsse jetzt an Pilatus ausgeliefert werden; jetzt seien nur noch Gründe zu sammeln, die Pilatus akzeptieren müsse. Konnten sie aber zu dieser Überzeugung von einer solchen Schuld Jesu kommen? Gab es Verhaltensweisen Jesu, die nach jüdischer Rechtsauffassung die Todesstrafe verdient hätten? Fachleute sind da heute skeptischer als zu früheren Zeiten. Was aber hätte dann die nächtliche Versammlung des Hohen Rates gewollt?

Eine andere Deutung dieser Voruntersuchung

Eine schon ältere, aber neuerdings wieder vertretene Auffassung sieht das Anliegen der jüdischen Behörden in dieser Nacht ganz anders, und das hat – zugegebenermaßen – ein Stück Plausibilität für sich. Sie geht von der Voraussetzung aus, dass im Verhalten Jesu – wenn es denn auch in einer gewissen Weise anstößig war und auch als solches empfunden wurde – niemals und in keiner Weise ein nach jüdischen Vorstellungen todeswürdiges Verbrechen vorgelegen habe. Jesus ›passte‹ in das religiöse jüdische Umfeld – wenn er auch diese ›Wildheit‹ besaß, die aber nach jüdischer Sicht verkraftet werden konnte. Diese Auffassung meint, die jüdische Behörde habe nicht Gründe für eine Verurteilung Jesu sammeln wollen, sondern ganz im Gegenteil: Sie habe versuchen wollen, Jesus gleichsam im letzten Augenblick zu retten, ihn zur Besinnung zu bringen, damit er vor dem Gericht des römischen Statthalters nachgäbe, seine anstößige Botschaft vom ›Königtum‹ Gottes widerrufe. Der Hohe Rat habe diesen Versuch unternommen, weil Jesus ja Jude gewesen sei und die jüdische Behörde nie gerne einen Landsmann den verhassten Römern ausgeliefert habe. Der Hohe Rat habe zudem Angst vor dem Volk gehabt. Er sei sich dessen bewusst gewesen, dass er nur dann, wenn er Jesus gegenüber Pilatus unterstützen und letztlich vor Pilatus retten würde, sein Ansehen vor dem Volk erhalten könne. Er würde ganz schlecht dastehen, wenn er die Verurteilung Jesu durch den Römer nicht habe verhindern können. So habe der Hohe Rat noch versucht, Zeugen zu finden, die Jesus entlasten könnten. In der Verhandlung, die er dann aber mit Jesus geführt habe, habe der Hohe Rat erkennen müssen, dass Jesus keinen Finger breit von seiner Linie abzubringen war. Im Gegenteil: Jesus habe auch hier noch in geradezu prophetisch beschwörender Weise vom *»Kommen des Menschensohnes auf den Wolken des Himmels«* gesprochen als von einem unmittelbar bevorstehenden Ereignis, einem erwarteten ›eschatologischen‹, d.h. die Welt zu Ende führenden Ereignis, das einen radikalen Einbruch Gottes in Zeit und Geschichte ansagt. Jesus sei offenbar völlig darauf fixiert gewesen und habe um diese Botschaft von Gott alles – und um seine eigene Rettung nichts gegeben. Und erst dann habe der Hohepriester resigniert feststellen müssen: Wir erreichen nichts bei Jesus! Und: ›Dann muss er eben sterben. Und dann ist es immer noch besser, einer stirbt für das Volk, als dass das ganze Volk zugrunde geht!‹ (vgl. Joh 18,14). Und erst darauf habe er seine Kleider zerrissen – aus Trauer – auch um die Not seines Volkes –, und nicht, weil Jesus Gott gelästert habe. So habe er anzeigen wollen: Wir haben alles getan, aber so ist Jesus nicht zu retten! Danach hätten die Dinge ihren Lauf genommen, und der Prozess und das Urteil vor Pilatus seien nicht mehr aufzuhalten gewesen.

Evangelien als ›Tendenz-erzählungen‹

Um diese zweite Sicht von den Ereignissen um den Prozess Jesu durchtragen zu können, muss man eine ganze Menge von dem, was die Evangelien erzählen, als Tendenz-Erzählungen erklären, die also nicht einfach historisch Geschehenes wiedergeben, sondern die – in späterer Zeit verfasst – entweder in Unkenntnis der wahren Vorgänge – das wäre eher zu verstehen – oder aber eben von vorne herein in tendenziöser Absicht, allein dem Jüdischen die ›Schuld‹ am Tod Jesu in die Schuhe haben schieben wollen, aus welchem Grund auch immer. – Dass die Evangelien grundsätzlich Tendenzschriften sind, Schriften also, die nicht einfach objektiv Geschichte erzählen, sondern subjektiv interpretierte Geschichte, die mit der Geschichte eine Botschaft verkünden wollen, das haben wir schon besprochen. Die Evangelien sind von Menschen verfasste Schriften. ›Frohe Botschaft‹ in ihnen begegnet uns also immer menschlich, in menschlich beschränkter Sprache und sogar in menschlich ›gebrochener‹ Aussage; wir haben sogar mit ›allzu Menschlichem‹ zu rechnen. Wie weit solche ›Gebrochenheit‹ reicht und welche Konsequenzen für das Verstehen der eigentlichen (›ungebrochenen‹) Botschaft sie hat, wie sie gesichtet und berücksichtigt werden muss: Das erkennen wir erst nach und nach, und das wird sicher in bestimmten Bereichen, zum Beispiel auch, wenn es sich um den Prozess Jesu handelt, weiter untersucht werden müssen. Wir brauchen vor den Ergebnissen solcher Untersuchungen keine Angst zu haben. Für uns wird gelten müssen, dass wir uns für jede begründete Sicht offen zu halten haben, auch dann, wenn eine neue Sicht einiges durcheinander zu bringen scheint. Bei näherem Hinsehen werden wir erkennen, dass wir mit Tendenzen sehr gut werden umgehen können –

wenn wir sie denn wahrnehmen und einordnen – und dass uns auch hier – wie Johannes das sagt – ›die Wahrheit frei macht‹ (vgl. Joh 8,32). Es wird Ballast abfallen von uns, der die Geschichte belastet hat. Wir werden die Notwendigkeit von Umdenken erkennen, Urteile korrigieren und Folgen eingestehen, bedauern und nach Kräften aufarbeiten müssen. Aber die Wahrheit wird uns ›entschädigen‹. – Nach diesem Exkurs aber noch einmal zurück zu Jesu Prozess: Von den Römern wäre Jesus dann verurteilt worden, wie es an der Inschrift über seinem Kreuz abzulesen ist: Als ›König der Juden‹, als einer, der nach römischer Sicht lächerlicher-, aber auch gefährlicherweise behauptet hat, mitten in einem unterworfenen, aber halsstarrigen Volk etwas mit einem undefinierbaren ›Königtum‹ zu tun zu haben, und dem die römische Besatzungsmacht dann zeigen wollte, wie sie mit solchen ›Königen‹ umzugehen gedächte.

VERHANDLUNGEN – NACH DEN SYNOPTIKERN

Wir sollten zunächst aber wahrnehmen, was die Evangelien sagen, und dann fragen, warum sie das in dieser Weise tun. Dabei ergeben sich – das fällt sofort auf – große Unterschiede zwischen den Sichtweisen der Synoptiker und des Johannes-Evangeliums.

Jesus vor dem Hohen Rat

Alle drei Synoptiker berichten, dass Jesus zum Haus des Hohenpriesters Kajaphas geführt worden sei, und da hätten sich die Priester, die Ältesten und die Schriftgelehrten, also der Hohe Rat, versammelt. Markus und Matthäus schreiben, dass der Hohe Rat Zeugen gegen Jesus gesucht habe, offenbar, um einen Ausspruch Jesu oder eine seiner Taten gleichsam aktenkundig zu machen. Es scheint nach dieser Darstellung für den Hohen Rat festzustehen, dass Jesus so, wie er auftritt, zunächst für die religiöse, vielleicht auch für die politische Situation untragbar geworden ist. Er muss weg; deswegen versammeln sie sich. Es hatte in den letzten Tagen eine Menge Zusammenstöße mit ihm gegeben (vgl. Mk 11–12 par). Beim Volk gab es Begeisterung, aber das war Begeisterung für den Falschen. Dieser Jesus bringt Unruhe. Die Sache darf nicht aus dem Ruder laufen. Deswegen haben sie Jesus festnehmen lassen. Jetzt steht eine Entscheidung an. Es fehlt nur noch die genaue Feststellung der Fakten; dann wird sich ein Urteil rechtlich begründen lassen.

Falsche Zeugen

Es werden tatsächlich Zeugen vernommen, aber ohne Erfolg: Ihre Aussagen passen nicht zusammen. Ausdrücklich wird hier auf ein eigenartiges Wort eingegangen, das Jesus gesagt haben soll: *»Ich habe die Kraft, den Tempel Gottes niederzureißen und in drei Tagen wieder aufzubauen!«* (Mk 14,58), ein Wort, das in provozierend übertriebener Weise die Macht Jesu, aber auch die Nichtigkeit der Institution Tempel aussagt. Allem Anschein nach hat es ein Wort Jesu in dieser Richtung wirklich gegeben, denn die Evangelisten bemühen sich schon um eine Deutung, das heißt: Sie finden es überliefert, aber es klingt auch ihnen geheimnisvoll oder anstößig. Bei Markus spricht Jesus nicht von einem ›Wiederaufbau‹ des zerstörten Tempels, sondern von einem *»anderen Tempel, der nicht von Händen gemacht ist«* (14,58): ›Tempel‹ ist also hier als Bildwort verstanden. Und der Evangelist Johannes erläutert später dieses Bild (2,19–21): Jesus habe hier den *›Tempel seines Leibes‹* gemeint, sich selbst also, und mit diesem Wort seine Auferweckung angedeutet. Wahrscheinlich hat der radikale, ›wilde‹ Jesus ursprünglich durch ein solches Wort wirklich den Anspruch seiner Sendung zum Ausdruck gebracht, zornig-provokativ gegenüber einer zu Ritus, Formel und Gesetz verkommenen Gottesbeziehung: ›Diese Art von Tempel, die kann man abreißen – und in ein paar Tagen einen Ersatz dafür schaffen!‹

Die ›Wahrheit‹ hinten den Zeugenaussagen

Hier, in der Verhandlung, kann dieses Wort den entscheidenden Ausschlag gegeben haben. Denn nach einem Wort aus dem Buch des Propheten Jeremia ist eine Prophetie gegen den Tempel und die Stadt Jerusalem tatsächlich ein todeswürdiges Verbrechen (Jer 26). Vielleicht haben die Evangelisten dieses harte Wort Jesu gegen den Tempel vor Augen behalten, aber zu ihrer Zeit gab es den Jerusalemer Tempel ohnehin nicht mehr – die Römer haben ihn 70 n. Chr. geschleift – und so wurde das Wort zumindest in den Mund falscher Zeugen gelegt. Denn außerdem musste sich die junge Kirche einerseits mit der römischen Weltherrschaft arrangieren und nicht zu sehr gegen sie als Mörder ihres Herrn polemisieren, andererseits musste der aktuelle Konflikt mit den jüdischen Gemeinden um die Frage, ob die Christen noch zur Synagoge gehörten oder nicht mehr, verarbeitet werden: Man entschied sich dafür, die Schuld für den Tod Jesu eher in Richtung jüdischer Instanz zu verlagern und die Römer, allen voran Pontius Pilatus, zu entschulden. Das wird sehr deutlich, wenn man die Erzählungen aus den Evangelien nebeneinander liest: Je jünger sie sind (also von Markus ausgehend über Matthäus und Lukas bis zu Johannes), desto besser kommt Pilatus weg.

Der messianische Anspruch als ›vorgeschobener‹ Grund

So geht es bei allen drei Synoptikern in der Verhandlung vor dem Hohen Rat um den Anspruch Jesu – und zwar um seinen religiösen Anspruch. Sein Verhältnis zum Tempel steht in Frage, und er will der ›Messias‹ sein. Zunächst schweigt Jesus auf vorgebrachte Anschuldigungen hin, so, als verweigere er der Versammlung die Anerkennung oder sei sich dessen bewusst, gegen ihre Voreingenommenheit sowieso nichts ausrichten zu können. Bis dann der Hohepriester ihn gleichsam unter Eid nimmt: *»Ich beschwöre dich beim lebendigen Gott: Sag es uns, wenn du der Messias bist!«* (Mt 26,63). Da bejaht Jesus diese Frage (Mk 14,62; nach Matthäus und Lukas etwas ›getarnter‹, indirekter). Und dann setzt Jesus – nach allen drei Synoptikern – noch einmal an zu einer letzten, der größten Provokation: mit der unglaublichen Ankündigung: *»Ihr werdet sehen den Menschensohn zur Rechten der Kraft (Gottes)«* und *»kommend auf den Wolken des Himmels!«* (Mk 14,62 par). Mit diesem Satz tut sich mitten in den menschlich hilflosen Untersuchungen des Hohen Rates gleichsam der Himmel auf. Es tauchen Bilder auf von göttlicher Bestätigung für einen bedrängten und abgelehnten Menschen und von göttlicher Macht für ihn zum kommenden Gericht. Der ›Menschensohn‹ zur Rechten der ›Kraft Gottes‹, das heißt: Da wird es einen Menschen geben, hineingeholt in den Geheimnisbereich göttlich richterlich-fordernder Macht und für alle sichtbar in dieser Erhöhung. Und dieser ›Menschensohn‹ wird zukommen auf die Erde, auf den ›Wolken des Himmels‹. Hier wird wieder in Bildern gesprochen. Es werden aufgenommen ein Psalm (110), der beschreibt, wie einem Menschen von Gott eine königliche Vermittlerrolle zwischen Gott und Mensch übergeben wird, und ein Traum des Propheten Daniel vom Weltenrichter, der im Namen Gottes kommt (Dan 7,13). Und beides ist hier von den Evangelisten auf Jesus bezogen. Jesus habe sich als den bald erhöhten Menschensohn angesagt, der kommen werde, um dann – nicht nur sein Volk, sondern auch dieses hier zusammensitzende Gericht – richten zu können. Mehr kann Jesus eigentlich von sich nicht sagen. Höher kann er sich nicht mehr stellen. Er will der von Gott selbst bestätigte Gesandte und der endgültig von Gott beauftragte Richter sein. Und daraufhin – so stellen es die Synoptiker dar – habe der Hohepriester seinen Talar zerrissen und von offenbarer ›Lästerung‹ gesprochen, von Beleidigung Gottes: Hier habe sich einer Positionen vor Gott angemaßt, derer er in keiner Weise würdig war. Damit habe er Gott erniedrigt, und vor so einem sei Gott und sein Volk zu schützen. Und alle hätten dann für den Tod Jesu plädiert. Sie brauchten keine Zeugen mehr, keine Anklagepunkte, die Fremde liefern mussten. Sie hätten die ›Lästerung‹ mit eignen Ohren gehört: Er muss sterben! Sie fesseln ihn, bringen ihn weg und schleppen ihn vor den Römer.

Die theologische Deutung der Synoptiker

Die synoptischen Evangelisten malen mit dieser Szene ein großes Jesusbild. Jesus ist – nach diesem Bild – derjenige, dem einmal Macht und Auftrag gegeben werden, das die Weltgeschichte beendende Handeln Gottes herbeizuführen: die letzte, Ordnung schaffende Richtigstellung und die endgültige herrscherliche Nähe Gottes. Der deswegen beansprucht, jetzt schon als Einbruch Gottes in die Menschenwelt ernst genommen zu werden. Er wäre das entscheidende Angebot Gottes an sein Volk gewesen.

Die synoptischen Evangelisten stellen dar, dass dieser so gezeigte Jesus vom Hohen Rat als der Vertretung des jüdischen Volkes nicht angenommen worden sei. Auftreten und Anspruch Jesu hätten die Verantwortlichen als Zumutung empfunden, und die geführte Verhandlung habe sie darin noch bestätigt. So hätten sie Jesus verurteilen oder wenigstens abschreiben müssen. Dann aber hätten sie auch dafür zu sorgen gehabt, dass das Urteil bestätigt und vollstreckt werde, und dazu hätten sie die andere Instanz nötig gehabt. So hätten sie Jesus vor die Römer gebracht. Es blieb dann nur noch die Frage, wie man die römische Instanz von einer todeswürdigen Schuld Jesu überzeugen könnte.

Akzentverschiebung beim römischen Prozess

In der Schilderung der Verhandlung vor *Pilatus* durch die Synoptiker muss sich der Akzent deswegen verschieben. Immer wieder ist hier von Jesus als *›König der Juden‹* gesprochen; besonders Pilatus braucht diesen Titel, nach Matthäus auch in Verbindung mit dem Titel *›Messias‹;* Lukas übersetzt, was die Nennung dieser Bezeichnung eigentlich meint. Die versammelten Mitglieder des Hohen Rates hätten Jesus angeklagt als einen, der *›dem Volk den Kopf verdreht‹*, der *›verbietet, dem Kaiser Steuern zu zahlen‹* und der selbst beanspruche, *›Messiaskönig‹* zu sein (23,2). Jesus *›wiegle das Volk auf‹* (23,5). Vorwürfe, die Pilatus aber offenbar nicht bestätigt gefunden habe – und auch nicht Herodes Antipas, der jüdische Landesvater Jesu, zu dem Pilatus Jesus zur Beurteilung habe bringen lassen. Jesus wird durch diese Vorwürfe vor Pilatus auf eine politische Ebene gezogen – und offenbar von Pilatus auch nur aus dem politischen Blickwinkel gesehen. Deswegen schlägt Pilatus jetzt auch einen kalten – politischen – Handel vor. Sie können wählen, wen sie frei haben wollen: einen gefassten Terroristen oder den anderen ›Aufwiegler‹, den ›Messias-König‹. Als sie sich für Barabbas entscheiden, passt Pilatus, um Tumult zu vermeiden, wäscht sich aber doch noch seine Hände *›in Unschuld‹* (Mt 27,24), offenbar, um sich vor seinen Göttern die weiße Weste zu bewahren. Dem ›Volk‹ aber wird bei dieser Gelegenheit von Matthäus, dem ›verwundeten Juden‹, der sein Volk liebt und von der Ablehnung Jesu durch Israel zutiefst getroffen ist, das furchtbare – und auf schrecklichste und missverstandene Weise ausgeschlachtete – Wort in den Mund gelegt: *»Sein Blut – über uns und unsere Kinder!«* (27,25). Pilatus lässt Barabbas frei und übergibt Jesus zur Auspeitschung und Kreuzigung.

Die Schuldzuweisung an ›die Juden‹

Hier sind die jüdische Obrigkeit und das Volk als die ›Schuldigen‹ am Tod Jesu dargestellt: Sie haben Jesus nicht gewollt und ihn Pilatus zugespielt. Jetzt nimmt das Schicksal seinen Lauf, das Schicksal Jesu – aber auch das Schicksal seines Volkes. Die Synoptiker schrieben so, weil sie so betroffen waren. Offenbar sehen sie – und hier besonders Matthäus – zwei furchtbare Ereignisse aus der jüngeren Geschichte Israels zusammen, von denen sie mindestens eins noch miterlebt hatten: Sie sehen die Ablehnung Jesu durch Israel – und die Zerschlagung Israels durch Rom. Beides sind für Israel Katastrophen, und beide müssen wohl in ursächlichem Zusammenhang stehen – so ahnen sie in einer auch bei Israels Propheten vorhandenen, vielleicht urjüdischen, Kompromisslosigkeit: Wenn das Volk seine Sinnspitze vergisst oder verrät, ist seine Existenz in Gefahr. Erschüttert stehen die Menschen, die das so sehen, vor den Ereignissen. Und dann bleibt den Davongekommenen, die die Folgen noch spüren, nur noch das Eine: Die Klage darüber, dass es so kommen musste, eine Klage, die leicht zur Anklage wird und einen Schuldigen sucht aus Verzweiflung, die aber die Sinne trügen kann. Der Ruf aber: *›Sein Blut komme über uns!‹* braucht nicht ›Schuldbekenntnis‹, braucht nicht herausfordernde Inkaufnahme einer göttlichen Rache zu sein. Er kann auch verstanden werden als erschütterter Kommentar zu einem grausamen Tod und den grausamen Folgen, die ihnen als unausweichlich erschienen. Wir können heute diesen Ruf als solche Erschütterung wahrnehmen. Wir werden sie achten und vielleicht sogar zu teilen haben; wir könnten sie sogar auf uns selbst beziehen, da die Ablehnung der Herausforderung Gottes in Jesus und der Bruch, der – deswegen? – durch die Welt geht, bis heute und auch von uns nicht aufgearbeitet sind.

VERHÖR UND URTEIL NACH DEM JOHANNES-EVANGELIUM

Nach dem Johannes-Evangelium sieht diese Geschichte ganz anders aus. Johannes malt große Bilder, und wir müssen fragen, was sie uns sagen.

Die Befragung durch Hannas

Es beginnt bei Johannes mit so etwas wie einem ›jüdischen Vorspiel‹, von dem aber – vielleicht mit echten Erinnerungen an Geschehenes – doch nur kurz und bruchstückhaft erzählt wird. Jesus wird nach seiner Verhaftung durch römische Soldaten und jüdische Tempelpolizei gefesselt nicht zum Hohenpriester und dem Hohen Rat gebracht, sondern zu Hannas, der als Schwiegervater des amtierenden Hohenpriesters bezeichnet wird, allerdings später auch als Hohepriester, was auf einer Verwechslung beruhen könnte. Vielleicht aber hat es hier wirklich nicht einen offiziellen jüdischen Verhandlungsakt eben vor dem Hohenpriester gegeben, sondern nur eine mehr oder weniger formlose Befragung durch eine untergeordnete jüdische Instanz. Hannas befragt Jesus nach seinen Anhängern und seiner Lehre; vor allem die Zahl seiner Gefolgsleute wird wichtig gewesen sein und sein Anliegen. Jesus verweist darauf, dass er immer öffentlich gesprochen habe und dass deswegen eine solche Frage doch wohl besser von Augen- und Ohrenzeugen beantwortet werden könne. Einer der Umstehenden schlägt Jesus daraufhin, und Jesus spricht den berühmten Satz: *»Wenn ich etwas gesagt habe, das sich nicht gehört, dann weise mir das nach; wenn das aber nicht der Fall war: Warum schlägst du mich dann?«* (18,23), eine souveräne Verteidigung, mit der Jesus ein unbeherrschtes emotionales Tun auf eine beherrschbare rationale Ebene zwingt. Die Verhandlung geht dann offenbar ohne jedes weitere Ergebnis zu Ende.

Jesus bei Kajaphas

Danach wird Jesus – wieder gefesselt – zum Hohenpriester Kajaphas geführt. Von ihm berichtet Johannes, er habe früher schon im Nachdenken über das Vorgehen gegen Jesus den Grundsatz vertreten, es solle besser ein Einzelner sterben, als dass das ganze Volk zugrunde gehe. Kajaphas hat demnach befürchtet, dass dann, wenn sie Jesus gewähren ließen, das Volk – von den Römern her – gefährdet wäre. Von einer Vernehmung durch Kajaphas oder den Hohen Rat sagt Johannes nichts.

Der römische Prozess

Von dort wird Jesus zum Prätorium, dem Aufenthaltsort des römischen Statthalters Pilatus, gebracht, und hier kommt es dann zu dem, was Johannes wichtig ist: zur Verhandlung vor Pilatus. Davon wird fast umständlich, aber doch auch dramatisch erzählt.

Zunächst bringen ›die Juden‹ Jesus gefesselt zum Prätorium. Sie selbst gehen in das heidnisch ›unreine‹ Gebäude nicht hinein, um nicht von der Unreinheit ›angesteckt‹ zu werden. Pilatus kommt deswegen zu ihnen heraus. Pilatus fragt nach dem Grund dafür, dass sie Jesus zu ihm bringen. Sie antworten hier nur vage, ohne eine konkrete Schuld anzugeben: *»Wenn der kein Verbrecher wäre, hätten wir ihn nicht vor dich hin ge-*

bracht!« (18,30). Pilatus daraufhin: *›Wenn das für euch so klar ist, dann macht ihm doch selbst den Prozess!‹* (vgl. 18,31). Die Ankläger: *›Der hat die Todesstrafe verdient, und die dürfen wir nicht verhängen!‹* (vgl. 18,31). Sie wollen ihn also zum Tod verurteilt haben, können aber im besetzten Land ein solches Urteil weder verhängen noch vollstrecken.

Das Verhör durch Pilatus

Pilatus geht ins Prätorium zurück und lässt Jesus vorführen. Er stellt ihm die Frage, ob er der ›König der Juden‹ sei. Diese Frage taucht hier unvermittelt auf; von Seiten der jüdischen Ankläger ist davon bisher nicht die Rede gewesen. Jesus antwortet nach Johannes – vielleicht spöttisch: *›Glaubst du das wirklich selbst, oder plapperst du das nur den andern nach?‹* (vgl. 18,34). Pilatus braust offenbar auf: ›Das brauche ich mir von dir nicht unterstellen zu lassen. Ich bin Römer! Also bitte: Was hast du verbrochen?‹ Da antwortet Jesus – und das ist einer der Höhepunkte dieses Bildes –, dass sein Königtum *›nicht von dieser Welt‹* sei; sonst würden ja wohl Anhänger für ihn kämpfen. Und als Pilatus nachfragt: *»Dann bist du aber doch ein König?«*, sagt er klar: *»Ja, ich bin ein König!«* Und er fügt an so etwas wie eine Begründung an: Er ist König, weil er einen göttlich-königlichen Auftrag zu erfüllen hat: *»Ich bin dazu geboren und in die Welt gekommen, dass ich für die Wahrheit Zeugnis ablege.«* Jesus sieht seine Aufgabe darin, der Welt die Wahrheit zu zeigen, der Welt die Augen für die Wirklichkeit zu öffnen, und das ist immer auch die Wirklichkeit Gottes. Sie soll den Menschen treffen. Sie soll ihn bestimmen. *›Und jeder, der aus dieser Wirklichkeit ist, der zu Gott gehört, weil er nachvollzieht, dass er aus Gott stammt, der hört auf das, was ich zu verkündigen habe!‹* (vgl. 18,35–38). Pilatus antwortet darauf mit der berühmten Frage: *»Was ist das: Wahrheit?«* – Wer sagt uns denn schon, wie Wirklichkeit, erst recht Wirklichkeit Gottes, aussieht?

Nach Johannes hat Pilatus offenbar verstanden, dass Jesus den Römern nicht gefährlich werden kann; er findet keine Schuld an ihm. Aber er lässt Jesus nicht einfach frei; der ist ja schließlich Jude und in seiner Hand: So leicht kommt der nicht wieder los. Da gibt es wenigstens einen Handel. Er geht wieder zu ›den Juden‹ hinaus und bietet einen Tausch an: Sie können Jesus haben, ihren ›König‹ – oder einen Terroristen, der gefasst worden war. Damit stellt er Jesus auf eine Stufe mit einem Verbrecher. Sie wählen den Barabbas.

»Ecce homo«

Wenn man sich in die Bildgeschichte hineindenkt, kann man sich vorstellen, dass Pilatus jetzt wütend ist. Er lässt Jesus geißeln. Die syrischen Söldner treiben ihren Spott mit diesem verhassten Juden. Dann führt Pilatus ihn dem Volk vor, mit Dornenkrone und purpurnem Mantel: ›Guckt euch diesen Kerl an!‹ (vgl. 19,5). Und als die Meute schreit: *»Ans Kreuz mit ihm!«*, entgegnet er: *»Nehmt ihr ihn! Ich finde keine Schuld an ihm!«* Und ›die Juden‹: *»Der muss sterben: Der hat sich zum Sohn Gottes gemacht!«* (19,7). Hier fällt das Stichwort, das für Johannes ebenfalls wichtig ist – wie ›König‹ und ›Zeuge für die Wahrheit‹. Es weist nicht mehr nur hin auf eine Funktion, eine Aufgabe Jesu, sondern auf sein

Wesen, auf sein Geheimnis. Und Pilatus wird geschildert, als habe er genau das gespürt: Er fürchtet sich noch mehr und fragt: *»Von wo bist du?«* (19,9). Jesus aber schweigt; nicht vor jedem muss er seine Tiefe offenbaren. Und als Pilatus auf seine Macht pocht, ihn entweder freizulassen oder zu kreuzigen, macht Jesus ihm klar, dass ihm diese Macht *›von oben‹* gegeben sei, von dem Gott also – muss Pilatus denken –, dessen ›Sohn‹ Jesus sein soll. Pilatus ist lediglich Werkzeug, getragen von Gottes Macht zur Erfüllung von Gottes Willen. Und wenn dieses Werkzeug von anderen gegen Gottes Willen benutzt wird, dann haben diese anderen die eigentliche Schuld (vgl. 19,10–12).

Pilatus unter Zugzwang

Pilatus will Jesus freilassen. Aber ›die Juden‹ greifen zu einem letzten Mittel: *»Wenn du den freilässt, bist du kein Freund des Kaisers mehr!«* (19,12). Als Pilatus das hört, passt er. Er lässt Jesus herausführen, setzt sich in aller Öffentlichkeit auf den Richterstuhl, wirft es ›den Juden‹ noch einmal an den Kopf: *›Da, euer König!‹* Und als sie wieder schreien: *›Euren König soll ich kreuzigen?!‹* Und jetzt bringt Johannes das im Mund von Juden unglaubliche Wort, den Höhepunkt jüdischer Selbstaufgabe und Erniedrigung aus der Feder des Johannes: *»Wir haben keinen König als den Kaiser!«* (19,15). Da übergibt ihnen Pilatus Jesus zur Kreuzigung.

›Die Juden‹ bei Johannes

Die ganze Geschichte ist bei Johannes in sich zuspitzender Dramatik dargestellt. Pilatus steht im Rampenlicht. Vor ihm macht Jesus wesentliche Aussagen – zu seiner Person und zu seiner Sendung. Aber letztlich bleibt Pilatus Spielball – von anderen, die besser ›spielen‹ können. Jesus steht irgendwie außerhalb, abwartend, unberührt. Er sagt noch einmal Großes zu seiner Aufgabe, aber das wird durch die resignierte Antwort des Pilatus aufgelöst. Die eigentlich Treibenden sind ›die Juden‹, bei Johannes eine seltsam anonyme Gruppe. Johannes spricht oft von ›den Juden‹, und fast immer abwertend – obwohl nach ihm *›das Heil von den Juden‹* seinen Ausgang nimmt (4,22). ›Die Juden‹ werden als Feinde Jesu gezeichnet. Aber man kann sich des Eindrucks nicht erwehren, dass bei diesem Sprechen der Blick des Sprechenden weit über Israel hinausgeht. Was ›die Juden‹ heißt, scheint viel mehr zu meinen. Es geht um die Größe, die bei Johannes auch *›Welt‹* genannt wird. Wenn Johannes die Verhandlung über Jesus vor Pilatus schildert, geht es letztlich um Jesus vor dem Gericht der *›Welt‹*, mit der immer die gottfeindliche Welt gemeint ist. Es geht um das letzte Ausschlagen dieser *›Welt‹* gegen Jesus. Immer wieder spricht Johannes vom Gegensatz zwischen Jesus und *›der Welt‹*. Letztlich ist Jesus nicht an Israel, sondern eben an *›der Welt‹* gescheitert. ›Die Juden‹ sind für Johannes nichts anderes als ein konkreter Punkt dieser *›Welt‹*, ein wichtiger, entscheidender Punkt, weil von hier ja das Heil ausgehen sollte. In dieses Volk hinein ist der Offenbarer Gottes gesandt. Hier hätte er zuerst aufgenommen werden sollen, und hier, an der von Gott so umworbenen ›Spitze‹, wird er abgelehnt. Er wird natürlich abgelehnt von Vertretern des Volkes Israel, und sie stehen stellvertretend für die *›Welt‹;* darin liegt ihre besondere Verantwortung. Aber an ihnen wird auch nur das deutlich, was in allen Völkern und zu allen Zeiten geschehen ist und geschieht. Dass das Furchtbare in diesem herausgerufenen Israel geschehen muss, macht diesen Johannes traurig – und sogar zornig, und das lässt ihn so hart über ›die Juden‹ sprechen. Dass es von allen Völkern aller Zeiten ›ratifiziert‹ und millionenfach ›überboten‹ wurde und wird, lässt uns heute ›gerechter‹ denken. In der übernommenen Solidarität der Schuld wird es auch eine geschenkte Solidarität der Hoffnung geben.

Zum Jesusbild bei Johannes

Wir haben gesehen, dass Johannes mit seiner Erzählung große Bilder malt. Ob sie der damaligen Wirklichkeit entsprechen, wissen wir nicht; manches scheint überzeichnet zu sein. Aber auf Geschichte kommt es bei diesen Bildern auch nicht in erster Linie an. Es geht um Glaubensbilder: Um Gemälde, von denen wir ablesen können, welches Bild sich die junge johanneische Kirche von Jesus gemacht hat. Wir sehen den wahrhaftigen König – seines Volkes und der Welt, den Offenbarer der Wirklichkeit Gottes. Wir sehen den ›Menschen‹, der sich als ›Gottes Sohn‹ ausgibt. Wir sehen den Zusammengeschlagenen, der die Krone und den Königspurpur trägt. Wir sehen den Ausgestoßenen und Preisgegebenen, der jetzt seinen letzten Weg beginnt. Es ist der Weg, der nach Johannes in *›seine Stunde‹* hineinführt, die Stunde seines Todes und seiner Verherrlichung (vgl. 13,1.31; 17,1).

9. DER TOD JESU

Alle vier Evangelisten erzählen vom Tod Jesu. Aber jeder tut das auf seine Weise und setzt eigene Akzente. Wir verstehen diese Art des Schreibens, wenn wir die einzelnen Texte, die zunächst wie echte, historisch genaue Berichte aussehen, wieder als Bilder betrachten. In der bildenden Kunst gibt es nicht nur unzählige Darstellungen vom Tod Jesu; es gibt dabei auch unzählige unterschiedliche Akzentsetzungen. Man braucht nur einmal ein Kreuz aus romanischer Zeit zu vergleichen mit einem gotischen – und man erkennt klar: Hier wird Jesu Tod gänzlich unterschiedlich gesehen, einmal vielleicht letztlich als Sieg, im andern Fall als schmerzlichste menschliche Extremsituation. Ähnlich unterschiedlich also ›malen‹ auch die Evangelisten das Bild von Jesu Tod.

NACH MARKUS UND MATTHÄUS

Kreuzweg und Kreuzigung

Das Markus- und das Matthäus-Evangelium berichten in ihren Kapiteln 15 bzw. 27 über den Tod Jesu mit sehr ähnlichen Akzenten und vielleicht dem geschichtlichen Ablauf der Ereignisse am nächsten. Sie erzählen: Die Soldaten ziehen Jesus wieder seine Kleider an; die meisten zur Kreuzigung Verurteilten mussten den Weg zur Hinrichtung allerdings nackt zurücklegen. Sie führen Jesus ab. Sie zwingen dann einen Simon von Kyrene, das Kreuz Jesu zu tragen. Markus erwähnt, dass Simon der Vater von Alexander und Rufus gewesen sei, die also offenbar bei seinen Lesern bekannt waren. Vielleicht war Simon, der aus Kyrene, einer Kolonie an der afrikanischen Mittelmeerküste, stammte, ein Farbiger, den die römischen Söldner zu ihrem besonderen Vergnügen aus der Menge herausgriffen. Simon musste wahrscheinlich nur den Querbalken des Kreuzes tragen, da der Längsbalken in der Regel am Kreuzigungsort schon fest im Boden verankert stand. Sie bringen Jesus zu dem Hügel, der wohl wegen seiner Form ›Schädel‹ genannt wurde. Da geben sie Jesus Wein, nach Markus mit bitterer Myrrhe, nach Matthäus mit Galle vermischt, ein Getränk, das den Durst zu mindern verspricht und doch nur quält. Jesus trinkt aber nicht.

Dann kreuzigen sie Jesus. Dazu wird nichts Weiteres angemerkt; es wird erstaunlich diskret erzählt. Sie verteilen die Kleider Jesu unter sich, indem sie darum würfeln. Es gibt am Kreuzstamm die römische Schuldangabe: ›Jesus, der König der Juden‹. Rechts und links neben Jesus hängen zwei Verbrecher an Kreuzen.

Der Spott der Leute

Die Menschen, die am Kreuz vorübergehen, spotten: ›Der wollte den Tempel abreißen und wieder aufbauen! Der soll sich doch jetzt selbst retten!‹ Auch die Mitglieder des Synhedrions spotten: »Anderen hat er geholfen, sich selbst kann er nicht helfen!« Und: »Der soll doch vom Kreuz heruntersteigen, dann glauben wir an ihn!« Und Matthäus lässt sie dazu noch sagen: ›Er wollte Gottes Sohn sein! Der hat auf Gott gebaut! Soll der ihn doch jetzt retten!‹

Die Grausamkeit des Todes am Kreuz

Der Gekreuzigte hing an seinen angenagelten Händen, wahrscheinlich wurden die Nägel in den vorderen Bereich des Unterarms getrieben. Die Last des Körpers straffte die Arme und presste den Brustkorb zusammen. Das Atmen wurde fast unmöglich. Entlastung bot nur die Möglichkeit, die ebenfalls angenagelten Füße auf einem Querbrett am Kreuzstamm abzustützen, aber auch das war wegen der Schmerzen und der Schwäche nicht lange auszuhalten. Dann sackte der Körper wieder zusammen, und die ganze Last hing von neuem an den Armen. Und das ging so hin und her, bis keine Kraft mehr vorhanden war und der Tod durch den Zusammenbruch des Kreislaufs oder durch Ersticken eintrat. Wenn man dem Gekreuzigten die Schienbeine brach, konnte er sich nicht mehr abstützen und starb schneller. Ebenso kürzte ein Essigtrank (vgl. Mk 15,36 par) die Qual ab. Das Sterben am Kreuz ist sicher eine der grausamsten Todesarten, von den Römern nur vorgesehen für Sklaven und unterworfene, aufsässige Völker.

Jesus betet am Kreuz

Von der sechsten bis zur neunten Stunde, also von etwa zwölf bis fünfzehn Uhr, wird es dunkel. In der neunten Stunde schreit Jesus mit gewaltiger Stimme: *»Mein Gott, warum hast du mich verlassen!«* Das ist der Beginn des alttestamentlichen Psalms 22, und er wird von beiden Evangelisten auch in Hebräisch zitiert: *»Eloi, Eloi, lama sabachthani!«* Dieser Psalm ist ein Gebet in äußerster Not, die in immer neuen Bildern beschrieben wird. In den Leidensgeschichten der Evangelien gibt es viele Anklänge an diesen Psalm; manche Einzelheiten könnten sogar erst im Anschluss an diesen Psalm in die Geschichten eingefügt worden sein. In der Tradition hat dieser Psalm offenbar eine feste und wichtige Rolle gespielt, und das könnte darauf hinweisen, dass Jesus am Kreuz diesen Psalm wirklich gesprochen hat. Im Sprechen dieses Psalms bringt der Beter seine Not vor Gott. Aber indem er sie ausspricht, erinnert er sich daran, dass Gott immer nah war und immer gerettet hat. So wird dieser Psalm, der verzweifelt beginnt, nach und nach zu einem Gebet der Zuversicht, zur vertrauensvollen Bitte und sogar zu einem Lob der Treue Gottes. Psalmen werden immer laut gesprochen. Man kann sich vorstellen, dass der Gekreuzigte diesen Psalm gesprochen, in seiner Not sogar hinausgeschrieen hat, bruchstückweise, wie er als Gekreuzigter nur sprechen konnte.

Jesus stirbt am Kreuz

Die Umstehenden nehmen offenbar vom Gebet Jesu nur undeutliche Bruchstücke wahr. So meinen sie, Jesus habe ›Elija!‹ gerufen, habe den großen Propheten um Hilfe angefleht. Sie sind gespannt, ob Elija kommt, um Jesus zu retten. Jesus stößt einen unartikulierten Schrei aus, alle Todesnot bricht aus ihm heraus, und dann stirbt er; das wird in einem ganz kurzen, schmucklosen Satz erzählt.

Dann aber gibt es so etwas wie kosmische Fanfarenstöße. Mit großen Bildern stellen die Evangelisten vor, was das erzählte Ereignis für sie bedeutet. Es bedeutet Furchtbares für Israel, Großartiges für die Schöpfung, und den ›Heiden‹ fällt es wie Schuppen von den Augen.

Dramatische Gestaltung ...

Das Furchtbare für Israel. Nach Markus und Matthäus zerreißt im Augenblick des Todes Jesu der Vorhang im Tempel von oben bis unten. Der Vorhang verschließt im Tempel die innerste Zelle, das Allerheiligste, das ganz frei gehalten ist für Gott, der Ort Gottes in seinem Volk. Nur an einem Tag des Jahres durfte der Hohepriester diesen Raum betreten. Und jetzt ist der Vorhang aufgerissen. Das Allerheiligste, die Wohnung Gottes, steht offen – und sie ist leer. Der Tempel hat seine Mitte verloren. Der Tod Jesu hat – das ist die Aussage der Evangelisten – ihn zur ›herzlosen‹ Hülle, zur Attrappe gemacht. Er ist neben dem Kreuz, durch das Kreuz sinnlos geworden. – Wieder müssen wir uns bei einer solchen Sprache vergegenwärtigen, dass die Evangelisten so etwas schreiben, nachdem der Tempel zerstört ist; der Tempel existiert also nicht mehr, und das könnte – so denken sie – seine Begründung im Kreuztod Jesu haben.

... und theologische Deutung

Das Großartige für die Schöpfung. Für Matthäus hat der Tod Jesu geradezu kosmische Auswirkungen: Die Erde bebt, und die Felsen zersplittern. Und was wie ein Naturereignis aussieht, hat einen tieferen Sinn. Die Schöpfung wird neu: Gräber öffnen sich, Tote werden erweckt und gehen in die ›heilige Stadt‹ und erscheinen vielen. Mit dem Sterben Jesu wird das felsenfest Bestehende erschüttert, der Tod verliert seine Macht, Neues, die Zukunft beginnt: Zeichenhaft gibt es auferwecktes Leben, sichtbar in der ›heiligen Stadt‹.

Die ›Heiden‹. Markus spricht vom Hauptmann der römischen Söldnertruppe, Matthäus von der ganzen Gruppe der Bewacher. Nach Markus wird der Hauptmann durch Jesu Tod erschüttert und erkennt: »Der war Gottes Sohn!« Jesus – in engster Beziehung zu Gott. Nach Matthäus wird der Trupp durch die Naturereignisse in Angst versetzt und erkennt ebenfalls: »Gottes Sohn!« Lukas, der für Heidenchristen schreibt, die mit der Vorstellung von einem ›Sohn‹ Gottes nicht vertraut sind, lässt den Hauptmann ›Gott die Ehre geben‹ und bekennen: »Der da war gerecht!«, einer, der alles richtig machte.

Von fern schauen Frauen zu, die zur Begleitung Jesu von Galiläa her gehört hatten. Von den Jüngern fehlt jede Spur.

Nüchterne Kreuzesdarstellungen und hart, fast unversöhnlich. Das, was geschieht, hat ungeheure Wirkung: Der Tempel, das Herz Israels, erscheint als leer, die Erde ist erschüttert, und das Neue bricht an: Der da starb – ist wahrhaftig Gottes Sohn!

NACH LUKAS

Lukas hält sich in seiner Darstellung des Sterbens Jesu an die Ordnung, die er bei Markus vorgefunden hat. Allerdings setzt er einige markante und für ihn charakteristische Akzente. Was sofort auffällt beim Lesen:

Letzte Worte des ›irdischen‹ Jesus:

nach Lukas redet Jesus mehrfach. Auch mit dem ›Volk‹ geht Lukas anders um. Er spricht zum Beispiel davon, dass dem zur Kreuzigung geführten Jesus eine ›große Volksmenge‹ folgt, offenbar in Anteilnahme. Frauen werden erwähnt, die ›klagen‹ und ›um Jesus trauern‹. Das Volk ›lästert‹ nicht, sondern nimmt nur Teil an der Szene. Und nach dem Tod Jesu ›schlagen sie sich an die Brust‹ und gehen still weg. Lukas geht sehr behutsam mit dem ›Volk‹ um; nur die ›Fürsten‹ schont er nicht (23,35).

... zu den Frauen am Kreuzweg,

Ähnlich klingt es auch aus den von Lukas überlieferten Worten Jesu. *»Weint nicht über mich, Töchter Jerusalems!«*, sagt er nach Lk 23,38: *»Weint über euch und eure Kinder!«* Es werden furchtbare Tage für sie alle kommen, in denen man die Unfruchtbaren und die Kinderlosen glücklich preist und von den Bergen und Hügeln begraben werden möchte. Das geschieht, weil der Baum, der Frucht tragen sollte, dürr geworden ist. Und wenn jetzt der einzige Zweig, der fruchtbar wurde, schon hingerichtet wird: Was wird dann erst mit dem abgestorbenen, dürren Holz geschehen! Sicher erinnert sich auch Lukas hier an die zu seiner Zeit schon zwanzig Jahre zurückliegende Katastrophe Israels, und das Wort Jesu wird ihm zu einem Hinweis voll Mitleid und Traurigkeit.

... für die ›Verlorenen‹,

Das zweite Wort spricht Jesus nach Lukas, als er gekreuzigt wird: *»Vater, vergib ihnen, denn sie wissen nicht, was sie tun!«* Ein Gebet für die Henkersknechte, vielleicht sogar auch für die anderen, die die eigentliche Verantwortung tragen. Jesus, der dem Menschen ins Herz sieht, der nicht einfach die Tat verurteilt, sondern erkennt, wie es zur Tat kommt, und der dann die Unwissenheit entschuldigt, die Beschränktheit, die Armut; der die Brücken nicht abbricht, der offen bleibt und bereit, dennoch oder gerade deswegen zu helfen. So, wie der Vater, der seinen ›verlorenen‹ Sohn nicht draußen stehen lässt, sondern erwartet, um ihm barmherzig das Fest der Heimkehr zu bereiten (vgl. Lk 15,11–32). Lukas hat mit seinem Evangelium die ›Verlorenen‹ im Blick – und Jesus, der gerade sie sucht.

... zum Mitgekreuzigten,

Das dritte Jesuswort, von dem Lukas erzählt, klingt ähnlich. Der Gekreuzigte spricht es zu einem der mitgekreuzigten Verbrecher: *»Heute noch wirst du mit mir im Paradies sein!«* Der ›Verlorene‹, der sich finden ließ – und von Jesus her zugeneigte Nähe und vermittelte Hoffnung.

... zu Gott.

Lukas erwähnt noch ein letztes Wort Jesu. Von der sechsten bis zur neunten Stunde herrscht Finsternis. Die Sonne erlischt, der Vorhang des Tempels zerreißt. Da ruft Jesus mit gewaltiger Stimme: *»Vater, in deine Hände – mein Geist, mein Leben!«* Und Jesus stirbt. Kein unartikulierter, kreatürlich-elementarer Schrei, sondern äußerst bewusst formulierte Worte, zusammengefasste Lebenstendenz und zugespitzte letzte Ausrichtung: ein Gebet auf den Vater hin – und ein Gebet der Zuversicht. Die Sendung ist ans Ziel gekommen. Der Gesandte endet am Kreuz – ist aber in den Händen des Vaters geborgen.

Ein Kreuzbild voll menschlicher Wärme, voll Trauer, Mitgefühl, Barmherzigkeit und Hoffnung. Dieser Jesus ist nicht fern; er ist verstehend-liebend nah – und selbst in die Zukunft Gottes hinein gerettet.

NACH JOHANNES

Es ist schon zu erwarten, dass das Bild vom Sterben Jesu bei Johannes anders aussehen wird. Die Unterschiede beginnen bereits mit der Erzählung vom Kreuzweg Jesu. Nach Johannes trägt Jesus das Kreuz selbst (19,17) – kein Simon von Kyrene, keine Hilfe, Jesus bleibt bis zum Schluss souverän. Die Kreuzigung Jesu wird wieder nur äußerst kurz erwähnt – so, als scheuten sie sich, sich an das Furchtbare noch einmal zu erinnern. Dagegen wird der Hinweis am Kreuzstamm überdeutlich betont: Auf dem Schild ist der Hinrichtungsgrund in drei Sprachen angegeben, also für die ganze damals erreichbare Welt bestimmt. Die Hohenpriester beklagen sich über den Text: ›Der ist ja gar nicht König der Juden! Der hat das nur von sich behauptet!‹ Und die berühmte Antwort des Pilatus: »Was ich geschrieben habe, das bleibt geschrieben!« (19,22). Johannes will sagen: Das ›König der Juden‹ gilt für alle Völker und für jede Zeit. *»Ja, ich bin ein König!«*, hatte Jesus nach Johannes vor Pilatus bekannt und damit seine Sendung erklärt (18,37).

Die Kreuzesinschrift

Von der Verteilung der Kleider Jesu wird ausführlich berichtet, und es wird darauf aufmerksam gemacht, dass es genau so verlaufen ist, wie es in einem uralten Psalmtext, wieder Psalm 22, schon vorgezeichnet war, also dem Psalm, der vom vielfachen Leiden sprach, aber auch von der Rettung. Die Erwartung der Vergangenheit erfüllt sich in der Gegenwart.

Der Lieblingsjünger wird als Erbe eingesetzt.

Dann berichtet auch Johannes von Worten Jesu, die er – am Kreuz hängend – spricht. Unter dem Kreuz stehen nach Johannes die Mutter Jesu und ein paar Frauen, unter ihnen Maria von Magdala. Bei ihnen steht auch der ›Jünger, den Jesus liebte‹, von dem man nicht sicher weiß, wer damit gemeint ist. Als Jesus – so Johannes – seine Mutter und bei ihr diesen Jünger sieht, sagt er zu Maria: *»Frau, der da ist jetzt dein Sohn!«* Und zum Jünger: *»Die da ist jetzt deine Mutter!«* ›Frau‹: diese Anrede braucht Jesus seiner Mutter gegenüber nach Johannes vorher schon einmal, wo er die Geschichte von der Hochzeit zu Kana erzählt (2,1–12). Da sagt Jesus zu Maria, als sie ihn auf die Not des Brautpaars aufmerksam macht: »Frau, was gibt es da zwischen dir und mir!« Und dann: *»Meine Stunde ist noch nicht gekommen!«* ›Meine Stunde‹: damit meint Jesus bei Johannes immer die Stunde seines Todes, die auch die Stunde seiner Verherrlichung durch den Vater ist. Diese Stunde ist jetzt – am Kreuz – da. Darf also Maria jetzt hinweisen auf menschliche Not, was ihr damals verwehrt wurde? Sie wird verwiesen an den ›Jünger, den Jesus liebte‹ – man könnte sagen: an alle Jünger, die Jesus liebt. Und er, dieser Jünger – und alle Jünger – werden verwiesen an sie. Jesus ist hier nicht mehr der

›Sohn‹. Sohnschaft zwischen ihm und seiner Mutter ist gleichsam eine überholte Kategorie. Er gehört jetzt in eine andere Dimension hinein. Er geht zurück zum ›Vater‹, in die Gottesherrlichkeit, die der ›Sohn‹ beim ›Vater‹ hatte, bevor die Welt war (vgl. Joh 17,5). Die Mutter und der Jünger, alle Jünger, bleiben ›in der Welt‹. Aber sie sind aufeinander verwiesen, von ihm aneinander gebunden. Sie harren aus in Liebe unter seinem Geist, und sie werden ihm dahin folgen, wo er jetzt ist, um da teilzuhaben an dem Glanz, der von Gott her flutet (vgl. Joh 17,24). – »Von dieser Stunde an nahm sie der Jünger zu sich«, heißt es dann noch.

Jesus stirbt am Kreuz

Die letzten Worte Jesu nach Johannes. Jesus sagt: »Ich habe Durst.« Johannes berichtet das nicht einfach, sondern er zeigt den Hintergrund auf und ordnet es ein: »Jesus wusste, dass alles vollbracht war, und sagte jetzt, damit (auch durch diese Einzelheit) die Schrift erfüllt würde: Ich habe Durst.« Wieder Jesus also, der souverän bleibt und eingebunden in die Geschichte Gottes mit seinem Volk. Sie reichen ihm einen mit Essigwasser getränkten Schwamm. Jesus nimmt davon, und dann sagt er – ohne Schrei, offenbar vollkommen entspannt und in königlicher Würde: *»Es ist vollbracht!«* Der Weg ist zu Ende gegangen, der Auftrag erfüllt. Er neigt seinen Kopf und stirbt.

Die ›Erfüllung der Schrift‹

Kein Bewacher wird erwähnt, der getroffen ist, keine Erschütterung von Naturkräften. Nur noch eine Meldung darüber, was mit denen am Kreuz geschieht. ›Die Juden‹ bitten Pilatus, den Gekreuzigten die Schienbeinknochen durchschlagen zu lassen, damit sie eher stürben. Der Pascha-Sabbat beginnt, und da sollen die Toten begraben sein. Soldaten zerschlagen den beiden Mitgekreuzigten die Beinknochen. Als sie zu Jesus kommen, erkennen sie, dass er schon tot ist. Sie brauchen ihm die Beine nicht zu zerschlagen. Aber ein Soldat stößt mit einer Lanze in Jesu Brust, und es ›fließen Blut und Wasser heraus‹. Mit geradezu feierlicher Betonung bestätigt Johannes diesen Vorgang. Jeder, der es liest, soll es glauben können: Jesus starb, und seine Seite wurde geöffnet. Und wieder weist Johannes darauf hin, dass sich hier Schriftworte ›erfüllt‹ haben: Beim Zubereiten des makellosen Paschalammes darf nach dem Gesetz ›kein Knochen an ihm zerbrochen‹ werden (vgl. Ex 12,46). Und dem bedrängten Gottesvolk wird nach seiner Rückkehr aus der Babylonischen Gefangenschaft ein Hoffnungszeichen verheißen: Sie werden staunend und in großer Erwartung ›blicken auf den, den sie durchbohrt haben‹ (vgl. Sach 12,10). Jesus als geopfertes Pascha-Lamm und der Durchbohrte als Hoffnung. Und wenn man die Darstellungsweise des Johannes berücksichtigt, ahnt man, dass er auch mit ›Blut‹ und ›Wasser‹ etwas andeuten will: Aus der geöffneten Seite Jesu, aus der auf den Menschen hin vollzogenen Hingabe des ›Sohnes‹, fließt dieser Strom aus ›Wasser‹ der Taufe und ›Blut‹ des Bundes. Der Verbindung des Menschen mit Gott ist durch das Kreuz die Möglichkeit eröffnet.

VIER BILDER

Vier Bilder, vier Deutungen, eine Überzeugung

Es ist wohl deutlich geworden, dass und in welchem Maß die vier Evangelienberichte über den Tod Jesu nicht einfach Wiedergabe von Geschehenem sind, sondern Verkündigungstexte. Vom Geschehen wird auf den Leser hin geschrieben – nicht nur, um zu informieren, sondern in einer viel umfassenderen Intention: Jesus soll nahe gebracht werden, anhand von erzählten Fakten, aber noch mehr anhand von weitergegebenen Überzeugungen, die aus den Fakten gewonnen sind, aber weit über sie hinausgehen. Die Fakten werden erwähnt: Nicht, um zu einer bestimmten Vorstellung von Jesus hinzuführen, sondern eher, um eine bestimmte Vorstellung von Jesus zu bestätigen. Sie sind gleichsam eingeordnet in einen – von einer längst gefestigten Glaubensüberzeugung vorgegebenen – Rahmen. Das Erzählte hat der Verkündigung dieser Überzeugung zu dienen, und es wird nur deswegen erzählt – und nur deswegen auch so erzählt –, damit es die Überzeugung weitersagen kann.

Damit ›täuschen‹ uns diese Texte nicht. Sie würden uns nur dann etwas vormachen können, wenn sie den Anspruch erhöben, nichts anderes als genaue Berichte über Geschehenes zu sein. Auf den ersten Blick scheinen die Evangelien diesen Anspruch zu erheben. Bei näherem Zusehen aber lässt sich erkennen, dass ihre Absicht viel weiter, viel tiefer greift. Wenn wir das einmal verstanden haben, werden wir es berücksichtigen – und dann diese Texte als das nehmen, was sie sein wollen: Als Bilder, die große Aussagen machen und die dann aber – als Bilder – Geglaubtes wiedergeben, einer geglaubten Wahrheit und Wirklichkeit entsprechen.

Die vier Evangelisten wollen zum Tod Jesu sehr unterschiedliche Aussagen machen, jeder seine eigene.

Markus

Bei Markus steht sicher im Vordergrund die frühe Betroffenheit von der Furchtbarkeit des Geschehens. Hier wird nachgefragt: ›Wie war es?‹, und dann erzählt, auch schon mit erklärenden Aussagen, die aber noch sehr verhalten klingen.

Matthäus

Matthäus fragt darüber hinaus sehr eindeutig und hart nach dem umfassenden Hintergrund des Geschehens. Er sieht das alles sich ereignen in seinem Volk. Er kann es kaum verstehen und fragt nach den ›Schuldigen‹ – und findet sie. Und er verkündet, dass sich im Herzen Israels Umstürzendes ereignet.

Lukas

Lukas ist der Evangelist, der als Erster die Verfassung Jesu in den Blick nimmt und sie herausstellt. Jesus, der bis zum Schluss Barmherzige, der in die Geborgenheit beim Vater hineinstirbt.

Johannes

Und bei Johannes ist es dann ganz eindeutig, dass das Geschichtliche in den Hintergrund getreten ist. Hier wird die Bedeutung des Todes Jesu verkündet: Jesus erweist sich selbst in dieser Extremsituation als der gottgesandte Offenbarer, als der ›König‹, der für die ›Wahrheit‹ Zeugnis zu geben hat, der alles, was geschieht, souverän-königlich beherrscht und der in seinem Sterben seiner ›Verherrlichung‹ entgegen geht.

Jedes dieser vier Kreuzbilder spricht, und jedes in einer eindringlichen Sprache: von der menschlich empfundenen Grausamkeit dieses Todes, von der Katastrophe dieses Todes mitten in Israel, vom Sterben Jesu in Zuversicht und Barmherzigkeit und vom Tod, der ›vollendet‹, der Sieg bedeutet, Einbruch von Gottesherrlichkeit über dem Sterbenden und Heil für die, die sich von ›Wasser‹ und ›Blut‹ erreichen lassen. – Das sind Bilder, die zu langen Betrachtungen einladen.

10. ›AUFERSTANDEN‹ – ›AUFERWECKT‹

NEU UND NEUARTIG LEBENDIG

Ostern – Kern unseres Glaubens

Die Evangelien verkündigen, Jesus, der am Kreuz Gestorbene, sei ›auferstanden‹ – genauer übersetzt: ›auferweckt worden‹ –, und es ist ihnen bewusst, dass dies das Kernstück ihrer Botschaft ist. *»Wäre Christus nicht auferweckt worden, dann wäre unsere Verkündigung nichts, und dann wäre auch euer Glaube nichts!«*, schreibt Paulus an eine seiner Gemeinden (1 Kor 15,14). Die Geschichte Jesu endet also nicht am Kreuz, sondern geht weiter – so die Botschaft. Wir werden auch hier zu fragen haben, was diese Botschaft bedeutet und was wir anfangen können mit ihr.

›Jesus ist auferstanden!‹: Für Christen ist das eine vertraute Formel. Aber viele haben sicher nur eine vage Vorstellung davon, was denn damit gemeint sein kann. Manche scheuen sich wohl auch, darüber nachzudenken, dieses Thema anzuschneiden, weil sie sich vor einer Antwort fürchten, die sie nicht nachvollziehen können. Und wieder andere weigern sich von vorne herein, diese Botschaft zu akzeptieren, weil sie ihnen unzumutbar erscheint: Da wird etwas behauptet, das es nach unserer Erfahrung ›nicht gibt‹ und deswegen nicht geben kann.

Gott hat Jesus auferweckt.

Die griechischen Worte für ›auferstehen‹ und ›Auferstehung‹ haben ursprünglich die Bedeutung von ›auferweckt werden‹ und ›Auferweckung‹ – und meinen nichts anderes als ein Aufgewecktwerden aus dem Schlaf. In unserem Fall sind diese Begriffe also bildhaft gebraucht: vom ›Aufgewecktwerden‹ eines Menschen aus dem ›Schlaf‹ des Todes. ›Auferwecktwerden‹ betont, dass am Verstorbenen etwas geschieht; ›Auferstehen‹ sieht die Kraft zum Aufwachen aus dem Tod beim Verstorbenen selbst. Die ursprüngliche Botschaft der Evangelien lautet: ›Jesus ist aufgeweckt‹ – das heißt: nach dem ›Schlaf‹ des Todes wieder ›wach‹ gemacht, sodass er jetzt nicht mehr – ruhig gestellt und ›ausgeschaltet‹ – wie im Schlaf daliegt, sondern geweckt, zu neuer Aktivität fähig ist, lebt. Hinter einem solchen Auferwecktwerden, wenn es das denn geben soll, kann als Urheber natürlich nur Gott stehen – als der geglaubte Herr über Tod und Leben. Die Botschaft also lautet: Gott hat Jesus auferweckt.

›Auferweckung‹ im Sinn der Osterbotschaft der Evangelien aber kann nicht einfach ›Rückkehr in das bisherige Leben‹ meinen; das bedeutet vielmehr offenbar so etwas wie ein Freiwerden von allem Bisherigen, ein Hineingeholtwerden in einen neuen, vorher verschlossenen Bereich des Lebens und in eine neue Lebensart. Bisher hatte Jesus in normal-irdischer Existenzweise greifbar unter und mit seinen Jüngerinnen und Jüngern gelebt. Jetzt lebt er offenbar anders. Er ist nicht mehr – wie bisher – selbstverständlich greifbar bei, mit, unter ihnen da – und kann sich ihnen doch ›zeigen‹; aber er zeigt sich nur ihnen. Sie zweifeln und sie fürchten sich, was ja verständlich ist. Aber es gibt dann auch Freude – über eine überraschend erfahrene neue Nähe (vgl. Mt 28,17; Mk 16,8; Lk 24,37.41; Joh 20,20). Sie können von dieser seiner Nähe nur in einer gewissen Zwiespältigkeit reden: Einerseits heißt es, dass sie ihn erkennen, dass er ihnen seine Wunden zeigt, dass er sogar vor ihren Augen etwas isst und dass sie daran sicher werden: Das ist ›der Herr‹ (vgl. z.B. Joh 20,20; Lk 24,41–43). Anderseits ist er immer auch nur für Augenblicke und geheimnisvoll da: Bei verschlossenen Türen, im Morgenlicht am Ufer des Sees, ohne dass sie ihn erkennen, genauso als Begleiter auf einem Weg – und er verschwindet wieder geheimnisvoll (vgl. Joh 20,19; 21,4; Lk 24,15.16.31). Wenn sie so etwas erzählen, scheinen sie nicht nur damit zu rechnen, dass er jetzt mit ganz neuen Möglichkeiten ausgestattet ist, sondern dass er – so könnte man sagen – einer anderen ›Ebene‹, ›Tiefen-‹ oder ›Höhen-Schicht‹ von Wirklichkeit angehört, aus der er gezielt ›heraustritt‹, ›sich sehen lässt‹, ›sich ihnen zeigt‹, ihnen ermöglicht, ihn in seiner neuartigen Lebendigkeit zu erfahren. Und das alles ist ihrem Jesus – so glauben sie – von Gott geschenkt. ›Der Herr ist auferweckt!‹ Das heißt für sie: Ihr Jesus lebt, von Gott durch den Tod hindurch gerettet. Und von Gott sogar ›erhöht‹, sagen sie, eingesetzt in eine neue und besondere Position: *»Gott hat ihn zum Kyrios und Christos gemacht!«,* lässt Lukas den Petrus in seiner ersten Predigt sagen (Apg 2,36). Denn ihrem Jesus – so sehen sie es – ist ja jetzt nicht nur für sich selbst, sondern damit auch für seine ›Sache‹ von Gott der entscheidende Durchbruch geschenkt. Nicht nur er selbst ist gerettet, sondern das, wofür er gelebt hat und in den Tod gegangen war, ist – trotz seines Todes, offenbar sogar wegen seines Todes – erreicht. Jetzt also muss und wird mit der ›Herrschaft Gottes‹ etwas geschehen, die er ja angesagt hat; das ist die Hoffnung, die aufkeimt (vgl. Apg 1,3.6). Zunächst aber ist es wunderbar, dass er die Seinen, die er zurücklässt, sein Gerettetsein erfahren und sie in dieser Erfahrung sicher werden lässt. Später wird er ihnen sogar sagen, wie es weiter geht: Er wird ihnen Aufträge geben in die Zukunft hinein (vgl. Mt 28,18–20). – Das etwa ist die Sicht der Jüngerinnen und Jünger, die sich ihnen kurz nach Jesu Tod eröffnet.

Der Auferweckte erscheint

DER GLAUBENSHINTERGRUND

Auferweckung der ›Besten‹

Der Glaube an die Auferweckung der Toten durch Gott hat sich in Israel in langen Jahrhunderten entwickelt. In der orientalischen Nachbarschaft Israels gab es schon lange so etwas wie Auferstehungshoffnung, allerdings in sehr unterschiedlichen Vorstellungen. Offenbar haben sich hier schon frühe Kulturen der Tatsache gestellt, dass es im Menschen eine nur schwer zu überhörende Stimme der Sehnsucht gibt: nach Überwindung des Todes, nach Leben in eine unbegrenzte Zukunft und in unbeschränkte

Möglichkeiten hinein. Diese Sehnsucht nahmen jene Kulturen wahr und zogen aus ihr die Konsequenz: Es wird – zumindest für die ›Besten‹ – ein Weiterleben nach dem Tod geben!

Das ›Volk Gottes‹ ...

Israel hatte diese Gedanken nicht nachvollzogen; es hatte sozusagen zunächst einmal andere Sorgen. Es glaubte an einen Gott, der von ihm, vom ganzen Volk, ein ganz konkretes Erden-Leben erwartete. Sie sollten ein Volk werden, und als Volk unter Gott zusammenzuleben: das war ihre Aufgabe. Dann, wenn Israel sein Volk sein würde, wollte er ihr Gott sein. Das ganze Volk – Gottesvolk. In den ersten Jahrhunderten des heranwachsenden Volkes standen der Einzelne und sein Todesschicksal offenbar überhaupt nicht im Blick: Gott und das Volk waren die Wichtigen. Lohn und Ziel der je einzelnen Lebensanstrengung war das, was bei der vierten Weisung der Gebotetafeln formuliert ist: *»... damit du (Volk!) lange lebst in dem Land, das der Herr, dein Gott, dir gibt!«* (Ex 20,2). Dem Gehorsam des Volkes gegenüber Gott würde ›langes Leben‹ des Volkes entsprechen.

... und das ›Einzelleben‹.

Für das erste aufbrechende Zusammengehen einer Menschengruppe ist es sicher verständlich, dass nicht nach dem Einzelnen gefragt wird, sondern nach der Gruppe. Erst als die Gruppe, das Volk, seinen ›Ort‹ gefunden hat, blickt man gleichsam in die Runde und ›entdeckt‹ das Einzelleben. Und erst jetzt fragt man auch danach, wie es dem Einzelnen ergeht. Auch hier wird zunächst ein ›langes Leben‹, vor allem, wenn es auch noch glücklich gelebt werden kann, als ›genügendes‹ Lebensziel empfunden. Es kommen aber auch Zeiten, in denen es selbst den Besten Israels auf weite Strecken hin nicht gut geht, und dann taucht natürlich die Frage nach dem Sinn eines solchen gebrochenen, kranken oder geknechteten Lebens auf. Man fragt danach, wie Gott dazu steht: Oft geht es den Guten schlecht und den Schlechten gut. Und man erahnt nach und nach, dass der Tod wenigstens für den ›Gerechten‹ wohl nicht das endgültige Ende sein kann; Gottes Gerechtsein könnte dann ja gar nicht an ihm vollzogen werden. Zumindest also die, die sich um ein gottbestimmtes Leben bemüht haben, müssen nach irdischem Leid, das sie unter Umständen sogar um Gottes Willen erfahren haben, von Gott aus dem Tod gerettet werden. Gott muss ja schließlich die Oberhand behalten, Gott muss auch hier siegen. – Bei dieser Vorstellung geht es Israel natürlich um die Erfüllung menschlicher Sehnsucht und darum, dass dem Menschen Gerechtigkeit geschieht. Aber der Hintergrund, auf dem der Mensch sich sieht, ist doch dieser verheißungsvolle Gott, der sich dem Menschen verbunden hat: Wenn Gott ein solcher Gott ist, ein Gott des Lebens, ein Gott des Bundes, ein Gott seines Volkes, das doch aus Einzelnen besteht, dann kann am Ende auch eines Einzellebens aus diesem Volk nicht allein der Tod stehen, dann muss es auch für den Einzelnen – über den Tod hinaus – erfüllendes Leben geben. Sonst wäre Gott in diesem Leben nicht zum Zuge gekommen. – Neben die Vorstellung vom notwendigen Überleben des Volkes ist also hier die Hoffnung auf das Überleben des Einzelnen getreten – um Gottes willen.

Zeitgeschichtliche Hintergründe

Diese Glaubenssicht bricht sich in Israel langsam Bahn. Die Entwicklung dahin ist abhängig von der Entwicklung Israels als Volk. Sie vollzieht sich in kleinen Denkschritten, gleichsam Gedankenblitzen, die aufleuchten, wahrgenommen, aber wie zum Reifen wieder beiseite gelegt werden, die verlöschen können, um dann aber wieder aufzutauchen. Um verbreitete Glaubenssicht zu werden, benötigt sie fünfhundert bis sechshundert Jahre, von ihrem ersten Auftauchen im 8. und 7. Jahrhundert an, bis etwa zum 2. Jahrhundert vor Christus. Zur Zeit Jesu wird sie dann doch von einem Teil des Volkes, besonders von den ›Frommen‹, den Pharisäern, angenommen und vertreten. Die Jünger Jesu können zunächst mit einer Hoffnung auf ›Auferwecktwerden‹ nicht viel anfangen (vgl. Mk 9,10). Später aber haben Jüngerinnen und Jünger offenbar keine Schwierigkeiten, ihre nachösterlichen Erfahrungen, die sie als Erfahrungen mit Jesus interpretieren, von dieser Sicht her zu verstehen und zu verkündigen: Jesus – sagen sie – ist auferweckt; der ›leidende Gerechte‹ von Gott aus dem Tod gerettet. Er ist ›verherrlicht‹, mit Gottes Glanz überzogen – und dadurch ist Gott ›verherrlicht‹, sein Gottsein ›strahlt‹ (vgl. Joh 13,31; 17,1).

VORSTELLUNGEN – BILDER

Über Vorstellungen davon, wie ein solches ›auferwecktes‹ Leben aussehen, wie und wo es sich abspielen könnte, dachte man offenbar nicht sehr viel nach. Vielleicht vor allem deswegen nicht, weil die geglaubte Auferweckung nur so etwas war wie ein erster Schritt. Danach sollte es das Eigentliche geben: die Herrschaft Gottes, den Einbruch Gottes in die gesamte Menschengeschichte. Und den versuchten sie sich vorzustellen unter einem ›neuen Himmel‹ und auf einer ›neuen Erde‹. Paulus, der einmal nach genaueren Vorstellungen von Auferwecktwerden gefragt wird, wehrt ab: Das sind unbeantwortbare Fragen. Das ist doch etwas, das in der Zukunft Gottes liegt. Wie das sein wird, weiß nur Gott. Nur soviel können wir mit Sicherheit sagen: Der Unterschied zwischen dem Heute und dieser erwarteten Zukunft wird so sein wie der zwischen einem Samenkorn und der ausgewachsenen Pflanze, wie der zwischen ›armselig‹ und ›herrlich‹ (vgl. 1 Kor 15,35–44).

Es bleiben Fragen ...

Auch wir können uns heute von ›Auferweckung‹ oder ›Auferstehung‹ nur schwer eine Vorstellung machen. Man fragt sich nicht nur: Was soll so etwas wie ›Auferweckung‹ überhaupt? Sind wir nicht zufrieden mit der uns zugemessenen Lebenszeit? Kann man nicht auch müde werden am Leben – und froh sein darüber, dass es auch einmal ein Ende gibt? Man fragt auch danach, wie denn ›Auferweckung‹, ›Auferstehung‹ aussehen könnte. Wo wäre ein ›Platz‹, ein ›Ort‹ für sie? Wenn wir unsere Erden- und Menschenwirklichkeit einmal aus der Vogelperspektive betrachten, entdecken wir, dass wir in einem ungeheuer langen und ungeheuer formenreichen Entwicklungsstrom leben, der das Weltall, die Erde und den Menschen bestimmt. Wir sind ein Pünktchen mitten darin, nicht mehr als ein Tropfen in diesem Strom. Woher kommt das Ganze? Und wohin treibt es? Welche Kräfte gibt es, wer bewegt? Ist alles ›Zufall‹? Oder gibt es Richtung und Ziel? Muss es das geben? Und wie sollte das aussehen? Uns wird schwindelig vor solchen Fragen, und wir möchten sie unbeantwortet beiseite schieben. Aber irgendwie hat die Antwort doch auch etwas mit unserem Leben zu tun. Es gibt in unserem Leben die Entwicklung, das Streben, das Nach-vorne-getrieben-Werden – und immer wieder die Hoffnung. Sind das nicht Hinweise darauf, dass wir auch weiter fragen dürfen, vielleicht sogar weiter fragen müssen: um unserer Existenz gerecht zu werden, unserem Menschsein zu entsprechen? Kann da die Botschaft von einer Zukunft Gottes jenseits eines scheinbaren Endes nicht doch eine frohe Botschaft sein? Allerdings bleibt dann immer noch die Frage, wie man sich diese Zukunft Gottes für den Menschen und die Welt denn vorstellen kann.

... sie betreffen unser Leben.

Wenn man eine Antwort auf diese Frage zu geben versucht, muss sie sicher sehr vorsichtig gegeben werden. Und es wird nur eine sehr subjektive Antwort sein können, eine Antwort, die von subjektiven Gegebenheiten bestimmt ist: von den erhofften Möglichkeiten, von dem, was im Leben als Sehnsucht bleibt. Sie wird für jeden Menschen anders ausfallen und abhängen von Lebensverhältnissen und Kulturkreisen. Aus der Botschaft des Evangeliums kann man für diese Antwort nur so etwas wie einen Hintergrund, einen Grundton entnehmen, der durch die Vorstellung von Gott gegeben ist, die aus der Botschaft hervorgeht. Die Botschaft sagt: Gott ist ein Gott des Lebens und der Liebe, der Leben will und Liebe und beides als Fest, dem also Tod, Vernichtetwerden und Beziehungslosigkeit entgegen sind. Wenn aber Leben und Liebe gelten, dann könnten doch für die Zukunft bestimmte Vorstellungen zutreffend sein.

Der biblische Grundton einer Antwort:

Auferweckung könnte so etwas bedeuten wie ein ›Aufbrechen‹ des bisherigen, einmal zu Ende gelebten Lebens – in eine neue Art, in neue ›Tiefen‹ oder ›Höhen‹ von Leben hinein. In ›Weite‹ und ›Dichte‹ hinein, die es neben oder auch mitten in diesem irdisch erfahrbaren Leben doch auch noch gibt, für unsere irdischen Augen unsichtbar wie so vieles schon im greifbaren Kosmos, und die letztlich der ›Weite‹ und ›Dichte‹ der Wirklichkeit Gottes nahe käme. Der Wirklichkeit Gottes, die immer schon Quellgrund und Triebkraft unserer Welt, unserer Wirklichkeit, allen Seins ist, die ›das Ganze‹ trägt, umschwingt, erfüllt, bewegt und bestimmt – und die jetzt, im Tod – den Menschen als Partner aufbricht, ›ent-faltet‹: auf seine letzte Bestimmung und auf seine endgültige Form hin, auf ungebrochenes Leben und auf ein – im Erdenleben gesuchtes und jetzt gefundenes – gefülltes Maß von Lieben und Geliebtwerden hin. Die Wirklichkeiten Erde und Mensch mit der Wirklichkeit Welt: Aufgehoben, aufbewahrt und vollendet lebendig gemacht in der Wirklichkeit Gott, die Welt und Mensch umfängt, durchdringt, durchwirkt – allgegenwärtig und dennoch verborgen, ihr gegenüber und doch auch ihr Innerstes. Ein ›Auferweckter‹ wäre dann hineingenommen, hineinerlöst in diesen großen,

Die liebende Entfaltung des Menschen auf Gott hin.

immer schon vorhandenen, jetzt endlich auch für ihn erschlossenen Wirklichkeitsbereich. Sein irdisches Leben wäre aufgebrochen, hinein in diese unendliche Dynamik Gott. Der Mensch empfinge ein neues Sein, ergriffen und erfüllt von der Geistkraft Gottes – in dem Maß, in dem er sich in seiner irdischen Existenzweise dem Leben und dem Lieben geöffnet hätte. Und alles hätte da seinen endgültigen Platz und seine letzte Bestimmung. Das wäre dann vollendete Lebendigkeit, größer wohl als das, was menschliche Augen erkennen, was menschliche Fantasie ersinnen und was Menschenherzen ersehnen können. Freiheit müsste – nach unserem irdischen Maß-Stab – dazugehören, das Wegbrechen aller Schlakken und ›Geschwüre‹, das Mächtig-Werden des Eigentlichen. Der Mensch würde ›schrumpfen‹ auf das, was er ›im Kern‹ ist, und er würde wachsen, weil er sich als Geläuterten wunderbar ins Ganze eingeborgen fände. Er erführe sich, sein Bestes, als Baustein im Ganzen, als kleine Stimme in einem ›unendlichen Chor‹. Und die je eigene Stimme jedes Einzelnen wäre dennoch wichtig, weil nur das Zusammenklingen, weil nur das gemeinsame Lieben der Einheit und der Liebe Gottes und der Bestimmung des Menschen entsprechen. ›Gemeinschaft der Geheiligten‹ – unter der ›Herrschaft Gottes‹. – So etwa würde es vielleicht wenigstens unseren westlichen Vorstellungen und Träumen entsprechen. Menschen, die in fernöstlichen Kulturen aufgewachsen sind, in den dortigen Religionen und mit dem dortigen Lebensgefühl, denken wahrscheinlich anders. Hier ist vielleicht nicht das personale Vollendetwerden des Einzelnen das ersehnte Ziel, sondern eher so etwas wie ›Entpersönlichung‹, Eintauchen in die gewaltige und gleichzeitig nebelhafte Fülle des Seins und das befreite ›Verschwimmen‹ in ihr. – Die Vorstellungen von Auferwecktwerden sind abhängig von Denken, Lebensgefühl und Tradition; wir betonten das schon. Tatsache aber ist, dass der Gedanke an neues und neuartig-vollendetes Leben nach dem Tod der Menschheit nicht fremd ist und dem Menschlichen nicht entgegen zu sein scheint. Und dass er um so selbstverständlicher wird, je eindeutiger wir mit einem personal-liebenden Gott zu rechnen vermögen. Wie ›Auferweckung‹, auferwecktes Leben, dann aber ›aussehen‹ könnte, wissen wir letztlich nicht. Ein so ›aufgebrochenes‹ Leben wäre ja auch – wenn es das denn gibt – eine Tat der Zukunft Gottes – und könnte hier und jetzt ruhig Geheimnis bleiben für uns.

Auferweckung bleibt wunderbares Geheimnis Gottes.

Aber zurück zu unseren neutestamentlichen Texten und ihren Vorstellungen. Sie rechnen mit einer neuen und neuartigen Lebendigkeit Jesu, mit seiner ›Erhöhung‹ in die ›Herrlichkeitswelt‹ Gottes hinein. Aber für sie hat dieses neue, aufgebrochene Leben, das sie Jesus zuschreiben, noch einen anderen wichtigen und charakteristischen Zug: Es ist gleichzeitig ein Leben, das der Erde nicht fern geworden, sondern ihr nahe geblieben ist. Jesus ist nicht nur ›auferweckt‹ und ›erhöht‹, heißt es: Er ist zum ›Kyrios und Christos‹ gemacht (Apg 2,36), zum göttlichen Herrn in göttlicher Gesandtschaft. Das meint einerseits: Er ist ›hochgehoben‹, gleichsam von Gott an einen einzigartigen Platz gestellt, von Gott also ›rehabilitiert‹, bestätigt. Er ist nicht derjenige, der verloren hat. Und darüber hinaus ist ihm jetzt ›alle Gewalt gegeben im Himmel und auf der Erde‹ (Mt 28,18). Er gehört zu Gott, selbstverständlich; Gott hat ihn ja ›zu sich geholt‹. Aber ebenso selbstverständlich lebt er immer noch – und jetzt sogar in befreiter Totalität – ausgerichtet auf die Erde. Er hat seinen Weg vollendet – um des Menschen willen. Und auch jetzt bleibt der Mensch seine Sorge, die Seinen und auch die Welt. Deswegen wissen die jungen Christen, die er in Bezug auf seine erhöhte Lebendigkeit sicher gemacht hat, dass sie jetzt angesprochen und herausgefordert sind. Sie wissen sich gesandt zur Zeugenschaft. Dazu erhalten sie die Kraft seines Geistes (Joh 20,21–22). Sie haben in die ganze Welt hineinzugehen und alle ›zu (seinen) Jüngern‹ zu machen (Mt 28,19).

Der ›Erhöhte‹ bleibt den Menschen nahe.

ERFAHRUNGEN UND DAS SPRECHEN DAVON

Wie kommen die ersten Jünger zum Glauben daran, dass Jesus so ›lebt‹, ›erhöht‹ ist und ›senden‹ kann? Die Evangelien erzählen davon, dass diese Überzeugung bei einzelnen Jüngerinnen und Jüngern oder auch bei kleinen Gruppen ganz unversehens aufbrach: am Grab Jesu, bei Zweien auf einem Weg, beim Zusammensitzen der Jünger, bei einem Fischzug ... Erfahrungen spielen dabei eine Rolle. Jesus sei ihnen ›erschienen‹, heißt es immer wieder. Er habe ›sich sehen lassen‹; vielleicht würden wir heute eher sagen: Sie waren davon überzeugt, ihn als Lebendigen ›erfahren‹ zu haben.

Glaubensformeln und -erfahrungen werden zu missionarischen Geschichten.

Von diesen ›Ostererfahrungen‹ erzählen die Evangelien. Ältere Schriften des Neuen Testamentes, Paulus in seinen Briefen, sprechen nicht davon, wie solche Begegnungen mit dem lebendigen Jesus verlaufen sind. Da heißt es einfach nur: »Er erschien / ließ sich sehen (ließ sich erfahren)«, so zum Beispiel in der berühmten uralten Glaubensformel, die Paulus schon als überliefert empfangen hat, wie er selbst sagt, und die er in einem Brief an die Gemeinde in Korinth zitiert (1 Kor 15,3–5.8). Die Evangelien aber erzählen auch vom ›Wie‹ dieser Erfahrungen. Aber wir wissen, das sind späte Geschichten, und sie wollen eigentlich nicht so sehr davon berichten, wie die frühen Jünger zur Überzeugung von der Lebendigkeit Jesu gekommen sind. Sie wollen vielmehr anderen, neu zu überzeugenden Lesern den – von den frühen Jüngern längst unerschütterlich geglaubten – Inhalt der Botschaft nahe bringen, und zwar missionarisch drängend. Manchmal erzählen sie von ihren Erfahrungen sehr massiv: Jesus habe vor ihren Augen gegessen (Lk 24,43) oder seine Wunden zur Berührung angeboten (Joh 20,27). Aber das wird eben nicht unbedingt an der ›Massivität‹ ihrer Erfahrungen liegen, sondern viel eher an der ›Massivität‹ ihrer Art, das Erfahrene weiterzuvermitteln. Das müssen wir berücksichtigen, wenn wir die Aussageabsichten ihrer Geschichten vernehmen wollen; wenn wir es nicht täten, würden wir unserer Glaubensentscheidung zu viel – und Unnötiges – zuzumuten haben.

OSTERGESCHICHTEN

Das ›leere Grab‹ und Erscheinungsgeschichten

Es finden sich in den Evangelien zwei unterschiedliche Gruppen von Ostergeschichten: Einmal solche von der Auffindung des offenen und leeren Grabes Jesu, und dann solche, die von ›Erscheinungen‹ Jesu erzählen. Auch alle Erzählungen in diesen Gruppen haben eine Entwicklung hinter sich, sind also (wieder) ›Endprodukte‹, das, was man nach langem Nachdenken und Sprechen über Erfahrenes als Wesentliches weitergeben will. Und wieder: Das, was erzählt wird, soll einen bestimmten Zweck erfüllen. Es soll nicht möglichst genau von Geschehenem berichten, sondern es soll das, was durch das Geschehen bei denen, die es miterlebt haben, klar geworden ist, an andere vermitteln. Hier wird vermittelt durch Erzählen, und dabei ist jede Erzählung wieder so etwas wie ein als Verkündigung gemaltes Bild, aus dem der Betrachter Wahrheit und Wirklichkeit betrachtend ablesen und auf sich beziehen kann.

Wir werden nicht alle ›Ostergeschichten‹ besprechen können, nur ein paar, an denen aber das Wesentliche deutlich werden kann.

Maria von Magdala am Grab Jesu (Joh 20,1–18)

Frauen am Grab Jesu

Alle Evangelisten berichten davon, dass »am Tag nach dem Sabbat« Frauen in der Frühe zum Grab Jesu gingen und es offen vorfanden; den gesuchten Leichnam Jesu fanden sie nicht. Lassen wir das zunächst einmal so stehen. Bei den Bibelwissenschaftlern stößt man bei dieser Erzählung auf eine gewisse Ratlosigkeit. Manche von ihnen halten die Erzählungen vom leeren Grab für – verhältnismäßig spät – konstruierte Bildgeschichten, durch die die Botschaft von der Auferweckung Jesu den Zuhörern plastisch illustriert worden sei; über ein wirklich leeres Grab wollten diese Geschichten gar nichts aussagen. Das ›leere Grab‹ sei eine Art Chiffre, ein zusammenfassendes Kennwort oder Bild, das ›Auferweckung‹ ansagen soll. – Andere Ausleger bestehen darauf, dass das Grab wirklich leer gewesen sei; anders könnte die Botschaft von der Auferweckung überhaupt nicht glaubwürdig verkündet worden sein. – Dagegen sagen wieder andere, im Grab Jesu hätte man ruhig den Leichnam Jesu finden können: Das würde an der Richtigkeit der Botschaft von der Auferweckung und an ihrer möglichen Durchschlagskraft gar nichts ändern, der Leichnam habe mit dem Auferweckten nichts zu tun. – Wenn man annimmt, dass die Texte doch von einem festgestellten Sachverhalt – und nicht nur in Bildern – sprechen, dass Frauen also das Grab wirklich leer vorgefunden haben, dann muss man aber gleich betonen, dass ein leer gefundenes Grab überhaupt noch kein ›Beweis‹ für die Auferweckung des Toten ist. Der Leichnam Jesu hätte ja ganz einfach entfernt worden sein können; er war ja in ein fremdes Grab hineingelegt worden, und wer weiß, wie der Eigentümer bei der ersten möglichen Gelegenheit, das zu ändern, reagiert hat. Ebenso wenig müsste übrigens ein im Grab vorgefundener Leichnam Jesu gegen ein Auferwecktsein Jesu sprechen, da sich das – wenn es sich denn ereignet hat – nur in eine die irdische Leiblichkeit übersteigende ›Jenseitigkeit‹ hinein ereignet haben kann. Im Grunde spielt es für den Wert der Botschaft von der Auferweckung Jesu aber wirklich keine Rolle, ob hier echte Geschichte wiedergegeben oder ein Bild gemalt ist. In jedem Fall kommt es auf die Aussage der Erzählung an.

Die Osterbotschaft wird Frauen verkündet.

Die Aussage der Geschichten vom leeren Grab ist eindeutig. Frauen geht auf – von Gott her, wird angedeutet: Es verkünden ja ›Engel‹ den Frauen die Botschaft –, dass Jesus leben müsse. Die Geschichte ist im Johannes-Evangelium besonders schön erzählt (Joh 20,1–18). Hier haben wir ein ›Bild‹ in wunderbar diskreten, innigen Farben, und ein Bild, das wahrscheinlich überhaupt vom ersten Aufkeimen eines Glaubens an die Auferweckung Jesu spricht. Vielleicht können wir einige Züge miteinander betrachten.

In Maria von Magdala keimt der Osterglaube.

Da wird nicht von mehreren Frauen gesprochen, die zum Grab gehen, sondern nur von einer, von einer wichtigen, von Maria aus Magdala, die auch schon beim Kreuz Jesu erwähnt ist und die offenbar in einem ganz besonderen Verhältnis zu Jesus gestanden hat; wenn das Wort ›Liebe‹ nicht so missbraucht wäre, würde man wohl sagen können: Sie hat Jesus geliebt. Es ist verständlich, dass sie zum Grab geht, um noch einen Rest an Nähe empfinden zu können. Da nun ›erscheint‹ ihr Jesus; er spricht mir ihr und gibt ihr einen Auftrag. Das ist wunderbar erzählt: Maria hat das Grab offen gefunden und ist dann voll Schrecken zu den Jüngern gelaufen: »Sie haben den Herrn weggenommen, und wir wissen nicht, wohin sie ihn gelegt haben!« Keine Spur also von Auferweckungsglaube. Zwei der Jünger, Simon und der ›andere Jünger, den Jesus liebte‹, sind dann zum Grab gelaufen, fanden die Situation so, wie Maria sie zuvor geschildert hatte. Sie sahen zudem noch Tücher, mit denen der Leichnam Jesu zugedeckt gewesen war. Den Leichnam selbst aber fanden sie nicht. Sie gehen unverrichteter Dinge wieder weg, offenbar ratlos. Nur bei dem ›anderen‹ Jünger keimt so eine Ahnung auf von etwas unerwartet Großem, das aber noch nicht greifbar war. ›Sie hatten das noch nicht verstanden, was in den alten Schriften steht, dass Jesus nämlich auferweckt werden müsse‹, heißt es bei Johannes. Es ist also noch nicht so weit. Maria aber bleibt beim Grab zurück. Sie steht vor dem Grab und weint. Als sie sich in die Grabkammer hineinbeugt, ›sieht sie zwei Engel in weißen Gewändern‹, sagt die Geschichte. Die Engel sprechen zu ihr, fragen, warum sie weine. Weil man ›ihren Herrn‹ weggenommen habe, und sie wisse jetzt nicht, wohin sie ihn gebracht hätten. Dann wendet sie sich um – und sieht Jesus dastehen, erkennt aber nicht, dass es Jesus ist. Auch Jesus spricht sie an: »Frau, warum weinst du? Wen suchst du?« Sie meint, es sei der Gärtner, und bittet: »Wenn du ihn weggebracht hast, dann sag mir, wohin du ihn gelegt hast; ich geh ihn dann holen!« Liebe drängt zur verzweifelten Tat. Da spricht Jesus sie nach der Geschichte noch einmal an. Er nennt ganz einfach ihren Namen: »Maria!« Und sie erkennt ihn. »Rabbuni! Mein Meister!« Wenn man sich das Bild ausmalt, kann man sich vorstellen, dass Maria dabei aufgesprungen sei und den so urgewaltig und doch so zart Wiedergefundenen umarmen wollte; sie hatte ja den gefunden, der ihr Lebensinhalt geworden war und den sie alle verloren hatten. Jesus aber wehrt ab: ›Du kannst mich nicht umarmen. Du kannst mich nicht festhalten. Es ist gleichsam noch alles in der Schwebe. Noch bin ich erst auf dem Weg: auf dem Weg zum Vater! Aber du kannst zu meinen Brüdern gehen (Jesus sagt nach Johannes hier wirklich: Brüder!), und du kannst ihnen die Botschaft bringen: Ich gehe zu meinem Vater und zu eurem Vater, zu meinem Gott und zu eurem Gott!‹ Und Maria läuft und verkündet den Jüngern: »Ich habe den Herrn gesehen!« Und es bricht aus ihr heraus, was er gesagt hat.

So erzählt Johannes. Wir müssen fragen, welche Aussage diese Geschichte machen will, wie diese Geschichte zustande kommt, welche Erfahrungen, welcher Glaube dahinter stehen. Wir können uns dabei schon denken, dass auch diese Geschichte ein kompliziertes Gebilde ist, aus vielen ›Bausteinen‹ zusammengesetzt; sie ist ja siebzig Jahre nach den erzählten Ereignissen niedergeschrieben und enthält also die ganzen (Glaubens-) Erkenntnisse, die in dieser Zwischenzeit gewonnen worden waren.

Jünger kommen: Petrus inspiziert das Grab, der andere Jünger glaubt.

Was betont diese Geschichte? Und wo könnte geschichtlich fassbare Wirklichkeit eingefangen sein? Da ist zunächst einmal die Frau, Maria von Magdala. Offenbar hat sie beim Aufbrechen des Auferweckungsglaubens eine wesentliche Rolle gespielt. Sie hatte von sich aus eine besonders enge Beziehung zu Jesus. Jesus hatte sie ›geheilt‹ (vgl. Lk 8,2): Er hatte ihr eine neue Art von Leben ermöglicht und ihr Freiheit und Zukunft und damit Erfahrung von Glück geschenkt. Sie hatte ihn offenbar ganz in sich ›hineingelassen‹ und war ›erfüllt‹ von ihm. Es ist fast selbstverständlich, dass sie auch am Kreuz in seiner Nähe steht. Da ist es ebenso selbstverständlich, dass sie sein Grab aufsucht, und es ist unwesentlich, ob sie dabei allein oder mit anderen Frauen zusammen war. Sie ist die, die gekommen ist in der größten Aufgewühltheit, in tiefster Verwundung, in Schmerz, Trauer, auch in Gegenwehr und Nicht-wahrhaben-Wollen der Katastrophe, im intensivsten Ausgerichtetsein auf Jesus, verzweifelt über sein Weggehen und hoffend gegen alle Hoffnungslosigkeit in einem. Sie findet den Verschluss-Stein vom Grab weggewälzt, die Grabhöhle steht offen. Sie schließt erschüttert: »Irgendwer hat den Herrn aus dem Grab weggenommen, und jetzt wissen wir nicht einmal mehr, wohin sie ihn gebracht haben!« Vielleicht spricht aus dieser Überlieferung des Johannes doch das Wissen, dass das Grab leer, der Leichnam Jesu also nicht mehr im Grab gewesen ist. Auch die später erwähnten auffälligen Einzelheiten legen diesen Schluss nah: Als von den beiden Jüngern erzählt wird, wird erwähnt, dass sie im Grabraum Tücher finden, die beim Begräbnis Jesu benutzt worden waren. Und auch die danach offenbar vorhandene Ratlosigkeit der beiden Jünger legt ein leeres Grab nah. Bei einem von ihnen keimt so etwas auf wie ein erster Funke von Rechnen mit einer Tat Gottes an Jesus; sie werden allerdings noch viel nachzudenken haben über ›die Schrift‹, das Echo des Handelns Gottes in sein Volk hinein, ehe sie verstehen, dass Auferweckung Jesu um Gottes willen sein muss. Jetzt aber kehren sie zunächst einmal offenbar unschlüssig ›nach Hause‹ zurück.

Maria von Magdala ist ›Apostolin der Apostel‹

Maria bleibt in Trauer beim Grab. Auch sie wagt jetzt einen Blick in die Grabhöhle hinein. Und in diesem Augenblick muss es bei ihr so etwas wie ein Aufdämmern der Erkenntnis gegeben haben, dass es zum Weinen keinen Grund gibt, das blitzhafte Aufleuchten einer Hoffnung. Von Gott her kommt dieser Anstoß, betont die Geschichte; sie spricht ja von ›Engeln‹, die diesen Anstoß vermitteln. Wie erstarrt könnte Maria da gestanden sein. ›Deine Trauer ist nicht berechtigt!‹, steigt es in ihr auf. ›Aber mein Herr ist doch nicht mehr da!‹, rebelliert es in ihr. Und dann dreht sie sich um, von der dunklen Aussicht auf das Grab weg – und ›sieht‹ Jesus, verschwommen, unklar: ›Ist es der Gärtner?‹ Und wieder die Not: ›Wenn du ihn weggenommen hast ...!‹ Und dann plötzlich die Gewissheit: ›Ich bin angerufen! Er hat mich beim Namen gerufen! Er ist also da! Er lebt! Er liebt!‹ Und dann ihr Jubel, ihre unbändige Freude. Und gleichzeitig die aufgewühlte, aber auch nüchtern-ergebene Erkenntnis: Er ist nicht mehr so da, wie er bisher da gewesen ist. Wir können ihn nicht anfassen. Ich kann ihn nicht umarmen. Niemand mehr kann ihn halten. Er ist auf seinem Weg. Er scheint fortzugehen, aber er geht zu seinem Vater, den er so geliebt hat und der jetzt auch unser Vater ist, zu seinem Gott, der immer sein Ein und Alles gewesen ist, den auch wir jetzt in ganz neuem Licht als unseren Gott erkannt haben. ›Das weiß ich‹, erlebt Maria. Das ist mir hier und jetzt – offenbar durch Gottes Tat – klar geworden. Das ist Gewissheit in mir, ohne jeden Zweifel. Und das hab ich jetzt zu verkündigen, an alle, die mit mir diesen Jesus liebten – und ihn jetzt weiterlieben dürfen, ja, mehr lieben dürfen, weil er als Geretteter und Erhöhter, als Ferner und als dennoch Naher lebt! Sie geht und verkündet und wird so – wie alte Kirchenväter es ausdrücken – zur ›Apostolin der Apostel‹. Vielleicht schätzen wir heute ihre Bedeutung viel zu gering ein.

Sie hat uns viel und wenig an Ostererfahrung voraus.

Das Zustandekommen des Auferstehungsglaubens: Was hat Maria von Magdala ›gesehen‹, erfahren – über das hinaus, was auch wir sehen, erfahren können? Viel und wenig: Viel, weil sie Jesus in seiner Tätigkeit erlebt und mit begeistert-liebendem Blick kennen gelernt hat. Dieses Erleben und Kennenlernen hat in ihr den Boden bereitet dafür, dass nach dem Tod Jesu, offenbar schon an seinem Grab, bei ihr die Überzeugung durchbrechen konnte: Er kann nicht im Tod geblieben, der Tod kann für ihn nicht das Letzte gewesen sein; Jesus muss leben! Man braucht nicht anzunehmen, dass Maria den Auferweckten leibhaft und greifbar vor sich gesehen habe und so von seiner Lebendigkeit getroffen worden sei; das von Johannes erzählte Jesuswort: »Du kannst mich nicht festhalten«; scheint diese Annahme ja gerade ausschließen zu wollen. Das Wunderbare braucht nicht in einem leibhaften ›Erscheinen‹ Jesu zu liegen. Man kann auch annehmen, dass das ›Sehen‹ Jesu durch Maria ein fast selbstverständliches Ergebnis einer natürlich ›unter Gott‹ verlaufenen Entwicklung gewesen ist, zu der – vorösterliche – äußere und innere Erfahrungen, durch alle Fasern der Existenz erfolgtes Wahrnehmen, ›Erfühlen‹, und – österliches – Zusammenwachsen des Ganzen zu einer großartig befreienden Sicht von Wirklichkeit beigetragen haben. Ein solches ›Sehen‹ des Auferweckten könnte dann aber auch jedem anderen Menschen von Gott geschenkt werden, wenn er denn Jesus in ähnlicher Weise zu erleben und mit gleichem liebenden Blick kennen zu lernen sucht. Insofern hätte Maria also ›wenig‹ über das auch uns Mögliche hinaus erfahren. Die Überzeugung von der liebenden Nähe des Lebendigen könnte dann also auch bei uns – aus bestimmten Wurzeln, bei bestimmter Offenheit und unter Gottes Gnade – zur gleichen Festigkeit heranwachsen und mit der gleichen Freude vorhanden sein. Die Pflege der Wurzeln und der Mut zur Offenheit liegen bei uns. Die Gnade, die Nähe Gottes (›Gnade‹ kommt von ›ge-nahen‹), ist immer gegeben.

Diese Erzählung würde also sagen: Jesus ist nicht im Grab; er lebt. Dem, der in Sehnsucht sucht, ›zeigt‹ er sich und ruft ihn beim Namen, erreicht seine Mitte. Er ist ›im Weggehen‹, das Vorausgehen ist, und wird dennoch nah. Er trocknet die Tränen und sendet. Wenn wir das sagen könnten: ›Rabbuni! Mein Meister! Du, von dem ich das Leben lernen kann!‹

Zwei ›Jünger‹ auf dem Weg nach Emmaus (Lk 24,13–35)

Der Auferweckte als Wegbegleiter

Der Evangelist Lukas erzählt die Geschichte von einer ›Erscheinung‹ Jesu, die auch deswegen interessant ist, weil man an ihr möglicherweise die Entstehung und auch das Wachsen, eine ›Überformung‹ solcher Geschichten, erkennen kann. Lukas erzählt: Am Tag nach dem Sabbat sind zwei Männer von Jerusalem weg unterwegs zu einem Dorf, das vielleicht zehn Kilometer von Jerusalem entfernt lag. Sie reden miteinander über die furchtbaren Ereignisse in Jerusalem, die sie miterlebt haben. Während sie sprechen – schreibt Lukas – kommt Jesus und schließt sich ihnen an. Sie erkennen ihn nicht. Er fragt sie danach, worüber sie reden. Für sie kann es nur ein Gesprächsthema geben: Das, was mit Jesus passiert ist; dass er zum Tod verurteilt wurde, dass sie ihn ans Kreuz geschlagen haben – und sie alle hatten doch gehofft, er werde das arme Israel befreien! Das sei schon vor drei Tagen geschehen. Dazu der Schrecken durch ein paar Frauen: Die seien am Grab gewesen, hätten das Grab leer gefunden, und es sei ihnen von Gott her klar geworden durch die Botschaft von ›Engeln‹, dass Jesus lebe. Einige von den Jüngern seien dann zum Grab gelaufen, hätten alles so gefunden, wie die Frauen es erzählt hatten, Jesus selbst aber hätten sie nicht gefunden. Lukas erzählt weiter, dass Jesus daraufhin das Wort ergriff – mit der großen Frage, die das ganze Geschehen umschließt und gleichzeitig eine Antwort gibt: »Musste nicht der Messias all das erleiden, um so in seine Herrlichkeit einzutreten!« Und dann habe Jesus begonnen, ihnen die alten Schriften ihres Volkes auszulegen, um mit den geschichtlichen Erfahrungen Israels zu untermauern, dass die Kreuzigung eines Menschen nicht gegen die Messianität des Gekreuzigten sprechen müsse, weil ja die Gottgesandten es immer schwer hatten in Israel. Später lässt Lukas die beiden Jünger sagen: »Brannte nicht unser Herz in uns, als er uns die Schrift erschloss!« Bei ihrer Ankunft im Dorf habe Jesus weitergehen wollen. Sie aber hätten ihn gedrängt, bei ihnen zu bleiben; es werde ja auch schon Abend. Und als sie dann zusammen um den Tisch saßen, habe Jesus das Brot genommen, das Segensgebet gesprochen, das Brot gebrochen und es ihnen gegeben, und da auf einmal seien ihnen die Augen aufgegangen, an dieser Geste hätten sie ihn erkannt, aber da sei er nicht mehr zu sehen gewesen. In der gleichen Stunde wären sie zurück nach Jerusalem geeilt, um zu berichten, was sie erlebt hatten, und wie sie Jesus beim Brechen des Brotes erkannt hatten.

So weit die Geschichte des Lukas. Wir fragen wieder, wie sie zustande kommt, was an ursprünglichen historischen Erfahrungen sie enthalten könnte, ob es zusätzliche Elemente, ausweitende ›Ergänzungen‹ vielleicht, gibt und welche Verkündigungsabsicht dahinter steht.

Der Osterglaube klärt sich im Gespräch.

Wenn man den Keim dieser Geschichte einmal herauszufinden sucht, einen ersten Kristallisationspunkt, an den sich anderes anzuhängen vermochte, lässt sich vielleicht sagen: An geschichtlichen Fakten könnte am Anfang dieser Geschichte wirklich der Gang zweier Männer von Jerusalem weg zu diesem Dorf hin stehen. Männer, die zu Jesus Kontakt gesucht und Zugang zum Jüngerkreis gefunden hatten. Sie gehen am Tag nach dem Sabbat von Jerusalem weg, erfüllt und erschüttert von dem, was sie erlebt hatten. Sie waren von Jesus fasziniert. Auf ihn hatten sie große Hoffnung gesetzt. Jetzt war er ausgelöscht, und alles schien zerstört. Das Gerede von Frauen über ein leeres Grab und davon, dass Jesus unter Umständen wieder lebendig sei, konnten sie nicht beurteilen: War das Wahrheit, war es Hirngespinst? Jedenfalls war es wie ein Stachel, der zusätzlich beunruhigte und schmerzte. Und so redeten sie darüber. Sie mussten das Geschehene einzuordnen versuchen: In ihre bisherige Sicht von Jesus, ja, in ihre bisherige Sicht von Gott, die sie aus den alten Schriften, das heißt von der Geschichte Gottes mit Israel her, gewonnen hatten. Und im Gespräch darüber muss ihnen zunächst die Ahnung davon und dann immer mehr Sicherheit gekommen sein, dass Jesus doch der ›Messias‹, der geistgesalbte Gesandte Gottes sein könnte, und zwar, obwohl er am Kreuz gestorben war. Der gewaltsame Tod von Gottesboten war in der Geschichte Israels keine Seltenheit gewesen. Jesus hätte dann in einer Reihe mit vielen anderen gestanden. Gott hätte auch diesen Tod ›zugelassen‹. Denn Gott konnte ja auch durch den Tod hindurch retten. Ob Gott Jesus so gerettet hat? Ob doch nicht alles aus ist? Ob Jesus lebt? – So etwa könnte das Gespräch der beiden verlaufen sein. Überlegungen, Gespräch und Erkenntnisse wühlen auf, versetzen in Hoffnungsstimmung: Jesus gerettet? Jesus lebendig? Das tauchte jetzt jedenfalls als Möglichkeit auf. Die Erregung könnte sich an ihrem Zielort noch fortgesetzt und gesteigert haben. Sie kamen zur Ruhe, und als sie beim Essen die Gesten nachvollziehen, die Jesus immer wieder und auch an seinem Abschiedsabend vollzogen hatte, da erinnern sie sich und die aufgebrochene Ahnung verdichtet sich in eine Sicherheit hinein: ›Der Herr lebt wirklich, und er ist uns ganz nah!‹ Und diese Erfahrung hätte sie dann veranlasst, noch am selben Abend nach Jerusalem zurückzugehen zu den übrigen Jüngern, um ihnen diese ihre Sicherheit zu sagen.

Ostern berührt das Innere – so erzählen sie.

Ein solches Umgehen mit einem Evangelientext ist natürlich ein Versuch. Ist das Ergebnis plausibel? Der Kernpunkt eines solchen Versuches: Das ›Wunderbare‹ an den geschilderten Ereignissen wird (wieder) nicht im Äußeren gesehen, sondern in dem, was ›innen‹, in den Herzen der Menschen geschieht. So ist also auch hier das ›Erscheinen‹ des Auferweckten nicht als sinnenhaft fassbar verstanden, sondern als ein – durch äußere Umstände bewirktes – innerliches Berührtwerden, Aufgewühltwerden, das sie als Tat des lebendigen Jesus interpretieren konnten, im Rahmen eines intensiven gemeinsamen Gespräches über Jesus und des gemeinsamen Essens in der Erinnerung an Jesus. Das ›Wunder‹ der wachsenden Überzeugung von der Lebendigkeit Jesu bleibt. Es ist aber nicht an spektakuläre, für uns letztlich ›unglaubliche‹ Ereignisse gebunden, zu denen wir keinen Zugang haben, sondern es kann sich alles so ereignet haben, dass es genau so auch heute unter uns geschehen könnte – und geschieht.

Bei Schriftgespräch und Brotbrechen dem Auferweckten begegnen.

Spätere Zeiten haben dann die beiden eben herausgearbeiteten wesentlichen Ansatzpunkte für die aufkeimende Glaubenssicherheit, das Gespräch über die Schrift und das gemeinsame Essen, aufgegriffen und diese Erfahrungen auch in dem gemeinsamen, allmählich schon ritualisierten Tun in den jungen Christengemeinden wiedergefunden: Nicht nur diese beiden Männer haben solche Erfahrungen gemacht, sondern wir alle, können sie dann sagen. Jedes Mal, wenn wir miteinander die Schrift ergründen, ist Jesus dabei, und jedes Mal, wenn wir uns zum Brotbrechen zusammensetzen, ebenso; hier können wir ihn als Lebendigen erfahren. Und auch diese Sicht ist sicher in die vorliegende Form der Geschichte eingeflossen. So hat diese Geschichte also zwei ›Ebenen‹: Einmal das, was ihr als ›Keim‹ historisch zugrunde liegen könnte, und dann das, was als Erfahrung der jungen Christengemeinden beim gemeinsamen Nachdenken über die Geschichte Gottes mit seinem Volk und bei der Feier der Erinnerung an das letzte Zusammensein Jesu mit seinen Jüngern immer wieder gegeben war. Das war eben mit ›Wachsen‹ und ›Überformung‹ gemeint: Es gibt die frühe, österliche Ausgangserfahrung, die den ersten Anlass zum Erzählen bot, – und die in längerer Entwicklung herangewachsene gemeinschaftliche nach-österliche Erfahrung der jungen Gemeinden. Beides ist in der Geschichte ›zusammengesetzt‹, wird zusammengesehen und verschmilzt in eins. Die Geschichte wird dadurch nicht ›unwahr‹. Es werden ja echte Erfahrungen mitgeteilt, die sich im Text zur einen Botschaft verdichten.

Erfahrungen verdichten sich im Text zur Botschaft.

Die Aussage dieser Geschichte verkündet: Jesus lebt; wir haben es erfahren, anfanghaft diese beiden Männer auf dem Weg nach Emmaus, und nachher wir alle. Jesus war da und ist da – wenn Menschen sich miteinander hineinversenken in die niedergeschriebene Geschichte Gottes mit seinem Volk und in ihr die Absichten Gottes erkennen: ›Brannte nicht unser Herz ...!‹ Und Jesus war da und ist da: Wenn Menschen sich zusammensetzen und das Brot brechen in der Erinnerung an ihn. Wir können heute diese Botschaft auch so umschreiben: Jesus ist da, wo, wann und wenn Menschen als seine ›Kirche‹ zusammenkommen. Denn: »Wo zwei oder drei in meinem Namen zusammen sind, da bin ich mitten unter ihnen« (Mt 18,20).

›Glücklich in Gott, die nicht sehen und doch glauben!‹ (Joh 20,24–29.31)

Thomas – Identifikationsfigur für uns

Das Johannes-Evangelium hat in seiner ursprünglichen Fassung mit drei Ostergeschichten in Kapitel 20 geschlossen (Kap. 21 ist später zugefügt worden). Es ist geradezu spannend, diese drei Geschichten einmal im Zusammenhang zu lesen. Am Anfang steht die schon besprochene Erzählung von der Begegnung Jesu mit Maria von Magdala. Die zweite Geschichte erzählt vom Kommen des Auferweckten zu den Jüngern. Und das Dritte ist die bekannte Geschichte von der Überzeugungsarbeit, die Jesus am Apostel Thomas leistet.
In der ersten Geschichte – hatten wir festgestellt – geht es um die sich bis zur Gewissheit steigernde Ahnung davon, dass Jesus lebt. In der zweiten Erzählung ›zeigt‹ sich Jesus seinen Jüngern, gibt also eine Art von Beweis für seine Lebendigkeit, und sendet sie: Sie sollen in seinem Geist die gott-los gewordenen Menschen neu mit Gott verbinden können – der entscheidende Auftrag für Jüngerinnen und Jünger Jesu in die Welt und in die Zeit hinein. Die dritte Geschichte erzählt dann von Thomas, der bei der Begegnung Jesu mit den Jüngern nicht dabei gewesen war und der die Aussage der anderen: »Wir haben den Herrn gesehen!«, nicht glauben kann. Er versteigt sich zu der Forderung: »Wenn ich an seinen Händen nicht die Nagelwunden sehe, und wenn ich meine Finger nicht in diese Wunden und meine Hand nicht in seine Seitenwunde hineinlegen kann, dann glaube ich das nicht!« Jesus sei dann – so Johannes – nach acht Tagen noch einmal zu den Jüngern gekommen, und jetzt sei Thomas bei ihnen gewesen. Dann habe Jesus den Thomas aufgefordert, seine Finger in die Wundmale der Hände und seine Hand in seine Seite zu legen; er solle nicht ›ungläubig‹ sein, sondern ›gläubig‹. Thomas habe daraufhin geantwortet: »Mein Herr und mein Gott!« Und dann habe Jesus den Satz gesprochen: »Weil du mich (als Lebendigen) gesehen hast, glaubst du. Glücklich in Gott, die nicht sehen (können) und doch glauben!« Mit diesem Satz schließt praktisch ursprünglich das Johannes-Evangelium; es folgen nur noch zwei zusammenfassende Verse. Das Evangelium hat also

mit dieser Zusage, die zugleich Herausforderung ist, einen Höhepunkt erreicht, der offenbar in alle Zukunft hinein gelten soll. Die Thomasgeschichte ist also für die, die mit dem Evangelium konfrontiert werden, eine ganz wichtige Geschichte.

Was in der Ostererfahrung grundgelegt ist, ...

Sicher sind auch diese beiden ursprünglich letzten Ostergeschichten des Johannes-Evangeliums geprägt von geschichtlichen Erfahrungen. Allerdings wird man nicht annehmen können, dass sie nur das festhalten, was an den beiden geschilderten Abenden geschehen ist. Das Johannes-Evangelium ist siebzig Jahre nach den geschilderten Ereignissen geschrieben. Es wird dem Evangelisten nicht darum gehen, die in diesen Jahrzehnten erfolgte Entwicklung von Glaubensüberzeugungen aufzuzeigen. Er wird verkünden wollen, was hier und jetzt seine reife Glaubenssicht ist. Das ändert aber nichts daran, dass auch diese seine Überzeugung gewachsen ist. Die johanneischen Ostergeschichten – wie die anderen Ostergeschichten auch – sind Endprodukte einer Entwicklung. Sie erzählen nicht einfach, wie die Dinge am Anfang waren, sondern legen in die geschilderte Anfangssituation schon ausgefaltet das hinein, was in nachfolgenden Jahrzehnten erst aus dieser Anfangssituation heraus geworden ist. So will das Johannes-Evangelium ganz sicher nicht sagen, dass den Jüngern schon am Osterabend ihre bevorstehende Sendung und dazu noch der ganze Inhalt der Sendung von Jesus klargemacht worden sei. Wohl aber will gesagt werden, dass das, was zur Zeit des Evangelisten Johannes als Vorstellung von der Jüngersendung und von ihrem Inhalt ausgereift vorlag, am Osterabend in der Entwicklung seinen Anfang genommen hat. Und wenn Jesus seinen Jüngern nach Johannes am Osterabend mehrfach seinen ›Frieden‹ zuspricht, dann heißt das nicht, dass an diesem Abend ihnen allen schon dieser Friede ins Herz gefallen wäre, dann heißt das aber wohl, dass aus Ostern der große Frieden wachsen kann, dass damit die Grundlage für Frieden im umfassenden Sinn gelegt ist und dass seitdem Christen eigentlich keine Angst mehr zu haben brauchen.

... reift zum Glaubensbekenntnis, ...

So ist es auch mit der Thomasgeschichte. Da hat einer von den Jüngern an der Botschaft von der Lebendigkeit Jesu gezweifelt. Er konnte das nicht nachvollziehen, was die anderen Jünger erzählten: ›Ihr wollt Jesus gesehen haben? Weiß der liebe Gott, was für ein Gespenst ihr euch da eingebildet habt! Ich glaube an seine Lebendigkeit nur, wenn ich dafür massive und eindeutige Beweise habe. Ich will Jesus erfahren. Wenn es das nicht gibt, dann ist Jesus für mich tot!‹ Und dann wird erzählt, dass Thomas von Jesus überzeugt worden sei. Es wird nicht berichtet, Thomas habe die Wunden Jesu berührt. Es wird nur erzählt, dass er überzeugt worden sei, und zwar so, dass er jetzt ein Glaubensbekenntnis ablegt, dass weit über alles Erfahrbare hinausführt und zu den unüberbietbaren Christusaussagen des Neuen Testamentes gehört: »Mein Herr und mein Gott!« Und das ist sicher eine Formulierung, die zur Zeit Jesu im Mund seiner Jünger unmöglich gewesen ist. Das ist ausgereiftes Glaubensbekenntnis einer viel späteren, der johanneischen Zeit.

Und dann steht als Abschluss der Satz, der erläutert, was das Johannes-Evangelium unter ›Glauben‹ versteht: ›Du hast gesehen und glaubst daraufhin.‹ Das heißt: Du hast bestimmte Erfahrungen machen können. Du hast ›Beweise‹ für meine Lebendigkeit gewollt und vielleicht auch bekommen. Aber Erfahrungen, ›Sehen‹, Beweise für meine Lebendigkeit sind nicht alles. Denn von der Erfahrung meiner Lebendigkeit bis hin zur Überzeugung davon, dass ich ›Herr und Gott‹ bin, ist noch ein weiter Schritt. Das ist genau der Schritt: vom Wissen hinein in den Glauben. Erfahrung, Wissen kann bis zu einer bestimmten Grenze führen. Aber dann ist immer die Entscheidung gefordert. Entweder gebe ich mich mit der Grenze zufrieden; ich gebe mich zufrieden mit dem, was ich weiß, und nach anderem frage ich nicht. Oder ich wage, die Grenze zu überspringen ins Nichtwissen, ins Glauben hinein – und rechne mit dem Geglaubten, obwohl ich nicht weiß, ob dem Geglaubten eine Wirklichkeit entspricht. Wir alle – so könnte es den Jüngern Jesu klar geworden sein – haben mit diesem Jesus wunderbare Erfahrungen gemacht, und diese Erfahrungen boten uns die Basis zu unserer Entscheidung, zu unserem Glauben, zum Glauben daran, dass Jesus ›der Christus‹, der ›Sohn Gottes‹ ist, ›in dessen Namen‹ wir ›das Leben haben‹. Alle, die nach uns kommen, können diese Erfahrungen mit Jesus, die wir gemacht haben, so nicht mehr machen; sie können nicht mehr in dieser Art und Weise ›sehen‹. Und glücklich in Gott sind sie, wenn sie – obwohl sie nicht sehen – doch glauben. Die Entscheidung zum Rechnen mit der verkündeten Wirklichkeit erschließt Glück Gottes, bringt im umfassenden Sinn Leben. – Die Aussage des ursprünglichen Schlussabschnittes des Johannes-Evangeliums scheint sich geradezu gegen jede Überbewertung von handfesten, überprüfbaren Beweisen zu wehren. Der Text legt nah, dass der Zweifler jede nur mögliche Art von ›Beweisen‹ bekommen kann und bekommen wird, dass aber letztlich die Beweise nicht den Ausschlag geben, weil sie den Glauben, die Offenheit über die Grenze hinaus, das Rechnen mit der unbeweisbaren Wirk-lichkeit Gottes nicht ersetzen können. »Noch viele andere Zeichen hat Jesus gegeben«, sagt Johannes in den Schlusssätzen. Auch die ganze Geschichte Jesu ist kein ›Beweis‹; sie ist ›Zeichen‹, Hinweis. Man kann in der Geschichte Jesu das Aufleuchten der Wirklichkeit Gottes wahrnehmen; man muss nicht. Man kann es, wenn man aufrichtig horcht und bereit ist, sich zu ergeben.

... das Zeugen für uns abgelegt haben: ...

Sie, die die Evangelien geschrieben haben, sagen uns, dass sie große Erfahrungen mit Jesus gemacht haben, weil sie horchten und sich immer wieder auch ein Stück ergaben, wachsend bis zur Reife. Sie brauchten nicht ›auf einmal‹ mit ihrer Bereitschaft zum Glauben fertig zu sein. Sie wurden vielmehr über viele Stationen, Schritt für Schritt, immer auch durch Zweifel, aber immer wieder auch durch neu mögliche Erfahrungen, zur letzten Offenheit hingeführt. Und darin liegt ein Stück Verheißung ins Heute hinein: Dass jeder, der sich um das Glauben auch nur anfänglich bemüht, weitergeführt wird. Auch er wird dann Erfahrungen machen, die jedes weitere Stück Entscheidung zum Glauben untermauern, die nach

Auf ihren Schultern stehen wir.

und nach die Zweifel überwinden und die Glaubenssicherheit wachsen und reifen lassen. Und dann wird das kleine menschliche Leben zu einem Leben, das umfasst ist von der großen Wirklichkeit Gott, der uns in diesem Jesus begegnen will. ›Selig, die glauben! Friede mit euch!‹

ZUSAMMENFASSUNG

Die Osterbotschaft ist das Zentrum.

Die Botschaft von der Auferweckung Jesu ist die zentrale Botschaft des Neuen Testamentes überhaupt. Es geht dabei nicht darum, die Möglichkeit von Auferweckung aus dem Tod generell zu behaupten; diese Möglichkeit wird eher vorausgesetzt. Es geht um die Auferweckung Jesu. Sie wird als Rettung, Bestätigung und Erhöhung Jesu behauptet. Sie ist die Voraussetzung dazu, dass ›die Sache Jesu‹ weitergehen kann: Der Auferweckte sendet seine Jünger in die Welt. Und er wird einmal wiederkommen zum Gericht: über die dann Lebenden, aber auch über die dann schon Verstorbenen, die also ebenfalls auferweckt werden. Jesus ist der »Erstgeborene von allen Toten« (Kol 1,18).

Die Evangelien bezeugen diese Botschaft.

Dass Jesus auferweckt worden ist, schildern die Evangelien mit zum Teil massiv-handfesten Darstellungen. Hinter diesen Darstellungen stehen bei ihnen Erfahrungen, die sie als Erfahrungen des neu Lebendigen interpretieren und die offenbar so geartet gewesen sind, dass sie sich berechtigt sahen, in dieser Massivität von ihnen zu sprechen. Es müssen Erfahrungen gewesen sein, die sie sich eindeutig nur mit der Lebendigkeit Jesu erklären konnten und die für sie, die sie in einer besonders offenen Weise auf Jesus ausgerichtet waren, nach und nach den Charakter von ›Beweisen‹ erhielten, die ihr Gewicht aber sicher erst entfalten konnten, nachdem vorher längst ihre Glaubensentscheidung gefallen war. Denjenigen aber, denen sie die Nachricht von der Auferweckung Jesu weitersagen, können sie nur ihre eigne Überzeugung – und eben keine ›Beweise‹ – bieten. Die Botschaft von der Auferweckung Jesu ist also auch hier zunächst nur anzunehmen in einer Glaubensentscheidung, wobei es sicher auf die Glaubwürdigkeit der Zeugen und auf die Faszination der Botschaft ankommt.

Die Botschaft will meine Glaubensentscheidung.

Auch wer heute der Auferstehungsbotschaft gegenübersteht, wird nach der Glaubwürdigkeit der Zeugen fragen – und hat auch ein Recht dazu. Dazu kann man nur sagen: Sie alle, die damals Zeugen gewesen sind, haben für dieses Zeugnis gelebt und sind dafür in den Tod gegangen. Und es gibt auch heute Menschen, die – aus der überlieferten Botschaft und aus eigner Erfahrung heraus – Zeugen der Lebendigkeit Jesu sind. – Und wer heute dieser Glaubensüberzeugung begegnet, wird ebenso nach der Glaubwürdigkeit des Glaubensinhaltes, der Botschaft also, fragen. Er wird fragen nach dem Gottesbild, das sich aus der Botschaft von Auferweckung ergibt: Gott als einer, der Leben anstößt, heranwachsen, reifen und geerntet werden lässt, um es ›ewig‹ zu erhalten, zu ›lieben‹. Passt eine solche Gottesvorstellung zu meinem Leben? Zugegeben, eine sehr ich-bezogene Frage, aber einen anderen Maß-Stab als uns selbst haben wir nicht. Und er wird fragen: Ist es möglich, dass dieser Jesus so von Gott ›gerettet‹ ist – gerade er? Und dass er in dieser neuen Dimension von Lebendigkeit sogar in einer besonderen Weise ›mächtig‹ ist, wichtig für uns? Ist es vielleicht sogar möglich, dass ich seine Lebendigkeit erfahre? Gibt es für mich – ebenso wie für sie damals – interpretierbare Hinweise darauf, dass dieser Jesus lebt?

Die Botschaft von der Auferweckung Jesu und aller Menschen braucht dem, was wir als Wirklichkeit zu erkennen meinen, nicht zu widersprechen; sie könnte unsere Möglichkeit von Wirklichkeitserkenntnis ja einfach übersteigen. Wenn wir mit Gott rechnen – oder auch nur mit einem Sinn der Welt –, dann wird das Rechnen mit einer Lebensvollendung, mit einer Liebesvollendung zur Selbstverständlichkeit, sogar zur Notwendigkeit. Ohne Gott allerdings hätte nichts einen Sinn. Und für denjenigen, der sich selbst einmal – wie sie damals – auf den Weg hinter Jesus her begeben hat, wird es sogar in zunehmendem Maß Erfahrungen geben, die er sehr wohl als Erfahrungen mit einem Lebendigen interpretieren kann, ja, die ihm darin sogar nach und nach Glaubenssicherheit gewähren, mit der er – in der Erinnerung an die Vergangenheit – die Gegenwart in einer von Zuversicht und Verantwortung geprägten Art und Weise auf eine große Zukunft hin angehen kann. Das Rechnen mit dem Auferwecktsein Jesu – und entsprechend mit der Möglichkeit unseres eignen Auferwecktwerdens – eröffnet dem Menschen die Hoffnung nicht nur über den Tod hinaus, sondern den Blick auf ein Leben in eine verheißene unendliche Fülle hinein. Die Entscheidung zu diesem Rechnen hin kann schon deswegen faszinieren, weil sie dem hier und jetzt oft Ersehnten und sogar Erahnten eine Erfüllung anbietet, die ja eigentlich doch das Herz des Menschen höher schlagen lässt, die also dem Menschen entspricht.

11. DIE ›KINDHEITS-GESCHICHTEN‹

›SCHÖN‹ – ABER AUCH ›WAHR‹?

Zum Abschluss noch einige Überlegungen zu den so genannten ›Kindheitsgeschichten‹ der Evangelien, die wir schon erwähnt haben. Das sind die uns mehr oder weniger vertrauten Erzählungen aus dem Matthäus-, besonders aber aus dem Lukas-Evangelium, die von der Empfängnis und der Geburt Jesu berichten und die auch heute noch für viele Hörer und Hörerinnen eine anrührende Leuchtkraft besitzen. Sollte man sie aber auf ihren geschichtlichen Wert hin beurteilen, würden sie von vielen höchstens als Legenden, als fromme Märchen eingestuft. Ihre Aussagen empfindet man vielleicht noch als ›schön‹, aber kaum mehr als ›wahr‹. Man würde sich dagegen wehren, sie als Wiedergabe von Wirklichkeit anzunehmen.

Der Beginn des Lebens Jesu wird von Ostern her erzählt.

Diese so genannten ›Kindheitsgeschichten‹ sind verhältnismäßig junge Erzählungen in den Evangelien. Das ist schon daran ablesbar, dass etwas Entsprechendes im ältesten Evangelium, das Markus schrieb, einfach fehlt. Sie sprechen vom Anfang des Lebens Jesu. Aber dieser Anfang hat die frühen Jüngerinnen und Jünger Jesu sicher zunächst einmal kaum interessiert. Wichtig war für sie der erwachsene Jesus, was er gesagt, getan und erlitten hatte, was durch und mit ihm geschehen war. Diese Ereignisse formten das Jesusbild der frühen Christen. Und erst, als dieses Jesusbild sich nach den Erfahrungen mit dem Auferweckten vervollständigt hatte, fragte man nach dem Beginn des Lebens Jesu – oder besser würde man vielleicht noch sagen: Man erzählte vom Beginn des Lebens Jesu. Man wusste noch einige wenige geschichtliche Tatsachen, aber auf die kam es eigentlich gar nicht an. Man wollte verkündigen, wer dieser Jesus war, dass er ein Besonderer war – und von Anfang an ein Besonderer gewesen sein muss. Deswegen umgab man diesen Anfang Jesu schon mit dem ganzen ›Gottesglanz‹, der ihrem Glauben eigentlich erst lange nach der Auferweckung Jesu aufgegangen ist. Sie wollten also gar nicht erzählen, dass dieses oder jenes geschichtlich greifbar geschehen ist, sondern sie wollten verkündigen: Jesus ist der große, in das Volk Israel und in die Menschheit hineingeschenkte Gottgesandte. Und so ›dichten‹ sie von seinem Anfang Geschichten, die diese Botschaft ins Bild bringen. Einzelne bekannte geschichtliche Tatsachen sind wie Mosaiksteinchen in diese Bilder eingebaut: Sie wollen sagen, dass die Botschaft in der Geschichte verankert ist. Aber die Bilder sagen viel mehr aus als das, was zum Zeitpunkt des Anfangs in der Geschichte erfahrbar gewesen wäre. – Wir wollen ein paar von diesen Bildgeschichten noch einmal betrachten; einiges dazu ist früher schon gesagt.

Der Stammbaum

Jesu tiefe Wurzeln in seinem Volk

Da begegnen wir bei Matthäus zuerst diesem eigenartigen Stammbaum Jesu. Das ist im Grunde der Stammbaum Josefs, des »Mannes der Maria, von der geboren wurde Jesus, der ›Christus‹ / ›Messias‹ genannt wird« (Mt 1,16). Jesus wird über Maria an Josef gebunden und durch ihn in das Zentrum der Geschichte Israels hinein – über die babylonische Gefangenschaft, über David, den großen König, bis hin zu Abraham, an den Anfang. Matthäus schließt also Jesus an die wichtigste Entwicklungslinie in seinem Volk an. Und dadurch, dass das Nacheinander von dreimal vierzehn Generationen betont wird, ist auch angezeigt, dass diese Entwicklungslinie in Jesus zu einem Höhepunkt gekommen ist. Jesus kann, ja muss schon von daher ›Messias‹ sein, der in sein Volk hineingeschickte beauftragte und bevollmächtigte Geistgesandte Gottes.

Die Geburt

Gott legt Leben in Maria, die Mutter Jesu.

Dann wird von der Geburt Jesu erzählt (Mt 1,18–25). Es zeigt sich, dass Maria schwanger ist, noch bevor sie mit Josef zusammengekommen war, und zwar schwanger durch die Geistkraft Gottes. Hier leuchtet die Vorstellung auf, dass Gott gehandelt hat. Gott hat in die Menschheitsgeschichte und in die Geschichte seines Volkes hineingewirkt, Gott hat hineingewirkt in diese junge Frau. Und er hat in ihr den Beginn dieses neuen Lebens angestoßen. Es würde sogar den alten Vorstellungen von Zeugung und Schwangerschaft besser entsprechen, wenn wir sagen würden: Gott habe dieses neue Leben in sie hineingelegt. Von Josef wird berichtet, dass er ›gerecht‹ gewesen sei. Er habe Maria nicht bloßstellen wollen. Er wird also als sehr großzügiger Mann geschildert, der seine Verlobung, seine junge Ehe als so etwas wie einen geschlossenen ›Raum‹ betrachtet und für alles, was in diesem ›Raum‹ sich ereignet, die Verantwortung übernimmt, der also auch zu diesem Kind stehen, es mindestens rechtlich anerkennen will. Damit allerdings muss es dann auch genug sein. Er wird einen ›Scheidebrief‹ ausstellen, und er hat mit Mutter und Kind nichts mehr zu tun. Durch einen Engel, einen Boten Gottes – erzählt die Geschichte – wird er im Traum aufgeklärt, dass das Kind seiner Frau ›aus Gottes Geist‹ stamme. Maria werde einen Sohn zur Welt bringen, den solle er ›Jesus‹ nennen, denn er werde sein Volk von seinen Sünden, seiner Sonderung von Gott, erlösen. ›Jesus‹ heißt übersetzt: ›Jahwe ist Hilfe‹. Matthäus führt als ›Beweis‹ dafür, dass es eine solche Art von Empfängnis eines Kindes geben kann, eine Stelle aus dem Alten Testament an, die er allerdings nach einer (griechischen) Übersetzung des Alten Testamentes zitiert, die dem Originaltext der Bibel nicht entspricht. Er sagt: Da ist in einem Wort eines alten Propheten vorhergesagt, dass eine ›Jungfrau‹ ein Kind bekommen solle, das ›Emmanuel‹, ›Gott mit uns‹, sein werde. Im Originaltext ist hier von ›junger Frau‹ die Rede, und es ist eine bestimmte geschichtliche Person aus der Zeit des Propheten gemeint. Nach heutigem Wissensstand hat der von Matthäus zitierte Text also keine ›Beweiskraft‹, aber das hat Matthäus nicht gewusst, und so stützt er mit diesem Zitat seine Geschichte. – Josef nimmt dann Maria zu sich; Matthäus aber betont, dass Josef mit Maria keinen Verkehr gehabt habe, bis sie ihren Sohn geboren hatte. Über die Geburt selbst wird überhaupt nichts erzählt, nur darüber, dass das Kind den Namen ›Jesus‹ wirklich erhält.

›Jungfrauengeburt‹ ist Chiffre für Gottes Wirkmächtigkeit.

Mit dieser Erzählung ist also die so genannte ›Jungfrauengeburt‹ behauptet. Es würde allerdings der Akzentsetzung des Matthäus eher entsprechen, von der Zeugung Jesu aus der Wirkkraft Gottes zu sprechen. Das Kind im Leib der Maria ist Gottes Kind. Und damit es Gottes Kind sein kann, muss das Zutun des Mannes ausgeschlossen bleiben. Und dass das Tun eines Mannes ausbleiben kann, hat es in der Geschichte Gottes mit seinem Volk wohl schon gegeben, wie das – unrichtig zitierte – Prophetenwort zeigt. Die Aussageabsicht des Matthäus ist also eindeutig: Jesus ist die Spitze der wichtigsten Entwicklungslinie innerhalb seines Volkes, und Jesus ist in dieses Volk hineingeben von Gott, der immer in sein Volk hinein gehandelt hat und dessen Handeln – vor allem an einem so wesentlichen Punkt der Geschichte – alles Kleine, Nur-Menschliche übersteigen, mit Gottes Glanz überstrahlen kann. Hier hat Gott so gehandelt. Jesus ist wirklich der Geistgesalbte, der das Volk im Auftrag und in der Kraft Gottes in die Nähe Gottes zurückführen kann. – Hier wird aufgrund der langen Erfahrung mit Jesus eine schlichte, unpathetische, bestimmte, aber bildhafte Aussage über Jesus gemacht. Sie ist für uns zunächst vielleicht nicht einfach zu verstehen; wir möchten ja doch fragen, was denn ›wirklich‹, gleichsam ›ohne Bildhaftigkeit‹, zwischen Maria und Josef gewesen sei. Im Grunde kommt es der Evangelienerzählung darauf aber nicht an. Sie will Jesus mit Gott verbinden – und meint, das mit der Geschichte von der ›Jungfrauengeburt‹ tun zu müssen und zu können. Wenn man damals von einem Menschen sagte, er sei ›geboren aus einer Jungfrau‹, dann war das eine Art Chiffre, durch die man deutlich machen wollte: Dass dieser Mensch geboren wurde, ist Gottes Tat, Gottes Geschenk an die Welt! Mit dieser Chiffre umschrieb man in dieser Zeit die – vermeintliche und wirkliche – Wichtigkeit großer geschichtlicher Personen. So wurde auch diese Erzählung über Jesus von den Lesern und Hörern eingeordnet und verstanden. Sie kann ja auch das eingreifende und überwältigend aufbrechende Handeln Gottes in diesem Jesus so eindeutig ins Bild bringen. Die Geschichte will also sagen: In diesem Jesus – schon darin, dass er gezeugt und geboren wurde – hat der seinem Volk immer nahe Gott neu und übermächtig gehandelt. Und genau das wäre dann zunächst einmal die einladende Botschaft dieser Geschichte an uns.

Die ›Magier‹

Die zweite Geschichte, die von Matthäus im Zusammenhang mit der Geburt Jesu erzählt wird, ist die geheimnisvolle Erzählung von den ›Magiern‹ aus dem Osten (Mt 2,1–2).

Sie kommen aus fernen Ländern.

›Magier‹ hatte man ursprünglich einmal Mitglieder eines persischen Priesterstammes genannt. Von daher werden mit diesem Namen Menschen belegt, denen man geheimnisvolles Wissen – besonders aus Sternkunde und Sterndeutung – und geheimnisvolle Kräfte zusprach. Von solchen also erzählt die Geschichte. Geheimnisvoll ist diese Erzählung deswegen, weil die Magier – bewegt durch die Erscheinung eines sie erregenden Sterns – aus einer unbekannten Ferne kommen, zuerst Jerusalem aufsuchen und dann zum Kind finden, ihre Huldigung vollziehen, um dann genauso still in die Ferne hinein zu verschwinden, ohne dass sie jemals wieder erwähnt würden. Für die Magier hatte es ein Zeichen am Himmel gegeben, ein Sternbild, das nach ihrer Deutung auf einen neu geborenen König im jüdischen Land hinwies, der offenbar auch für sie so wichtig war, dass sie sich auf den Weg machen mussten. Sie ziehen nach Jerusalem, weil sie hier das Königshaus zu finden hoffen. Sie treffen Herodes, den König, der – selbst kein Jude – dem jüdischen Volk von den Römern vorgesetzt worden war, der aber doch so viel für Israel getan hatte, dass man ihn später den ›Großen‹ nannte. Als die Magier in Jerusalem um Auskunft bitten, heißt es bei Matthäus so schön: »Da erschrak Herodes – und ganz Jerusalem mit ihm.« Ein kleines, durchgeschütteltes, damals vielleicht wenigstens einigermaßen ruhig lebendes Volk – und dann die Botschaft von einem neugeborenen König, von dem sogar Zeichen am Himmel sprechen. Und der König und seine Stadt ahnen nicht einmal etwas davon. Die Priester und Schriftgelehrten werden zusammengerufen und nach dem möglichen Geburtsort des ›Messias‹ befragt – Herodes, der Fremde, musste sich offenbar von ihnen erst informieren lassen – und sie wissen sofort aus den alten Schriften, dass es nur Bethlehem sein könnte, die alte Stadt, aus der vor tausend Jahren schon einmal ein Großer, ihr König David, hervorgegangen war. Von Bethlehem heißt es bei einem alten Propheten: »Aus dir wird einmal ein Fürst hervorgehen, der Hirt meines Volkes Israel« (Mich 5,1.3). Die Magier werden noch gefragt, wann ihnen das Sternbild erschienen sei, und dann nach Bethlehem geschickt, alles zu erkunden und dann zu berichten.

Warum Jesus von Nazaret in Bethlehem zur Welt kommt.

Königliche Geschenke im Stall

Sie machen sich auf den Weg, und der Stern ist plötzlich wieder da, zieht vor ihnen her bis zu dem Ort, wo das Kind ist, und da bleibt er stehen. Sie sind von großer Freude erfüllt. Sie gehen in das Haus hinein, finden das Kind und seine Mutter Maria. Sie werfen sich vor dem Kind nieder und huldigen ihm. Dann bringen sie ihre Schätze: Gold, wie man es dem König schenkt, Weihrauch, wie er nur Gott zusteht, und Myrrhe, die an Totensalbung und Grab erinnert. Im Traum wird ihnen gesagt, sie sollten nicht zu Herodes zurückkehren, und so ziehen sie auf einem anderen Weg in ihr Land zurück.

Ein ›neuer Mose‹ kommt aus Ägypten.

Dem Josef wird danach – ebenfalls im Traum – gesagt, er solle mit dem Kind und seiner Mutter fliehen, und er zieht nach Ägypten. Und von Herodes wird erzählt, dass er in Bethlehem und Umgebung alle Jungen bis zum Alter von zwei Jahren töten ließ. Später, nach dem Tod des Herodes, kehrt Josef dann mit dem Kind und Maria aus Ägypten zurück und siedelt sich in Nazaret an, in Galiläa, also nicht mehr im ursprünglichen Herrschaftsgebiet des Herodes. Und mit all diesen Ereignissen – so sieht es Matthäus – erfüllen sich Andeutungen aus dem Alten Testament, die – ursprünglich in anderen Zusammenhängen gemacht – jetzt einen neuen Sinn erhalten, zu leuchten beginnen und die Geschichte dieses Kindes als Geschichte nach dem Plan Gottes offenbaren. –

Die Intentionen des Matthäus

Wenn wir nur diese matthäischen Erzählungen über die Geburt Jesu hätten: Was wäre uns damit gesagt? Erstens: Jesus ist tief verwurzelt in seinem Volk, in seiner Geschichte bis zum Anfang hin, ja, in einem königlichen Stamm. Sogar als das davidische Königtum bei der Wegführung des Volkes in die Babylonische Gefangenschaft zerbricht, hält sich die Königslinie weiter, bis hin zu diesem Josef, dem ›Mann Mariens, von der Jesus geboren wurde‹. Zweitens: Aber Jesus stammt nicht aus diesem Josef; Josef ist nur derjenige, der ihn zu legitimieren, an den Königsstamm anzubinden hat. Josef respektiert es: Jesus stammt aus dem Wirken Gottes an dieser jungen Frau, die für Gott ganz frei gewesen ist. Drittens: In der Geburt Jesu geht ein ›Licht‹ auf, das deutlich für das Messias-Königtum dieses Jesus über Israel spricht und sogar – gleichsam vorsichtig sich vortastend – über die Völker, die ›in der Ferne‹ Ausschau halten. Und viertens: Jesus ist von Anfang an der nicht Angenommene, der Bedrohte, derjenige, mit dem sie fliehen müssen, in dessen Nähe der Hass zuschlägt, und der auch, als er zurückkehrt, in der so nebensächlichen Alltäglichkeit Nazarets untertauchen muss. Gold, Weihrauch und Myrrhe: Alle drei Gaben passen zu ihm und charakterisieren ihn. Gold: dem gesalbten Messias-König Israels, Weihrauch dem, der aus Gott stammt, und Myrrhe dem, der verkannt wird und einmal vor den Mauern ›seiner Stadt‹ sterben wird.

Wir begegnen wieder Geschichten, die geglaubte Wahrheit verkünden wollen. Was an ihnen historisch ist, sich also in der geschilderten Art und Weise ereignet hat, wissen wir nicht. Wir wissen nicht, ob es ein ›sprechendes‹, in die hier angedeutete Richtung hinein deutbares Sternbild zum Beispiel gegeben hat – manche Forscher haben so etwas angenommen, uns kommt das zu unwahrscheinlich, zu unnötig ›wunderbar‹, vor – , oder ob es den Mord gab an den Kindern und die Flucht nach Ägypten. Wir sehen das heute als Bildgeschichten, die uns allerdings Wahrheit sagen, nur eben auf ihre Art. Die Matthäuszeit glaubte, von der Geburt Jesu in dieser Weise erzählen zu müssen: Sie spricht an, prägt sich ein, berührt. Sie macht wunderbar deutlich, welche Bedeutung das Kommen Jesu für Israel und für die Welt hat. Diese Glaubensaussage ist auch für uns noch ablesbar aus diesen Geschichten. Sie kann auch heute noch ansprechen und berühren – und sogar in Bewegung bringen.

Das ›Fünf-Tafel-Bild‹

Jesus wird neben und über Johannes den Täufer gestellt.

Es ist schon erwähnt, dass Lukas an den Anfang seines Evangeliums das ›Fünf-Tafel-Bild‹ stellt, das Jesus und den Täufer Johannes zueinander in Beziehung bringt, indem es von den Ereignissen um den Lebensbeginn des Täufers und um den Lebensbeginn Jesu erzählt, und zwar so, dass das Geschehen um Jesus die Ereignisse um den Täufer weit übersteigt. Es wurde auch schon angedeutet, wo die Schwerpunkte der Bildaussagen liegen: Jesus sei aus der ›Überschattung‹ des Gottesgeistes, aus der ›Kraft des Allerhöchsten‹ gezeugt. Jesus werde ›groß‹ sein, heißt es dann weiter. Er werde ›Sohn des Höchsten‹, Sohn Gottes also, genannt werden, und Gott werde ihm den ›Thron seines Vaters David‹ geben, und er werde in Ewigkeit herrschen in einer Herrschaft ohne Ende. So die zweite Bildtafel. – Die mittlere der fünf Bildgeschichten bringt das wunderbare Dank- und Loblied der Maria, die sich selbst als ›niedere Magd Gottes‹ bezeichnet, der an ihr Großes getan habe – wie er es immer mit den Armen, vor Gott Offenen, Hungernden und auch mit seinem ›Knecht‹, dem Volk Israel, gehalten habe. – Und schließlich erzählt das fünfte Bild die Geschichte von der Geburt Jesu – in der uns vertrauten anrührenden Weise.

Die Geburt Jesu

Der römische Kaiser wird zitiert, der die Bevölkerung seines Riesenreiches erfassen will. Sein Statthalter in Syrien, der römischen Provinz, zu der damals Palästina gehörte, wird erwähnt. Und endlich Bethlehem, die Stadt, aus der David stammte. Josef – aus dem Haus Davids – zieht mit Maria, die ein Kind erwartet, dorthin. Da bringt sie ihn, den Erstgeborenen, zur Welt, legt ihn in eine Krippe, weil in der Herberge kein Platz für sie ist. Die Hirten, die Nachtwache halten bei ihren Herden. Der Engel, der Glanz Gottes, die Angst und die Botschaft von der Freude: »Heute ist euch der Retter geboren, der Messias, der königliche Herr!« Das Erkennungszeichen: Ein Kind, eingewickelt in Windeln, in eine Krippe gelegt. Die Schar der Engel, die jubelt: ›Jetzt hat sich Gottes Herrlichkeitsmacht durchgesetzt. Und jetzt ist göttlicher Friede bei den Menschen, die er doch so sehr liebt!‹ Der Gang der Hirten zur Krippe, das wohl aufgeregte Erzählen, das Staunen, das Nachdenken bei Maria, die dankbare Freude über Gott.

Die Intentionen des Lukas

Wieder Bilder, mit denen die Zeit des Lukas das Kommen Jesu in die Welt hinein malt. ›Dieser unser Jesus, das war kein Kind aus dem bloßen Zusammensein von Mann und Frau‹, sagen die Bilder. ›Er war ein Kind aus Gottes mächtiger Tat. Er stammt nicht aus dem armseligen Nazaret, sondern aus dem zwar verarmten, aber immer noch erinnerungsschweren Bethlehem. Und er ist der ›Sohn des Höchsten‹ – einer niedrigen, aber bereiten Frau geschenkt. Nicht in einem Palast geboren, sondern in einem Stall. Nicht ausgerufen von Herolden auf den Marktplätzen der Welt, sondern von Gottesboten an Hirten in der Nacht. Und nicht menschliche Herrschermacht erhielt in seiner Geburt Zukunft und Hoffnung, sondern

Gottes Herrlichkeit ist in ihm aufgebrochen über der Welt, Gott ist zum Zuge gekommen, Gott hat in ihm den Menschen erreicht, und deswegen ist Friede für den Menschen da, auf den hin Gott liebt.‹

›Jesus ist der Herr‹ – von Anfang an.

Das alles sind Glaubensaussagen, kein nüchterner Bericht, sondern berührtes, staunendes Schwingen im Geheimnis und kindlich-schlichtes frohes Erzählen auf bereite Hörer hin. Wir spüren, dass wir angesprochen werden, und möchten uns auch wohl ›ergeben‹. Dennoch wollen wir auch wissen, wie es denn damals ›wirklich gewesen‹ sei. Aber wir werden auf diese Fragen keine Antwort erhalten. Die äußere, greifbare Geschichte interessierte sie damals wenig. Wenn sie erzählen, liegt ihr Blick nicht auf der Erde. Er geht gleichsam ›zum Himmel‹ hin, dahin, wo sie den ›Ort‹ Gottes vermuten. Da glauben sie ihren erhöhten Herrn. Und zu aller erst auf ihn hin sprechen sie diese Geschichten – als ihr Bekenntnis: ›Du, Herr, bist der Erhöhte, der Große, und du bist es von Anfang an! Wir glauben, dass du nicht aus der Erde stammst, nicht aus dem Samen des Menschen, sondern aus Gott! Dein Kommen war Gottes Helligkeit für die Welt. Als du gezeugt wurdest, brach Gottes Geist hinein in menschliche Armut, umstrahlend, beschenkend, wandelnd – zum Frieden hin!‹ Was konkret am Anfang des Lebens Jesu geschehen war, brauchten sie nicht zu wissen. Es interessierte sie die ganze Geschichte Jesu, das, was sich da als das Wesentliche gezeigt hatte. Und dieses Wesentliche wird schon in die Erzählung von der Geburt dankbar und in liebenden Farben hineingemalt, ja, diese Geschichte wird nur – und nur so – erzählt, damit das Wesentliche an diesem Jesus aufleuchten kann. – Bei uns heute ist es oft so, dass der Verstand hier rebellieren möchte. Das Verstehen, das sich aus dem Analysieren, oft aus dem Sezieren ergibt, ist wichtig. Aber Voraussetzung zum Verstehenkönnen ist zunächst einmal das Vernehmenkönnen, das ganzheitliche horchende Offensein auf die Wirklichkeit hin, die mich aus tausend unauslotbaren Tiefen anspricht, die ich nie analysieren und nie sezieren kann, und die mich dennoch an-geht, berührt, ahnen lässt und sogar überzeugen kann. »Wir haben seine Gottesherrlichkeit gesehen!«, schreibt Johannes im Prolog seines Evangeliums (Joh 1,14). Hier ist dieses ›Sehen‹ gemeint, das sich dem Glauben erschließt, der Offenheit auf diese Tiefen der Wirklichkeit hin. Die Kindheitsgeschichten des Lukas sind in diesem Glauben geschrieben. Sie sprechen vom Geheimnis auf ihre – und nicht mehr unbedingt unsere – Art. Aber das spüren selbst wir: Sie sprechen demütig und auf Demut hin. Und es könnte sogar auch uns geschehen: Dass der, der diese Art von Mut wagt, aus ihnen staunend die gemeinte größere Wirklichkeit erahnt.

Noch einmal das Kind und Jesus als Junge

Lukas erzählt noch zwei andere Geschichten aus der Kindheit Jesu, die über das ›Fünf-Tafel-Bild‹ hinausgehen und eigne Aussagen machen. Hier nur ein kurzer Blick auf sie.

Jesus wird Gott geweiht

Da steht einmal die Erzählung von der ›Darstellung Jesu im Tempel‹. Jede Familie in Israel musste nach dem Gesetz den erstgeborenen Sohn Gott ›weihen‹, das heißt: schenken, übereignen. Das geschah in der Erinnerung an die überlieferte Geschichte davon, dass Gott einmal die Erstgeborenen Ägyptens geschlagen habe, um den Pharao endlich zu bewegen, die israelitische Volksgruppe aus der Knechtschaft in die Freiheit ziehen zu lassen. Damals habe Gott Israel gerettet – durch die Opferung der Erstgeburt Ägyptens, so wurde erzählt. In Zukunft solle Israel deswegen seine Erstgeburt Gott weihen: Erstgeborene Tiere opfern, erstgeborene Söhne durch ein Ersatzopfer auslösen. – Jesus soll also so, in einer sinnbildhaften Geste, auf Gott hin weggeschenkt werden. Gleichzeitig wollen die Eltern zwei Tauben opfern – die Opfergabe armer Leute.

Prophetische Worte über Jesus im Tempel

Die junge Familie besucht also den Tempel in Jerusalem, wird erzählt. Man muss sich das einmal vorstellen: Kleine, unbedeutende Leute ›aus der Provinz‹ kommen in die pulsierende ›heilige Stadt‹ und betreten erwartungsvoll-ängstlich den riesigen Tempelbereich, in dem sich Scharen von geschäftigen Menschen bewegen und in dem man sich verlaufen kann. Dann, mitten im Gewühl und in der Verlorenheit, diese eigenartige Begegnung. Ein alter Mann – wird erzählt –, gerecht, fromm, in Hoffnung immer noch auf die Rettung Israels, in der Glaubensgewissheit, dass er selbst noch den Geistgesalbten Gottes erleben werde, wird ›vom Geist (Gottes)‹ in den Tempel geführt und trifft da auf die Familie aus Nazaret. Er nimmt der Frau das Kind ab und hält es in seinen Armen – und spricht das Dankgebet seines Lebens: »Jetzt lässt du mich, Gott, wohl in Frieden sterben, wie du es mir versprochen hast. Denn jetzt habe ich mit meinen eigenen Augen das Heil gesehen, das du im Angesicht aller Völker hier und jetzt herbeigeführt hast: Hier ist das Licht, das die Welt erleuchtet – und das Gottesherrlichkeit bedeutet mitten in Israel!« Und dann zu Maria: ›Dieses Kind ist dazu bestimmt, dass viele in Israel zu Fall kommen an ihm, viele aber werden auch aufgerichtet. Denn dieses Kind ist ein Zeichen, und einem Zeichen kann und wird man widersprechen. Es ist so auf den Menschen hin gegeben, dass es die Herzen herausfordert. Das innerste Denken vieler Menschen wird an ihm offenbar werden. Und auch dir selbst wird ein Schwert durch die Seele gehen; auch du selbst wirst dich mit diesem Kind auseinander zu setzen haben!‹ – Danach erwähnt die Geschichte noch eine alte Frau, eine hochbetagte Witwe, die sich ständig im Tempel aufhält, betend und fastend. Sie kommt zu der Gruppe hinzu, lobt Gott und spricht zu den umstehenden Leuten über das Kind, als habe es etwas mit der Erlösung Jerusalems zu tun. – Was will diese Geschichte?

Jerusalem, Herz Israels, der Tempel als Mitte. Und dann die beiden Alten. Keine Offiziellen zur Begrüßung. Keine Volksscharen, die warten. Keine jungen, aufmerksamen, forschend Interessierten, die neugierig wissen wollen. Sondern zwei fast skurrile Gestalten, lebendes Inventar des Tempels, belächelt, geduldet, vielleicht mit ein wenig Scheu betrachtet. Es ist, als ob die ganze lange, müde gewordene Sehnsuchtsgeschichte

Israels in diesen beiden Personen herangekommen sei. Fast lässt das Leben keine Hoffnung mehr: ›Wird Israel den Geistgesalbten jemals erleben?‹ Und dann die kleine, unbedeutende, alltägliche, im Betrieb fast untergehende junge Familie. Doch plötzlich der Geisteinfall: ›Wahrhaftig: Heil! Und im Angesicht aller Völker! Licht in die Welt hinein! Gottesglanz in Israel!‹ Und: ›Erlösung für Jerusalem!‹ – für das Herz, und vom Herzen her für die Welt.

»Kann denn aus Nazaret etwas Vernünftiges kommen!?«, fragt im Johannes-Evangelium zweifelnd ein Mann, der später Apostel ist (Joh 1,46), als ihm von Jesus erzählt wird. ›Kann denn aus Israel noch etwas Gutes kommen?‹, konnte man damals ähnlich fragen. Gab es noch Hoffnung für das geschlagene, zur Zeit des Lukas zerschlagene Volk? Der alte, morsche Stamm, versinnbildlicht in diesen beiden Alten, bringt einen neuen Trieb hervor, lange verheißen, kaum mehr erwartet. Jetzt ist er da. Ein Zeichen. Ihm wird widersprochen, aber er wird auch angenommen. So wird er zum Licht für die Welt. Und doch ist er zunächst und zuerst Herrlichkeitstat Gottes in sein Volk hinein, Gottes Gegenwart bei den Seinen. »Das Heil kommt von den Juden!«, sagt Johannes (Joh 4,22). – Auch diese kleine, nachdenkliche Geschichte am Rand zeigt Jesus groß, für Israel und für die Welt.

Jesus im Tempel, im Haus Gottes

Es folgt bei Lukas noch die Erzählung vom ersten Pilgerzug der Eltern mit ihrem erwachsen werdenden Sohn zum Tempel nach Jerusalem. Der Junge bleibt unbemerkt in der Stadt zurück, als die Eltern mit ihrer Gruppe wieder nach Hause ziehen. Als sie am Abend sein Fehlen entdecken, kehren sie um, eine Tagereise vergebens. Am dritten Tag finden sie Jesus – im Tempel. Da sitzt er unter diskutierenden Lehrern, hört zu und redet in Frage und Antwort mit. Als die Eltern ihn sehen, sind sie außer sich. Die Mutter: ›Junge, warum!?‹ Mit wie viel Angst haben sie ihn gesucht! Und Jesus fast vorwurfsvoll: »Wieso habt ihr mich gesucht? Ihr konntet doch wissen, dass ich da sein muss, wo mein Vater wohnt!« Sie verstehen nicht, was er damit meint. – Eine fast unerfindliche Geschichte. Erinnerung an eine geschichtliche Begebenheit? Oder ist sie erzählt, um zu zeigen, dass seit dem Beginn des Erwachsenwerdens, der Verantwortlichkeit vor dem Gesetz, zu Jesus die Gebundenheit an die Nähe zu ›seinem Vater‹ gehörte, für ihn selbstverständlich war, über alle Bindungen in der Familie hinaus? Letztlich ›gehörte‹ er nicht der Familie, sondern einem anderen und einer anderen Aufgabe; das wird sich später zeigen. Hat es sich auch früh schon gezeigt? Vorerst aber geht er mit seinen Eltern wieder nach Nazaret zurück – ›und war ihnen gehorsam‹. Nietzsche schreibt in einem Gedicht einen wunderbaren Satz, der hier trifft: ›Wer einst als Blitz zu zünden hat, muss lange Wolke sein.‹

12. JESUS – FÜR ANFÄNGER

Jesus so zu begegnen, wie die Menschen ihm damals begegnen konnten; ihn so hautnah zu erleben, wie seine Jüngerinnen und Jünger ihn erlebt haben: Das war eigentlich unser Wunsch. Wir haben erkannt, dass dieser Wunsch nicht in Erfüllung gehen kann. Wir erreichen in den Quellen nicht das, was er gesagt und getan hat, sondern das, was sie darüber erzählten, und ihr Erzählen ist Verkündigung: Weitersagen dessen, was man aus Erfahrenem erkannt hat, werbendes Darlegen von Überzeugung, zu der man an Erfahrenem gefunden hat.

Aber vielleicht ist es uns doch gelungen, einen Weg zu finden, die Schale des Verkündigten ein wenig aufzubrechen und den Kern frei zu legen: Was Jesus ursprünglich für sie ausgemacht hat, was Anlass und Anstoß für die ›Frohe Botschaft‹ war.

Und wenn man jetzt in ein paar Sätzen zusammenfassen wollte, wer dieser Jesus denn für sie war, dann bliebe vielleicht Folgendes.

Erstens: Sie haben ihn in der Zeit, in der sie mit ihm gezogen sind, als Mensch erlebt. Und zwar wohl als einen, der sie mit der besonderen Art seines Menschseins berührte und fesselte. Das Besondere haben sie wahrscheinlich in seiner Totalität gesehen: in der immer bereiten Offenheit seiner Zuwendung, in der entwaffnenden Klarheit seiner Herausforderungen, in der erschütternden und mitreißenden Konsequenz seines Dienstes.

Zweitens: Sie haben als Wurzel dieser Art seines Menschseins sein Verhältnis zu Gott erahnt. Sie nahmen ihn wahr als ›gott-erfüllt‹ – und als das Entscheidende seiner Botschaft und seines Tuns erkannten sie, dass er auf der andrängenden, herausfordernden Nähe Gottes bestand. Sie wollte er in die Alltags-Gegenwart seines Volkes hineinrufen als Lebenswirklichkeit, die hier und jetzt im Glauben zu empfangen und zu erfahren ist.

Drittens: Im Dienst an dieser seiner Verkündigungsaufgabe – das erlebten sie tief getroffen mit – ging er bis zum Äußersten. Er ließ den Tod an sich geschehen. Damit leistete er das Extremste, das ein Mensch zu leisten vermag, und er leistete es hin auf ein Ziel. Er vollbrachte es in menschlich einsam-trauriger Verzweiflung, die zur Hoffnung aufbrach. Damit ›heiligte‹ er jeden Tod: Er gab jedem Sterben die Möglichkeit, sich seiner Sterbens-Art anzuschließen, seiner Verzweiflung und seiner letztentscheidenden Hoffnung in die Treue, die Größe, die Freiheit, die Liebe Gottes hinein.

Viertens: Aus dem Erfahrenen erschlossen sie: Er wurde durch den Tod hindurch in das Eigentliche hineingenommen. Gott hat ihn gerettet. Gott hat ihn sogar ›erhöht‹. So ist er jetzt hineingeordnet in die Bewegung des ›Ganzen‹, die eine Bewegung auf aufbrechendes Leben und vollendetes Lieben hin ist. Und in diesem ›Ganzen‹ hat er einen besonderen Platz: Da seine Art des Lebens und seine Art des Sterbens, sein Sprechen von Gott in Wort und Tat so menschlich ist, in so einzigartiger Weise dem Menschen entspricht – und dennoch dem erahnten Gott so nahe steht: Deswegen glauben sie ihn als den, der bleibend der Weg ist, der in Wahrheit zum Leben führt (vgl. Joh 14,6).

Die Entwicklung im Verstehen Jesu ist über die Interpretationen des Neuen Testamentes hinaus weitergegangen, ja, sie ist bis heute nicht abgeschlossen. Jede Zeit hat Jesus neu zu verstehen gesucht. Jede Zeit hat ihre Fragen – und hat sie an ihn gerichtet. Jede Zeit hat ›ihren‹ Jesus entdeckt. Immer wieder neu hat man über Jesus nachgedacht: »Was ist das für ein Mensch ...?« (Mk 4,41), »Bist du es, der kommen soll?« (vgl. Mt 11,3), »Bist du der Messias?« (Mk 14,61), »Herr, zu wem sollen wir denn gehen?« (Joh 6,68). Immer genauer hat man es wissen wollen, wer er denn sei. Unzählige Gespräche sind geführt worden, Meinungen geäußert, Auseinandersetzungen ausgetragen, Klärungen versucht, in kleinen und in großen Gruppen, später sogar erzwungen durch politischen Druck. Schon sehr früh – nachdem die christliche Botschaft auf den griechisch-römischen Kulturkreis getroffen war – gab man sich nicht mehr mit den erzählend-bildhaften Aussagen – zum Beispiel der Evangelien – zufrieden. Man suchte den Begriff, die Definition. Das Geheimnisvoll-Deutbare des Bildhaften wurde weitergeführt ins gedanklich-nüchtern Festgelegte hinein. Das bot nicht nur Chancen, sondern brachte auch Gefahr: Dass das Geheimnis ›in die Fläche hineingezogen‹ wurde und die Leuchtkraft der Tiefe verlor. Vielleicht hat man damit den Bildern unrecht getan, weil man sie nicht mehr für treffend genug hielt. Es ist allerdings auf diese Weise auch zu einem beeindruckend systematisierten Glaubensgebäude gekommen, das über ein Jahrtausend lang die Menschen in einer ›Ordnung‹ hielt, die mit Stolz und Sicherheit erfüllen konnte.

Das Bild, das wir heute von Jesus haben, geht also weit über die Jesus-Bilder des Neuen Testamentes hinaus. Es ist viel differenzierter, präziser, ausgemalter, damit aber auch ›definierter‹, festgelegter, abgeschlossener, ›fertiger‹ – und so vielleicht auch statischer und unnahbarer. Immer aber ist das bis heute ein Bild gewesen und geblieben, das sich nicht findige Einzelne ausgedacht haben, sondern das aus dem Fühlen, Denken und den Entscheidungen einer großen Gemeinschaft, dem, was wir ›Kirche‹ nennen, herausgewachsen ist. Aus einer Kirche, die allerdings immer auch Kind der jeweiligen Zeit gewesen und bis heute geblieben ist; einer Kirche, in der es auch menschlich, allzu menschlich zuging und zugeht und in der es – gerade in der Auseinandersetzung um den Kern, um diesen Jesus – gewaltige Brüche gab: Abgrenzung und Rechthaberei, Borniertheit und Streit, Ausgrenzung und Mord und Totschlag bis hin zum Krieg. Bis heute ist, könnte man sagen, von daher das Bild von Jesus verdunkelt. Es ist – von all dem Fragwürdigen des Vordergrundes – regelrecht in den Hintergrund gedrängt, kaum mehr leuchtend, kaum mehr attraktiv, sogar kaum mehr zugänglich für den, der ›ganz einfach‹ diesem Jesus begegnen möchte.

Vielleicht tut uns Menschen von heute deswegen die Begegnung mit dem Neuen Testament, vor allem mit den Evangelien so gut. Wir haben heute, wenn es um die christliche Botschaft geht, eher eine Scheu vor Begriffen, die das ›Wesen‹ auf den Punkt bringen wollen. Uns sind Bilder viel lieber. Sie sind aussagekräftig und lebensvoll. Sie ziehen in den Bann und vermitteln Ahnung. Sie lassen staunen über die Tiefe der Wirklichkeit und tasten doch das Geheimnis nicht an. In den Schriften des Neuen Testamentes haben wir die frühen ›kirchlichen‹ Bilder von Jesus. Zudem begegnen wir hier den Wurzeln aller späteren Aussagen über ihn, und diese Anfänge machen uns neugierig und ziehen uns an. Manchmal hat man den Eindruck, dass Jesus hier viel unmittelbarer zu erreichen ist als in jedem späteren ›Dogma‹ – obwohl wir auch hier, wie wir gesehen haben, auf ›Bekenntnisse‹ treffen. Aber durch diese ›Bekenntnisse‹ hindurch meinen wir doch noch Jesus selbst zu finden, der uns berührt und trifft. Und wenn es nur ein einziges einzelnes Jesuswort wäre oder eine einzige einzelne Jesustat, die uns ansprechen und erreichen: Schon das wäre ein guter Ansatz – für Jesus und für uns. Schon ein einzelnes Wort oder ein einzelnes Tun eines andern kann ja aufhorchen lassen. Man nimmt den andern wahr. Man entdeckt ihn erstaunt. Man fängt an, ihn zu verstehen, man spürt Gemeinsamkeit, Nähe – und beginnt, diese Begegnung zu schätzen. Und das wird dann vielleicht Anlass, sich auf diesen andern näher einzulassen. Wenn uns das bei diesem Jesus passieren würde! So, wie es ihnen damals passiert ist! Wir könnten – und wollten – uns wahrscheinlich nicht unbedingt dann schon ›Christ‹ nennen oder sogar ›Jüngerin‹ oder ›Jünger Jesu‹, aber es wäre ein Anfang gemacht. Und das könnte der Anfang eines Weges werden. Wenn wir die ›Zeugen‹ befragen würden: Sie würden uns sagen, es sei ein wunderbarer Weg. Aus ihrer Botschaft könnten wir erahnen: Wenn denn dieser Jesus lebt, nein, weil dieser Jesus lebt: Schon in diesem unseren Anfang würde er uns ermutigend, ja, erwartend herausfordernd entgegenwarten, dieser Jesus, vor dem wir immer Anfänger bleiben, der uns aber – mehr als ein Freund es kann – ein größeres Leben erschließt.

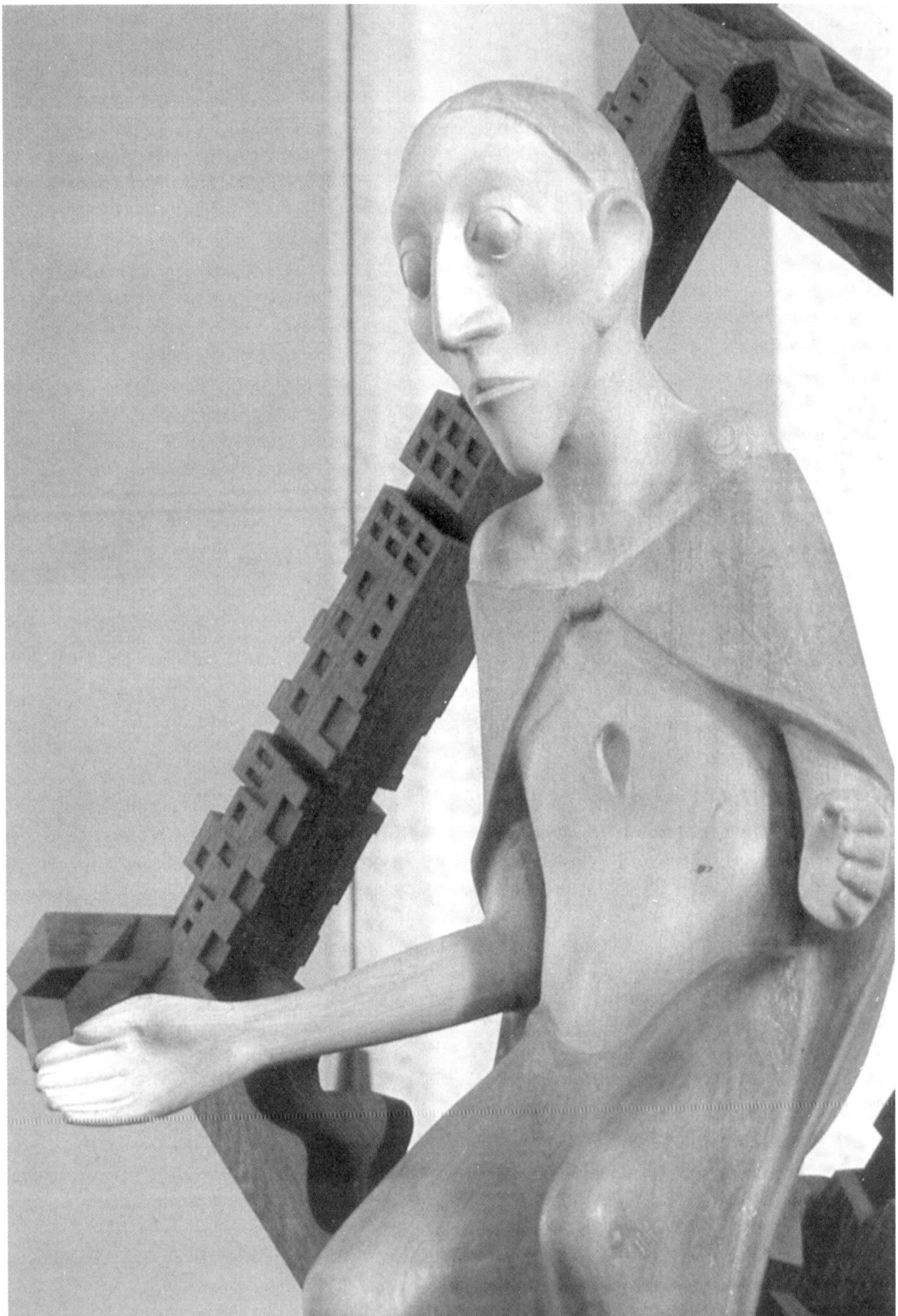

Herz-Jesu-Skulptur (Eiche und Wenge) von Toni Zenz, Köln 1980
für die Pfarrkirche Herz Jesu, Krefeld-Bockum